**필** 코치의 **필** 꽂히는
# 야구 코칭

# 필 코치의 필 꽂히는 야구 코칭

baseball coaching

이경필 지음

아우름

# 선수로 야구를 즐겨라!

### 야구의 재발견!

확실히 이게 맞는 말이다. 27년 야구 인생에서도 느끼지 못한 야구의 새로운 맛을 나는 최근에서야 알아가고 있다. 그것도 야구에 있어서는 한참 후배이신 우리 사회인 야구 선수들로부터 말이다.

### 아바타!

주말마다 유니폼을 입고 야구 선수로 바뀌어 돌아오는 사람들을 보면서 영화 〈아바타〉가 떠올랐다. 직장인, 사업가, 가수, 배우인 그들은 주말이 되면 '야구족' 아바타로 접속해 용을 타고 하늘을 날 듯 야구의 세상에서 접었던 날개를 펼친다. 원래의 직업은 잠시 뒤로 하고 야구 선수가 되는 이 순간을 그토록 소중하게 만끽하는 이 분들로부터 나는 '야구'를 재발견할 수 있었다.

### 세상 속에 야구가 있고 야구 속에 세상이 있다!

사회인 야구는 직업이 아닌 취미로 하는 것이지만, 야구라는 세계 안에서는 직업 이상의 의미가 있다. 어느 야구팀이라는 소속과 더불어 어떤 포지션이라는 직책과 임무, 그리고 무엇보다도 야구 선수라는 새로운 신분(?)을 얻게 된다. 세상 속에서 야구는 분명 작은 일부일 뿐이지만, 때론 세상을 통째로 품어버린다. 야구 선수라는 신분, 아니 '야구족' 아바타일 때는 더더욱 그렇다.

## "나는 야구 선수다."

단순한 이 말 한마디에 얼마나 큰 의미가 있는지 야구 선수였던 나도 미처 몰랐다. 오히려 사회인 야구 선수로 활동하는 분들이 내게 깨달음을 주셨다. 사실 사회인 야구는 이제 낯설지 않다. 전국적으로 사회인 야구팀이 약 1만 여개가 있다. 한편에서 새로운 팀이 만들어지는 동시에 다른 한편에서는 해체되기도 하는 실정을 감안하더라도 7~8천 개의 야구팀이 있으며, 한 팀에 소속된 인원을 20~25명 정도로만 생각해도 20만 명이라는 엄청난 숫자의 선수들이 우리 야구를 지키고 있다. 이 열렬 열혈 열정 '야구족'들을 위해서 이 분들이 지키는 우리 사회인 야구를 위해서 이 책을 쓰게 되었다.

## 땀내 나는 현실 야구의 3D 버전

직접 야구를 하는 사회인 야구 선수들을 위한 책이지만 누구나 아는 내용을 길게 풀어 헤치고 비슷한 경우를 반복하는 야구 이론서나 야구 교본, 야구 교과서는 아니다. 게다가 관중석에서 야구를 관람하기만 하는 에세이나 관전 포인트를 짚어주는 정보지는 더더욱 아니다. 훈련에서는 코치의 입장으로, 실전에서는 선수의 입장으로, 관전에서는 해설가의 입장으로 접근한 3D 버전이라 할 수 있으며 최대한 실제 야구의 현실감을 살리고자 하였다.

## 야구 세상을 지키는 야구족들에게 감사

이 책을 쓰도록 나를 움직인 20만 명의 사회인 야구 선수들에게 감사드리며, 또한 이 책을 만드는 데 물심양면으로 도와주신 또 다른 야구족 여러분들께 감사의 말을 드리고 싶다.

먼저 양질의 자료와 정보를 제공해주신 KBO와 KBA의 모든 관계자, 프로 야구 8개 구단, 그리고 야구에 관한 유용한 정보를 참고할 수 있었던 관련 인터넷 사이트와 블로그, 카페, 우리 만신창이 야구단, 그리고 장비를 협조해주신 Decente Korea, Inc에도 머리 숙여 감사의 말을 전하고 싶다.

다음으로 우리 천하무적 야구단의 끈끈한 멤버 김동희, 김성수, 김준, 김현철, 동호, 마리오, 마르코, 백지영, 오지호, 이하늘, 이현배, 임창정, 임형준, 조빈, 탁재훈, 한민관, 허준(가나다 순) 그리고, 김성한 감독님께 고맙다는 말씀 올린다. 혹 빼먹었다고 섭섭해 할 창렬이형! 항상 제일 고맙게 생각하고 있다는 말도 꼬옥 드리고 싶다.

그 다음으로 인터뷰에 응해주신 영원한 은사님이신 김인식 감독님과 선후배 선수 여러분, 그리고 각 분야의 최고의 선수를 뽑아주신 트위터 유저들에게도 감사드린다.

또한 책에 들어가는 사진을 찍어주신 이정열, 권민혁 작가님과 531st 스튜디오 관계자 여러분들, 그리고 이 책을 쓰게끔 기회를 주시고 격려해주신 출판사의 야구광 강명효님께 감사드린다. 아울러 나의 거친 글을 대패로 곱게 다듬어주신 임경재 작가님에게도 감사의 말을 전하며 소주 한 잔 사겠다는 약속은 꼭 지키겠다.

내 인생의 처음과 끝인 어머니와 내 인생의 전부인 야구, 이들에 대한 나의 마음을 표현하기에는 단순한 '감사'라는 말로는 부족하다. 그들이 없었다면 지금의 내가 있을 수 없었을 것이다.

고맙습니다, 사랑합니다, 어머니! 그리고 야구!

2010. 8.

이경필

CONTENTS

**2장** 이제부터 초급 야구 선수로 진화 시작

3장 **중급 야구 선수로 업그레이드 진화하라**

# 5장 관객으로 야구 100배 즐기기

# 1장

# 선수로서
# 야구를 하기 위한 첫 준비

"시작이 반이다."

사회인 야구에게 이보다 딱 들어맞는 명언은 없다. 아무리 강한 열정도 묵혀두면 언젠가 사라지게 마련이다. 결심을 해야 한다. 때가 왔다.

**일단 시작하라! 글러브를 끼고 그라운드로 나와라!**

하지만 어떻게 시작해야 할지 모르는 사람이 대부분이다. 시작이 반이고, 시작이 중요한 만큼 제대로 알고 철저히 준비해야 한다. 시작이 반이 될 수도 있고 시작이 끝이 될 수도 있다. 결과는 시작 전 얼마만큼 준비를 잘하느냐에 달려 있다. 그래서 어쩌면 "반이 시작이다"라는 말이 더 맞을지도 모른다.

첫번째 장은 야구를 제대로 '시작하기 위한 준비'를 위한 내용이다. 야구에 대한 자신의 열정을 점검하면서 자신에게 맞는 포지션을 정하기 위해 고려해야 할 점과 장비 구입법 등을 중심으로 야구 선수라면 기본적으로 알아야 할 야구 규칙도 익힐 수 있도록 구성했다.

# 나도
# **야구 선수**가
# 될 수 있다

돈을 벌기 위한 직업을 갖는 것이 아니라
좋아하는 것을 하는 것이라면 우리는 원하는
무엇이든지 될 수 있다. 요리를 하면 요리사,
그림을 그리면 화가, 춤을 추면 댄서,
그리고 야구를 하면 야구 선수가 된다.
물론 스스로만 인정하고 만족하는
수준일 수도 있지만, 직업이 아닌 이상 잘하고
못하고가 중요하지 않다. 중요한 것은 즐기는
것이고, 즐기기 위해 자신을 체인지업 하는
것이다. 나를 움직여라. 내가 야구를 하면
나는 야구 선수인 것이다.

내가 처음 사회인 야구단과 인연을 맺게 되었을 때, 솔직히 나는 그들을 이해할 수 없었다. 젊은 선수들이야 체력이 받쳐주니까 한다고 해도 이미 청춘이 훌쩍 지나간 나이의 형님들이 왜 이 '힘든 야구'를 시작하겠다고 새벽부터 모이시는지 정말 알 수 없었다. 그 열정은 과연 어디에서 솟아난 걸까? 나는 야구를 좋아한다고 말하는 사람들을 관중석이나 안방에서 응원하고 야유하는 관중으로만 여기고 있었다. 그래서 때로는 이렇게 묻고 싶기도 했다.

"형님, 야구는 왜 하세요?"

이후 삼 년 동안 사회인 야구단과 연예인 야구단의 감독 생활을 해오면서 조금씩 느끼게 되었다. 야구를 좋아하는 사람 중에는 직접 제 손으로 던지고 받고 치고 달리는 진짜 야구를 즐기고 싶은 예비 선수가 많다는 것이다. 이 사람들은 아주 어렸을 때부터 야구 때문에 몸이 근질근질했던, '준비가 너무 잘 되어 있는' 야구 선수였다. 그들에게 야구는 '이 힘든 야구'가 아니라 '그 좋은 야구'였음을 깨닫게 되었다.

새벽부터 유니폼을 챙겨 입고 운동장에 모이는 사회인 야구 선수들의 야구에 대한 열정이 갑자기 생긴 것은 아닐 터. 야구에 대한 '떡잎부터 다른' 열정이 낳은 특별한 증상은 과연 어떤 것일까?

1. 프로 야구 어린이 회원이 되어 팀의 점퍼를 매일같이 입고 다녔다.
2. 어릴 때 아버지와 캐치볼을 즐겼고 이제는 아들과 야구를 한다.

3. 동네 친구들과 야구를 하다가 유리창을 깨뜨린 적이 있다.
4. 동네에서 아이들이 캐치볼을 하는 것을 구경하다가 글러브를 빌려서 해본 적이 있다.
5. 휴지든 뭐든 손에 쥐기만 하면 투구 폼을 잡고 던진다.
6. 한국 야구든 메이저리그든 야구에 관한 한 나만큼 아는 사람이 드물 것이다.

딱히 특별한 증상이나 열정이라고 말하기 힘든 평범한 내용들이지만 자기 자신도 모르게 야구 선수로서의 씨앗을 계속 버리지 않고 키워 온 것이리라. 지금 이 책을 보고 있는 당신도 아마 여기에 속할 것이다.

YMCA 야구단의 모습. 아랫줄의 맨 오른쪽이 야구단을 조직한 미국인 선교사 P. S. 질레트.
(사진 출처 : 오시마 카츠타로, 『조선야구사』, 조선야구사발행소, 1932)

그러나 만에 하나 이런 증상조차 없는 사람은 어떻게 해야 하느냐는 질문이 있을 수 있겠다. 최근에 직접 경험한 일이 있다. 한때 우리 야구단에 있었던 마르코라는 청년은 야구의 불모지라 할 수 있을 아르헨티나에서 자랐다. 그는 최소한의 야구 룰도 모르고 경기를 본 적도 없으며 어떻게 던지고 잡고 치는지도 몰랐다. 그럼에도 불구하고 단시일 내에 야구의 즐거움에 빠져 들어갔다.

그렇다! 우리나라 최초의 야구단인 YMCA 야구단[1]의 대선배들을 보라. 이런 증상 없이도 야구단을 만들지 않았는가. 중요한 것은 야구에 대한 관심과 사랑, 그리고 무엇보다 그라운드에서 땀 흘리는 것을 즐기는 적극적인 자세이다. 그것만 있으면 당신은 이미 야구 선수가 될 가능성을 가지고 있는 것이다.

# '야구하는 창렬이' 김 창 렬

⚾ 늦은 나이에 야구를 시작한 계기는?

어렸을 때부터 야구를 좋아했습니다. 물론 보는 것이었지요. 실제로 야구(경기)를 한 적은 거의 없어요. 그런데 어떤 계기로 사회인 야구를 시작하게 되었는데 정말 재밌는 거예요. 전에는 볼링, 축구, 농구를 조금씩 했었는데 야구만큼 매력적이지는 않았던 것 같아요. 야구는 룰이 많잖아요. 그걸 하나하나 익혀 가면서 야구를 조금씩 더 알아 나가는 게 너무 좋았던 거죠. 그 느낌을 아시는 분들은 아실 거예요. 알면 알수록 점점 빠져드는……

⚾ 야구장에 계속 오게 만드는 매력이 뭔지?

보는 것이든 직접 하는 것이든 야구장에 와야 야구를 배울 수 있어요. 저는 배우는 게 너무 재밌어요. 나보다 잘하는 사람들이 하는 것도 보고, 또 그분들과 함께 운동을 하기도 하면서 얻는 게 많습니다. 그리고 제가 사람들을 많이 좋아하잖아요(스스로 웃음). 같이 있다 보면 스트레스도 풀리고 그래서 좋습니다.

⚾ 야구를 하기 전에는 프로 야구를 보면서 욕도 많이 하지 않았습니까? 야구를 한 후에는 어떻게 변했나요?

많이 했죠. 그런데 막상 해보니까 왜 내가 저 선수를 욕했을까 하는 생각이 들기도 하는데, 또 경기를 보면 다시 화나게 되고…… 그건 어쩔 수 없는 것 같아요. 그만큼 야구를 좋아하니까 그런 것 같아요. 대신 이제는 심하게 드러내지는 않습니다. 저도 마찬가지로 야구 선수잖아요. 실제로 많은 분들이 저를 야구 선수로, 3루수로 생각하세요. TV에서 제 실수만발 플레이를 보고 욕을 안 하시지는 않겠지요. 똑같은 입장이에요. 저도 시청자들도 욕을 하지 않는 것이 좋겠지만 좋지 못한 플레이에는 어쩔 수 없는 것 같습니다.

하지만 한 가지 말씀드리고 싶은 것은, 직접 해보시면 정말 어렵습니다. 그러니 좀 마음에 들지 않는 플레이가 있다 하더라도 자제해주시길……

● 김창렬 선수도 슬럼프가 있었는데 극복 방법은?

예전에 저희 프로그램에 나왔던 양준혁 선수가 해줬던 말이 생각나요. "바닥까지 가봐라." 그 말이 정말 맞는 것 같더라구요. 임시방편으로 한두 가지 고친다고 슬럼프에서 벗어날 수 있는 건 아니더라구요. 아주 바닥까지 가서 내가 과연 무엇을 어떻게 얼마나 잘못하고 있었는지를 발견할 때, 그제서야 다시 튀어 오르는 것 같습니다.

김창렬.

● 사회인 야구를 시작하는 분들에게 조언 한마디를 한다면?

가장 하고 싶은 이야기는 너무 겁먹지 말고 시작하라는 겁니다. 첫번째 겁은 부상에 대한 염려인 것 같습니다. 제 개인적으로는 미리 스트레칭하고 연습을 많이 하면 걱정할 만큼의 부상은 없다고 생각합니다. 따지고 들면 이 세상의 어떤 운동이 안전하겠어요. 두번째 겁은 타구나 투구에 대한 것이에요. 제가 3루를 보는데 3루 쪽은 타구가 무척 빨라요. 거기서 겁먹으면 다음부터는 모든 타구가 다 무서워집니다. 깡 소리만 나면 몸이 움츠러드는 거죠. 그러다보면 더 다치더라구요. 세번째 겁은 장비에 대한 부담. 사실 글러브만 있으면 됩니다. 고가의 글러브 말고 적당한 중저가에 길만 잘들이면 된다고 봐요. 굳이 비싼 장비를 살 필요가 없습니다. 야구를 시작하시는 모든 분들! 겁먹지 말고 시작하세요.

# 그렇다면, 나의 **포지션**은?

누군가는 포지션을 정하는 과정을
마치 의대에서 전문의를 정하는 것과 같다고
말했다. 나는 그것보다 초등학교 때
체육부장이나 학습부장,
미화부장을 정하는 것과 비슷하다고 생각한다.
강렬히 원하는 포지션이 있어도 자신의
능력과 신체적 조건에 맞아야 한다.
참고로 나는 5학년 때,
체육부장이 아닌 미화부장이었다.

## | 1 | 투수, 누구나 꿈꾸지만 누구나 좌절할 수 있는 포지션

'야구는 투수 놀음'이라는 말이 있다. 그만큼 투수는 경기에 차지하는 비율이 매우 높고 시선이 가장 집중되는 포지션이다. 투수의 공 하나하나에서 플레이가 시작하기 때문이다. 프로 야구에서는 카메라에 가장 많이 잡히는 포지션이다. 주로 단독 샷으로 잡히니 드라마로 치면 주연 배우, 예능 프로라면 MC에 비유할 수 있다. 주목을 받으니 가장 선호되기도 하지만, 못하면 욕을 먹으며 고개 숙인 채 내려와야 하는 자리이기도 하다. 따라서 투수는 다음과 같은 남다른 능력이 반드시 필요한 포지션이다(아시다시피 난 투수였다).

### (1) 분위기에 흔들리지 않는 배짱

결승전의 9회말 투 아웃 풀카운트 상황에서 한가운데 직구를 꽂을 수 있는 배짱을 가졌는가? 물론 이런 강심장은 메이저리그에서도 쉽게 찾기 어렵다. 프로 원년 한국시리즈에서 삼성 라이온즈의 이선희 투수[2]는 만루 홈런을 맞고 주저앉아 눈물까지 흘렸다. 다 큰 어른도 감당하긴 힘든 상황인 것이다. 웬만한 강심장이 아니고서는 그만큼 좋은 투수로 인정받기 힘들다.

흔히 '흔들린다'는 표현을 쓰는데, 큰 거 한 방을 맞거나 실투로 인해 실점하게 되었을 때, 주자가 나가고 관중의 야유가 쏟아지게 되면, 딱 그렇게 된다. 말 그대로 심장이 쿵쾅쿵쾅 흔들리기

시작해서 다리가 후들거리고 결국 어깨와 손까지 흔들리는 증상
이 나타난다. 결국 흔들리는 손으로 던지는데 공이라고 흔들리지
않을 수 있을까. 마구魔球처럼 흔들리면 좋으련만, 대부분 한가운
데 몰려서 난타를 당하든가 볼볼볼 하며 도망가는 피칭으로 위기
를 자초하기도 한다. 속어로 이런 투구를 '(공을) 모신다' 또는 '(팔
이) 말렸다'라고 표현하는데, 평상심으로 던질 때의 손가락 감각을
잃어버린다는 뜻이다. 이쯤 되면 프로 경기에서는 '알아서' 코치
가 나와 흐름을 끊어주지만, 사회인 야구에서는 교체할 수 있는
선수가 부족하기 때문에 덕아웃은 고개 숙인 채 인상만 쓸 뿐이
다. 그러니 스스로 '알아서' 흔들림을 극복하고 자신감을 되찾아

흔들리지 말지어다, 투수여!

야 하지만, 그 어떤 투수도 연속 안타와 계속되는 실책을 견디기 어렵다.

하지만 강심장의 배짱을 둔감함으로 이해해서는 안 된다. 현역 프로 투수 중에 '돌부처'라는 별명을 가진 선수가 있는데 사실 그는 여우처럼 약은 투구를 보일 때도 많다. 칠테면 쳐봐라 하면서 한가운데로 직구만 꽂을 것 같지만 상황에 따라서는 변화구로 타자를 상대하기도 한다. 어쨌든 투수는 분위기와 자신의 실투에 대해서는 둔감할 정도의 냉정함을 발휘해야 하지만 타자와 주자의 심리는 예민하게 파악해야 한다.

결국 투수는 '쳐볼테면 마음껏 쳐봐라'는 대담한 자세로 투구를 할 수 있어야 자신의 컨트롤을 유지할 수 있다. 이는 뒤에 설명할 정확한 송구 능력(제구력)과도 직결되는 조건임과 동시에 가장 기본적인 능력인 것이다. 각자 자신의 심장에게 물어보라. "너, 강심장이니?"

## (2) 정확한 송구

투수라면 무엇보다 정확한 송구 능력이 기본이다. 10개 중에 스트라이크가 최소한 5개 이상은 들어가야 투수의 자격을 논할 수 있다. 타자가 타석에 들어와 자신을 뚫어져라 노려보면서 방망이 리듬을 잡고 있는 상황에서도 가운데를 마음 놓고 공략할 수 있어야 한다. 대부분의 공 좀 던진다는 사람들도 여기서 무너지고 만다. 연습 투구에서 계속 잘 던진다고 불펜 밖을 나올 수 없다. 앞서 말한 '배짱'이 그래서 중요한 것이다.

우리 팀 선수 중 한 명인 모 가수한테 들은 이야기지만, 연습실에서는 빼어난 가창력과 댄스 실력으로 동료 가수들의 기를 죽이다가, 막상 무대에 오르면 목이 잠기는 '고음 불가' 증상에 손과 발이 얼어붙는 가수도 있다고 한다. 투수도 마찬가지이다. 실전에서 써먹을 수 없는 능력이라면 무대든 마운드든 자신 있게 나설 수 없다. 녹음실에서만 활동하는 얼굴 없는 가수는 가능하겠지만 얼굴 없는 투수가 가능할까?

## (3) 빠른 공

사실 사회인 야구단의 투수에게 빠른 공은 필수 요건이 아니다. 그보다는 정확한 제구가 더 중요하다. 그래도 하한선을 정한다면 최소한 시속 90~110Km 정도는 돼야 하고 이는 성인이라면 충분히 낼 수 있는 속도다. 문제는 이 속도를 어떻게 재느냐이다. 스피드건이 있다면 모르겠지만, 대부분의 사회인 야구팀에는 이런 고가의 장비가 없다. 보통 사람들이 육안으로 정확한 구속을

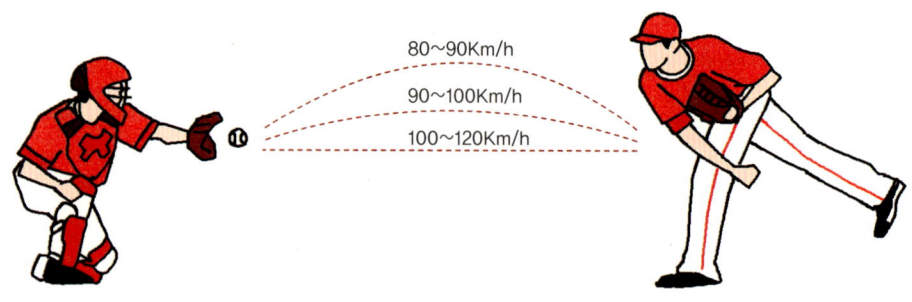

80~90Km/h
90~100Km/h
100~120Km/h

알기는 상당히 어렵다. 대강이나마 속도를 알 수 있는 방법은 타구가 어떻게 날아가는지를 보는 것이다. 왼쪽의 그림처럼 투수가 포수에게 공을 던지는 모습을 측면에서 바라볼 때, 투구가 포물선이 아니라 직선을 그리며 날아간다면 보통 시속 90Km 이상의 속도라고 생각하면 된다(뒤에서 설명하겠지만 참고로 투수와 포수간의 거리는 18.44m이다).

빠른 공이라면 최소한 시속 140km 정도는 돼야 하지만 사회인 야구에서 이 정도로 던질 수 있는 선수는 없다. 다시 말하지만 사회인 야구에서는 시속 120Km 정도의 빠른 공도 좋지만 정확한 제구가 더 중요하다고 말하고 싶다. 메이저리그의 투수 그렉 매덕스[3]는 속도는 느리지만 컨트롤이 좋은 공으로 타자들을 범타 삼진으로 요리했던 제구력의 마술사였다. 마이너리그에는 시속 150km 후반의 투수들이 즐비하지만 그들이 시속 140km 초·중반의 메이저리그 선수들에게 밀리는 이유가 여기에 있다. 우리나라에서도 매덕스와 비슷한 투수가 있었다. 팀 선배였던 장호연 선수[4]와 조계현 선수[5]이다. 빠른 공은 없었지만 타자의 허를 찌르는 제구력과 변화구가 그들을 당대 최고의 투수 대열에 오르게 했다. 정면승부로 '싸움닭'이라는 별명을 얻었던 조계현 선수는 시속 130km의 공을 던져도 혼을 담아 던지면 공 끝이 살아서 시속 150km 이상의 효과를 낸다고 하면서 "나만의 공을 던진다"는 명언을 남기기도 했다. 장호연 선수는 타석에 들어선 이만수 선수에게 속칭 '아리랑 볼'을 던져 '이건 선배에 대한 예우가 아니다'라는 액션을 받기도 했다. 그러나 어쨌든 장호연 선수는 우리나라

현역 시절의 장호연 투수(사진 두산 베어스 제공).

프로 야구에서 손꼽히는 영리한 투수 중 한 사람이며, 공이 빠르지 않아도 좋은 투수가 될 수 있음을 보여준 가장 대표적인 선수다.

변화구도 마찬가지이다. 사회인 야구에서 타자를 속일만한 커브나 슬라이더를 던지기는 어렵다. 때때로 자기 공이 엄청나게 휘어진다고 호들갑을 떠는 사람들도 있는데, 내가 보기엔 어디까지나 '자기만의 커브' '자기만의 슬라이더'에 불과하다. 타석에 든 타자는 미세한 변화밖에 느끼지 못한다. 그냥 '우리 모두의 직구'를 던지는 능력을 키우는 게 더 좋지 않을까?

## | 2 | 포수, 수비의 엄마

모든 수비수는 홈에 서 있는 타자를 바라보고 있지만, 오로지 포수만은 그 반대 방향을 바라보고 있다. 투구를 잡아야 하기 때문이기도 하지만 내야수와 외야수를 챙기는 엄마와 같은 역할을 수행하기 때문이다. 포수는 야수의 일거수일투족을 살피고 타자의 성향을 분석해 수비 포메이션을 지시한다. 또한 타격 시에는 모든 수비수에게 콜을 할 수 있고 흔들리는 투수를 진정시켜주는 역할도 해야 한다. 그러니 포수는 수비의 엄마이고, 모든 선수를 챙기느라 엄마는 항상 바쁘다.

### (1) 캐칭에 능하다

가장 기본적으로 요구되는 포수의 필수 능력은 공을 잘 잡는 것이다. 공을 잘 잡기 위해서는 단순히 기술적인 문제 이상의 정신적인 부분, 즉 투구에 대한 강한 방어 정신이 필요하다.

포수는 보통 한 경기(9회까지)에 150개 이상의 공을 잡는다. 던지는 것도 어렵지만, 투수가 던지는 강한 공을 잡는 것도 보통 일은 아니다. 게다가 공이 항상 한가운데로 꽂히는 것이 아니어서 높은 볼, 바운드 볼, 그리고 패스트볼까지 주우러 뛰어다녀야 한

포수는 수비의 엄마이고, 엄마는 항상 바쁘다.

다. 그래서 사회인 야구에서 포수는 거의 볼보이다. 만약 공을 제대로 막지 못하고 놓치면 도루를 허용하면서 곧바로 실점을 할 가능성이 높아진다. 결과적으로 경기의 흐름도 불리하게 전개될 수밖에 없다. 포수의 실수에 투수의 제구가 불안해지는 것은 야구 역시 멘탈 게임인 이상 당연한 일일 것이다.

### (2) 경기의 전체 흐름 파악에 능하다

투수보다 영리해야 하는 포지션이 포수다. 대개는 볼카운트를 운용하는 역할이 포수에게 주어지므로 수 싸움에 강해야 한다. 투수의 능력이 떨어져도 포수가 적절히 리드 하면 타자를 삼진이나 평범한 땅볼 타구로 요리할 수 있다. 코리안 특급 박찬호 선수가 올린 최고의 승수 뒤에는 좋은 포수 마이크 피아자[6]가 있었다.

포수는 외야를 바라보는 유일한 수비수로서 전광판의 점수를 쉽게 볼 수 있다. 아주 가끔씩 아웃카운트를 잘못 알고 행동하는 야수들도 있는데, 이럴 땐 포수의 콜이 매우 중요하다. 아웃카운트나 점수에 따라 수비의 방법이 달라지기 때문이다. 뿐만 아니라, 포수는 타자의 기록을 파악해 투수에게 타자의 허점을 알려주는 사인을 보내기도 하는데, 이것은 프로 야구에서나 가능한 일이다. 왜냐하면 사회인 야구에서는 사인을 내고 이에 맞는 공이 들어오기 어렵기 때문이다. 사실 스트라이크를 제대로 던지는 것도 힘들지 않은가.

### (3) 무거운 장비를 견딜 수 있는 체력

30℃가 넘는 땡볕에서 무겁고 두꺼운 보호구를 입고 쭈그려 앉아 있는 고통을 상상해보라. 무거운 장비만이 문제가 아니다. 부상이 가장 잦은 포지션도 역시 포수다. 투구에 맞기도 하고 빗맞은 타구에 맞기도 하고 타자가 던진 배트에 맞기도 한다. 때로는 그물망 기둥에 부딪히기도 하고 홈으로 들어오는 주자를 막다가 큰 타박상을 입기도 하는데 책임 의식이 없다면 포수라는 포지션을 포기하는 것이 낫다. 반대로 야수는 포수에게 항상 고마움을 가져야 한다. 밥 해주고 빨래 해주고 청소 해주는 엄마에게 감사하듯이……

포수는 책임 의식과 강한 체력에 이왕이면 덩치가 크면 좋다. 그래야 투수 입장에서 스트라이크존이 넓어 보이고 믿음직스럽게 느껴진다. 즉 마음 놓고 던질 수 있는 안정감이 생긴다. 체구가 작은 포수는 빈 공간이 많아 보여서 왠지 공이 빠질 것 같은 불안함이 생긴다. 만약 잡기 어려운 공이 오더라도 몸으로 막는 수비를 해야 하는데, 몸이 커야 더 잘 막고 살이 많아야 맞아도 덜 아프고 부상도 적지 않을까? 포수는 이현세의 『공포의 외인구단』에 나오는 백두산이 딱이다.

### (4) 2루까지 던질 수 있는 강한 어깨

포수에게 요구되는 또 하나의 능력은 도루를 저지하는 방어력이다. 사회인 야구에서 이 정도를 소화할 수 있는 인재가 흔할까? 그래서 사회인 야구에서는 선수 출신이 포수를 가장 많이 한다. 선수 출신이란 초등학교, 중학교가 아니라 최소한 고등학교 야구부에서 선수 활동을 했으며, 대한야구협회에 등록된 선수를 말한다.

프로에서도 특급 포수는 10년에 한 번 정도 나온다고 말할 정도로 좋은 포수를 구하기란 쉽지 않다. 그래서 좋은 포수로 한 번 인정받게 되면 10년 이상 그 팀의 안방을 지키는 수비의 엄마가 되는 것이다. 엄마가 되는 것은 쉬운 일이 아니다. 좋은 엄마가 되기란 더더욱 그렇다.


## | 3 | 내야수, '글러브 질'이 능수능란한 포지션

속칭 '글러브 질'이란 바운드 볼을 순간적으로 낚아채는 기술로 물 안의 팔딱거리는 고기를 뜰채로 살짝 뜨는 듯한 정교한 기술을 말한다. '글러브 질' 때문에 내야수 글러브는 외야수 글러브보다 사이즈가 작고 부드럽다. 글러브가 자신의 손과 같은 역할을 해야 신속하게 그라운드 타구에 대비할 수 있다. 단, 1루수는 예외인데 여기에 대해서는 나중에 설명하겠다.

### (1) 그라운드 볼 캐치와 송구 능력

대부분의 내야 타구는 그라운드 볼이다. 바운드가 규칙적인 타구가 있는 반면에 아주 불규칙한 경우도 많다. 타구가 빠를 경우에는 바운드를 보면서 잡기보다는 거의 동물적인 감각으로 잡아내야 한다. 보통 연습 때는 펑고Fungo⁷ 배팅으로 하는데, 규칙적인 바운드여서 실전과는 다르다.

타구를 잡는 것만으로 끝나는 것이 아니다. 해당 루수에게 잘 던져야 한다. 특히 핫 코너라고 불리는 3루수의 경우 1루까지 한 번에 던지는 강한 어깨가 필요하다. 그것도 정확하게.

3루수가 핫 코너라면 유격수는 쏘핫 코너이다. 개인적으로 유격수라는 명칭이 마음에 들지 않는다. 한자로는 군대에서 받는 '유격 훈련'의 '유격遊擊'과 같은데, 맡고 있는 베이스가 없어서 붙여진 명칭이지만 왠지 게릴라가 연상된다. 영어로는 숏스탑Short Stop인데 그 어원에 대한 설도 분분하다. 키가 작지만 뛰어난 수비수라느니, 누구의 이름에서 따왔다느니…… 이름이야 어쨌든 유격수는 최고의 수비 능력을 가진 사람이 맡아야 한다. 3유간(3루와 유격수 사이)이나 2유간(2루와 유격수 사이)의 타구를 잡으려면 반사적인 몸동작과 그야말로 물 찬 제비와 같은 스피드가 있어야 한다. 그래서 유격수를 '수비의 꽃'이라고 부르는 것이다.

사회인 야구에서는 우타가 90% 이상이라서 유격수와 3루에 타구가 집중된다. 수비에 타고난 감각이 있다면 욕심내볼만한 포지션이다.


## (2) 빠른 발과 순간적인 판단력

내야수는 타구 수비도 중요하지만 주자가 있을 때 그를 베이스에 묶어두는 플레이를 할 줄 알아야 한다. 1루는 수비에 대한 부담이 상대적으로 덜하지만, 2루수와 3루수는 주자와 타구 수비를 동시에 해야 한다. 그러기 위해서는 타격의 순간과 주자가 뛰는 순간을 구분해서 빠르게 움직일 수 있는 빠른 발이 필요하다.

내야수는 빠른 발 못지않게 순간적인 판단력도 중요하다. 타구를 잡기 전에 미리 어떤 베이스로 던질지 정하기도 하지만, 타구의 성격과 주자의 위치 등 순간적으로 변하는 상황을 재빨리 판단해 적절한 베이스로 던져야 한다. 특히 더블아웃 플레이는 위기를 일순간에 해소시킬 수 있는 짜릿한 기술인데, 수비 위치 설정과 빠른 판단력이 관건이다.

반면 타구는 잘 잡아놓고 '어이없는 상황'을 만드는 내야수도 적지 않다. 타구를 잡기 전에 공이 오면 어디에다 던질지 미리 준비를 해야 하는데, 경기에 집중하지 않다보면 기껏 잡은 타구를 어디에다 던져야 할 지 몰라 머리가 하얘지는 본헤드 플레이bone head play[8]를 하게 된다. 해설자가 "판단이 늦었어요" "던질 곳을 못 찾네요" "공은 잘 잡았는데 말이죠……" "내야 안타로 기록되겠습니다" "'타자 주자 올 세이프입니다"라고 말하는 상황이 바로 이것이다. 사회인 야구에서 흔히 볼 수 있는 모습이다.

## | 4 | 외야수, 1인당 수비 영역 800평

야구장의 넓이는 대략 3,000평 정도가 된다[9]. 여기서 다이아몬드를 중심으로 한 내야의 수비 영역을 500평으로 잡으면 나머지 외야는 2,500평, 그런데 외야수는 딱 세 사람뿐이다.

## (1) 800평을 휘젓는 빠른 발

넓은 지역을 수비해야 하기 때문에 가장 중요한 것은 빠른 발이다. 수치상으로 800평의 면적을 커버하려면 공의 낙하 지점까지 빠르게 이동해야 한다. 플라이 볼만 처리하는 것이 아니라 내야를 관통한 안타를 앞으로 달려오면서 잡아줘야 주자가 더이상 진루할 수 없게 만들 수 있다. 그저 자기 자리에서 공이 데굴데굴 굴러 올 때까지 기다리면 가속도가 붙은 주자는 멈추지 않을 것이다.

외야수는 내야수 같은 민첩한 순발력뿐만 아니라 넓은 지역을 발 빠르게 움직이는 스피드도 겸비해야 하기 때문에 외야수 중에 도루에 능한 선수들이 많다. 메이저리그 2009년 시즌에서 한국인 타자 최초로 20-20클럽에 가입한 추신수나, 두산 베어스 후배인 이종욱, LG 트윈스의 이대형, 기아 타이거즈의 이용규, 그리고 얄밉도록 빠른 스즈키 이치로 등이 바로 그들이다.

## (2) 플라이 볼에 강하다

TV 중계를 볼 때 타자가 친 공이 뜨면 사람들은 일단 여유를 가지며 안심하지만 이 공을 잡아야 하는 외야수는 공이 글러브 속으로 들어가 손으로 잡는 순간까지 불안하기만 하다. 공이 떨어질 것 같은 지점을 잡아 기다리다가도 그 거리가 조금 짧거나 길어서 못 잡는 경우가 허다하다. 플라이 볼을 잡는 능력을 타고난 선수도 있겠지만, 대개는 꾸준한 연습을 해야 그 감각을 익힐 수 있다. 더구나 야간 경기에서 라이트와 야구공이 겹치는 일명 '개기 일식'이 벌어지면 백전노장도 헤맬 수밖에 없다. 관중들은 그것도 못잡느냐 야유를 보내지만, 백라이트에 백구가 겹치면 갑자기 공이 사라진 것처럼 보인다. 마치 외계인이 채어간 것처럼. 그나마 이런 사정을 해설자가 짚어주면 다행이지만, 무조건 수비 미숙으로 몰고 갈 땐 야속하기만 하다. 카메라에 잡히는 외야수들의 씁쓸한 표정이 바로 그런 심정을 표현하고 있는 것이리라.

플라이 볼 캐치의 방해 요소에는 '개기일식'만 있는 게 아니다. 햇빛, 바람, 비 심지어 새도 해당된다. 여러 방해 요소가 있긴 해도 어쨌든 플라이 볼은 내야의 그라운드 볼보다는 잡기 쉬운 편이고, 꾸준히 연습만 한다면 쉽게 아웃카운트를 잡는 영광을 누릴 수 있다.


## (3) 강한 어깨, '발보다는 공이 빠르다'

외야수는 역시 뭐니뭐니해도 강한 어깨이다. 홈까지 중계 플레이 없이 송구하는 장면은 정말 장관이다. 마치 저격수가 적을 한 방에 맞추는 것 같기도 하고 팔에서 레이저 광선이 뿜어져 나와 적진을 부숴버리는 것 같다. 일명 '빨랫줄 송구'. TV가 아니라 야구장에서 직접 보면 홈으로 쇄도하는 주자의 발과 경쟁하는 외야수의 송구에 모든 신경이 집중된다.

안타깝게도 사회인 야구에서 이런 명장면을 만나기는 어렵다. 외야수가 홈으로 단번에 송구하기 위해서는 최소한 시속 130km의 속도로 50~60m를 한 번에 던질 수 있는 능력이 있어야 한다. 계산상 100m를 12초에 뛰는 주자의 시속은 30km/h이기 때문이다. 태그업으로 3루에서 홈으로 뛴다면 4~5초가 걸린다. 이때 외야수가 홈으로 던지는 거리를 대략 60m라고 할 때 던지는 동작과 포수 태그를 고려하면 공은 5초 내에 도착해야 한다. 계산상으로는 이렇지만, 갈수록 공의 속도가 떨어진다는 점을 고려하면 던지는 순간에는 시속 130km 이상이 되어야 한다.

외야수의 무리한 송구는 곧바로 부상의 원인이 된다. 메이저리그 2007년 시즌에 추신수 선수가 무리한 송구를 뿌리다가 그만 인대가 끊어진 끔찍한 일이 있었다. 힘들게 잡은 주전 자리를 부상으로 되돌려 줘야 했던 안타까운 사건이었다.

따라서 사회인 야구에서는 중계 플레이를 활용해야 한다. 물론 사회인 야구 선수들도 60m를 던질 수 있는 능력을 갖고 있다. 그러나 던지는 거리보다는 얼마나 빠르고 정확하게 송구하느냐가 더 중요하다. 무리하지 말고 적정한 거리에 있는 내야수에게 공을 전달해 짜임새 있는 수비를 한다면 주자가 마음 놓고 홈으로 들어오기 어려울 것이다.


## (4) 초보자는 우익수부터

앞에서 다양한 포지션에 대해 말했지만 사회인 야구단에 처음 들어오면 먼저 외야수, 그중에서도 우익수로 배치되는 경우가 많다. 왜냐하면 공이 그쪽으로 잘 가지 않기 때문이다. 오른손 타자가 90% 이상이고 웬만해서는 밀어치기가 힘들기 때문에 우익수 쪽으로 공이 날아올 확률은 10% 미만이다. 그러나 신기하게도 공이 선수를 알아보는 건지, 새내기 우익수가 출전하면 꼭 그쪽으로 빗맞은 타구가 많이 날아 간다. 이런 것도 머피의 법칙이라고 할 수 있을까?


## | 5 | 오른손잡이와 왼손잡이

사회인 야구단에서는 대부분 오른손잡이다. 문제는 왼손잡이인데, 수비의 경우 이들의 포지션이 제한되어 있다. 가능한 포지션은 1루수, 투수, 외야수인데, 1루수는 오른손잡이보다는 왼손잡이가 훨씬 좋다. 주자를 태그하거나 수비하기 편하고, 2, 3루로 송구할 때에도 유리하다. 오른손잡이에 비해 동작 하나가 줄어들기 때문이다. 하지만 그외의 내야 포지션은 오른손잡이에 비해 동작 하나가 늘어나기 때문에 불리하다.

타격에서는 사정이 다르다. 오른손잡이 투수가 많은 상황에서 왼손잡이 타자는 유리할 수밖에 없고, 타격 후 1루로 달리는 동작이 오른손잡이 타자보다 2보 정도 빠르기 때문이다. 뒤에 번트 부분에서도 설명하겠지만, 3루 쪽으로 기습 번트를 대기에도 왼손잡이가 훨씬 유리하다.

# 내 **포지션**에 맞는 **장비 쇼핑**

첫 훈련, 첫 경기만큼이나 가슴 설레게 하는
동시에 중요한 일이 바로 장비 쇼핑이다.
고가의 장비보다는 정확한 정보를 가지고
꼼꼼히 살펴보고 발품을 팔아 구입한 장비가
더욱 값지다. 실제로 훈련과 실전에서도
그 가치를 발휘한다. 반대로 아무리 고가의
장비라 해도 자신에게 맞지 않는다면
경기 내내 장비 탓만 하게 된다.
"장비가 역시 안 좋아……" 그러고는
다음번에는 더 비싼 명품 장비를 구입한다.
그래도 결과가 마찬가지면, 다시 화살은
장비에게 돌아간다. "역시 장비 탓이야……"
아니, 도대체 장비가 무슨 죄인가? 굳이 죄라
면 주인을 잘못 만난 죄밖에 없지 않은가?
그러고 보니 『삼국지』에서도 그랬던 것 같다.
무슨 문제만 생기면 두 형님은 "장비 저놈이
문제야……" 그럴 때마다 불쌍한 우리 장비는
이렇게 말하곤 했다.
"형님들은 왜 저만 나무라세요?"
자기 몸에 맞는 장비 쇼핑을
강력 추천하는 바이다.

## | 1 | 글러브

### (1) 투수 글러브

가장 큰 특징은 글러브의 크로치crotch[10]가 웹web[11]으로 완전히 막혀 있다는 점이다. 다른 야수들의 글러브는 그물처럼 뚫린 공간이 있지만, 투수 글러브의 경우에는 투수가 공을 쥐는 손의 모습이 노출되면 안 되기 때문에 완전히 막아둔다. 그렇다고 한 장의 가죽으로 막는 것이 아니라 주로 바둑판 모양으로 막아서 크로치의 유연성을 유지한다.

호환, 마마보다 무서운 장비병!

색깔은 야구 규정상 글러브, 가죽실, 웹 모두 단일해야 한다. 타자의 시야를 교란시킬 수도 있기 때문이다. 그리고 흰색이나 회색은 사용이 금지되어 있다[12].

사이즈 면에서도 다른 것들과 좀 차이가 있다. 내야수 글러브와 외야수 글러브의 중간 사이즈이다. 이는 빠른 타구가 투수에게 날아올 때 공을 잡는 것도 중요하지만 자신을 보호하기 위한 기능도 있어야 하는데 내야수 글러브는 너무 작고 외야수 글러브는 내야를 수비하기에는 너무 크기 때문이다. 투수가 타구에 맞는 경우는 투수 공에 타자가 맞는 일보다는 드물지만, 그 부상은 훨씬 참혹하다. 타구는 투구에 비해 빠르고 또한 전혀 제구가 되지 않아 예측할 수 없기 때문이다. 실제로 김원형 선수는 타구에 눈을 맞아서 실명 위기까지 간 적도 있다[13].

## (2) 내야수 글러브

내야수 글러브의 크로치는 투수의 웹처럼 막힐 필요가 없고 다양한 형태의 웹을 써도 무방하지만 많은 선수들은 십자가 모양의 웹을 선호한다. 물론 종교와 무관하다. 좀더 글러브가 유연해지고 중량이 가벼워지기 때문이다.

웹은 교체할 수 있다. 자신의 수비 상황에 맞는 좀더 편한 웹을 사서 가죽실로 묶으면 된다. 단, 야구 규정에는 가죽 이외의 소재는 쓸 수 없으며 정해진 사이즈 이상으로 웹을 넓게 만들면 안 된다고 나오지만 실제로는 규정과 다르게 사용하고 있다.

내야수 글러브는 무엇보다 자신의 손에 잘 맞는 사이즈로 선택해야 한다. 작은 사이즈를 선택하는 이유는 다양한 바운드로 오는 빠른 타구를 잡기 위한 것도 있지만, 공을 잡아서 빼는 동작을 용이하게 하기 위함도 있다. 글러브가 너무 크거나 웹이 너무 깊으면 공이 쉽게 빠지지 않는 사태나 빼다가 떨어뜨리는 난감한 사태를 맞이할 수도 있다.

한 가지 덧붙이자면, 적당히 부드러운 가죽을 추천하고 싶다. 물론 뻣뻣한 가죽을 길들여나가는 재미를 포기해야 하는 아쉬움도 있지만, 그보다는 손의 움직임이 편하고 부담없는 것이 좋다. 글러브 가죽의 감이 지나치게 뻑뻑하면 공이 다시 튀어나갈 가능성이 크다.


## (3) 외야수 글러브

앞서 설명한 바와 같이 외야수 글러브는 커야 한다. 공중에 뜬 볼의 낙하 지점에 글러브의 웹을 정확하게 갖다 대기란 쉽지 않다. 그래서 글러브의 가장자리에 맞고 떨어지거나 손바닥 부분에 떨어져서 보는 이의 가슴을 철렁 내려앉게 할 수도 있다. 이런 상황에서 글러브까지 작다면 공을 놓칠 확률은 더 커질 것이다.

그러나 외야수 글러브의 사이즈도 제한은 있다. '야구 규칙 1-14'에 따르면, 외야수 글러브는 길이는 네 개의 손가락의 각 끝으로부터 공이 들어가는 곳을 지나 글러브의 하단까지 30.5cm 이하, 손바닥의 넓이는 검지손가락 하단 안쪽의 꿰맨 부분에서 각 손가락의 하단을 지나 새끼손가락 외측外側의 끝까지 19.7cm 이하여야 한다.

## (4) 포수 미트

미트Mitt와 글러브Glove의 구분은 쉽게 말해 벙어리장갑과 일반 장갑의 차이이다. 엄지손가락과 나머지 손가락 두 군데의 주머니로 나뉘어져 있는 글러브를 '미트'라고 부르는데, 1루수와 포수의 그것이다. 미트와 글러브는 그 생김새가 다르듯이 그 성격도 차이가 난다. 벙어리장갑과 일반 장갑도 마찬가지다. 벙어리장갑은 일반 장갑에 비해 불편하기는 하지만 더 따뜻하다. 즉 손 보호가 잘되는 것이다. 일반 장갑은 손가락 하나하나가 따로 놀아 활동은 편리하지만, 손은 시렵다. 즉 손 보호는 잘 안 되는 편이다.

공을 많이 받아야 하기 때문에 손을 보호할 필요가 더 큰 포지션에서는 미트를 쓰고 손의 보호보다는 움직임이 더 중요한 포지션에서는 글러브를 쓴다.

포수 미트는 아시다시피 굉장히 두껍고 중량도 꽤 많이 나간다. 그러나 손의 보호를 생각하면 포수의 글러브는 두툼해야 한다. 빠른 공을 많이 잡기 때문에 얇은 미트는 위험하다. 요즘은 포수의 엄지손가락이 뒤로 젖혀지는 것을 방지하기 위해 플라스틱 보호대를 덧끼기도 한다.

그리고 포수 미트는 소리가 크게 나는 것이 좋다. 특히 투수에게 던지는 맛을 느끼게 할 수 있기 때문이다. 공이 미트에 박힐 때 팡팡 소리가 나줘야 "내 공이 좀 빠르구나" "공 끝이 살아 있고 묵직한데……" 하는 느낌이 들어 투수의 사기를 살려줄 수 있고 그건 포수에게도 마찬가지다. 소리가 커야 힘이 나고 캐치에 자신감도 생긴다. 사실 야구에서는 소리도 중요하다. '땅' 하는 타구의 소리는 공격에 힘을 더하고 관중을 흥분하게 하는 촉진제 역할을 한다. 반면 풀카운트에서 한가운데 직구로 꽂히면서 나는 '팡' 소리는 초조한 긴장 상태를 일순간에 날려버리는 기폭제이다. 그것만이 다가 아니다. '팡' 소리에 곧바로 이어지는 "스트~~~라이크" 소리. 주심도 흥이 나면 판정하는 소리도 높아지고 마스크가 흔들릴 정도로 율동도 화끈해진다. 이렇게까지 해주면 마운드에 있는 투수는 이소룡의 '아비요~'와 같은 포효를 내지른다. 이렇게 투수의 공과 포수의 미트가 만들어내는 짜릿한 화음 하나가 경기의 분위기를 확 바꾸거나 쑥 끌어올려주는 것이다. 결국 포수의 미트 소리가 빵빵 터져야 야구 할 맛 난다.

## (5) 1루수 미트

1루수가 미트를 쓰는 이유는 손을 보호하면서 다양한 포구를 해야 하기 때문이다. 야구 경기를 보면 알겠지만, 9회까지 총 27개의 아웃 중에 1루 포스아웃의 경우가 매우 높다. 게다가 1루로 날아오는 송구는 주자의 전력 질주를 감안해서 던지기 때문에 매우 빠르고 잡기 어렵다.

사회인 야구에서는 프로에서처럼 고정된 포지션이 아니고 멀티 플레이어로 여기저기 옮겨 다니는 경우가 많기 때문에 구태여 이중으로 돈을 들여 1루수 미트를 구입할 필요가 없다. 외야수 글러브로도 1루 수비를 볼 수 있다고 생각한다. 목수가 연장 탓 안 하듯이……

왼쪽 위에서부터 시계 방향으로 투수용, 내야수용, 포수 미트, 외야수용.

## (6) 글러브의 적정 가격

아시다시피 글러브 가격은 천차만별이지만, '비싼 게 좋다'가 통하는 용품은 절대 아니다. 괜히 가정 경제에 큰 구멍을 내는 장비 지르기는 피했으면 한다.

한 번은 한 사회인 야구 선수가 프로 야구 선수들도 선뜻 엄두를 못 내는 '겁나게 비싼' 글러브를 들고 나타난 일이 있었다. 주변 동료들에게 대단한 부러움을 샀지만, 한 달쯤 지난 뒤에 예전에 쓰던 중저가의 글러브를 다시 들고 나왔다. 이유인즉슨, 공원에서 도난당한 것. 부인에게 시달렸는지 경기 내내 인상을 찌푸리고 있었다.

직업으로 야구를 하는 프로 야구 선수도 60~70만 원 정도의 일본제 글러브를 쓰는 일은 별로 없다. 오히려 국산 제품을 더 많이 쓴다. 소수의 스타 플레이어들만 협찬을 받아 일본 유명 브랜드를 쓰고 있는 실정이다. 그러니 사회인 야구 선수들도 도에 넘치는 지르기는 하지 않았으면 싶다. 개인적으로 처음 하시는 분들에게는 10~20만 원선의 제품을 추천하고 싶다. 실력이 어느 정도 수준에 오른 뒤, 자신에게 맞는 제품을 구입하면 더 빛이 나지 않을까?

## (7) 글러브 길들이기

초등학교 시절에는 글러브 길들이는 방법으로 달리는 트럭 밑에 글러브를 던져서 납작하게 눌리게 하는 것이 가장 재밌고 유행했었다. 또는 테니스장 롤러로 깔아뭉개든가 놀이터 시소 밑에 놓고 방아를 찧는, '그때를 아십니까' 수준의 무식한 방법도 있었다.

하지만 글러브를 길들이는 가장 이상적인 방법은 글러브에 손을 끼운 상태로 공을 계속 쳐주는 것이다. 흔히 '볼 집을 만든다'라고 하는데, 손 감각도 익히고 손의 모양대로 글러브도 길들여진다. 최근에는 스포츠 매장에서 스팀으로 글러브를 쪄서 길들여주기도 한다. 그러나 직접 손으로 길들이게 되면 미세한 느낌까지 손 끝에 전달되기 때문에 인위적으로 길들인 글러브보다 공을 잘 인식할 수 있게 된다.

글러브의 가장자리는 바깥쪽으로 벌어지게 펴주는 것이 좋다. 공이 들어올 수 있는 공간을 넓게 하기 위해서이다. 또 글러브 끝에 공이 맞아도 멀리 튀어나가지 않고 안으로 들어올 수 있게 하는 이점이 있다.

글러브의 표면은 가죽이기 때문에 흙에 닿으면 긁힐 수도 있고 색이 바랠 수도 있다. 뿐만 아니라 비가 내릴 때 경기를 하면 가죽이 상할 수도 있다. 따라서 오일이나 왁스를 발라줘야 좋은 상태를 유지할 수 있다. 경기가 없는 날에는 특히 자주자주 발라주

요즘은 스포츠 매장에서도 스팀기를 이용해 글러브를 부드럽게 길들일 수 있다.

고 쓰다듬어줘야 한다. 애인처럼 혹은 아내처럼…… 그래야 글러브도 고마워서 공을 하나라도 더 잡아주지 않을까. 아님 말고.


## | 2 | 배트

크게 재질에 따라 알루미늄과 나무로 나뉜다. 알루미늄 배트가 나무 배트에 비해 탄성이 높아서 비거리가 10~20m 정도 더 나온다. 가격은 프로 선수들이 쓰는 나무 배트가 대략 10~25만 원 선이고 알루미늄 배트는 좀더 비싸다.

프로 야구에서 알루미늄 배트를 쓰지 않는 이유는 장타가 너무 빈번해서 점수가 많이 나기 때문이다. 그러나 그보다 더 중요한 이유는 알루미늄 배트에서 튕겨져 나오는 타구가 투수와 야수들에게 너무나도 위험하기 때문이다. 사회인 야구나 고교 야구에서는 덜 하지만 배트 스피드와 파워가 쎈 프로 야구에서는 알루미늄 배트로 친 타구는 그야말로 살인 무기이다. 엄청난 속도 때문에 투수 정도의 가까운 거리에서 바로 맞으면 사망할 수도 있다.

최근에는 고교 야구에서도 나무 배트를 쓰기 시작했다. 요새 고교생의 체격 조건이 좋아져서 홈런이 너무 많이 나온다는 이유도 있지만, 고교에서 프로로 바로 직행하는 경우가 많다 보니 알루미늄 배트에서 나무 배트로 바꿔야 하는 상황에 적응을 못 하는 선수들이 많아서이다. 고교 야구에서는 타격왕을 하던 선수가 프로에 와서는 빛을 발하지 못하고 쓴맛을 보는 이유 중 하나가 바로 배트에 대한 적응이 어렵기 때문인 것이다. 그런 점에서 보면 고교 야구에서 나무 배트로 교체한 것은 아주 적절하지만[14] 개인

**나무 배트**(위), **알루미늄 배트**(아래).

비용 부담이 증가한다는 점과 알루미늄 배트보다 나무 배트가 소리는 작은데 통증은 훨씬 더 크다는 점은 안타깝다. 야구 선수 출신이면 무슨 뜻인지 알 것이다. 불쌍한 후배들……

그러나 사회인 야구에서는 알루미늄 배트를 쓰는 것이 적절하다. 가격이 부담된다면 저렴한 국산 브랜드를 써도 좋다. 대략 20만 원선이고 한 번 사서 잃어버리지 않는 이상 오래 쓴다. 굳이 나무 배트를 고집한다면 말릴 수는 없지만, 그에 맞는 타격 기술을 따로 익히지 않는 이상, 타구를 외야로 보내기조차 버거울 것이다.


## | 3 | 공


공은 의외로 비싸다. 프로 야구 경기에서 사용하는 상급품은 1만 원이 넘는다. 그래서 파울 공 하나 주우면 입장료를 뽑는다는 말이 나온 것이다. 그러나 그 공 하나를 잡으려다 옷 찢기고 사람들한테 깔리고 심지어 얼굴에 맞기라도 하면 치료비가 더 나온다. 날아온 타구에 의한 부상은 구장에서 보상하지 않는다. 본인 스스로가 조심해야 할 것이다. 굳이 공을 잡고 싶다면 글러브를 들고 가는 것을 적극 추천한다.

사회인 야구단에서는 등급이 좀 떨어지는 중품을 써도 된다. 상품과 중품은 실밥과 가죽의 상태에서 차이가 나지만, 사회인 야구단에서 실밥 때문에 변화구가 안 먹힌다고 징징거리는 투수는 거의 없기 때문이다. 중품으로 다량 구매해서 실밥이 다 터질 때까지 연습하는 것이 좋다.

참고로 국제 공인구의 규격은 다음과 같다.


중량 : 141.7~148.8g

둘레 : 22.9~23.5cm


공인구 외에도 투수의 스피드를 측정해주는 스피드 표시 공을 사기도 하는데, 그리 권하고 싶지는 않다. 스피드 표시 공은 공을 잡았을 때의 충격의 정도로 속도를 측정하기 때문에 바운드 되었을 경우에는 속도를 잴 수 없고, 바닥에 떨어지면 고장이 잘 난다. 그 외에 스냅 볼이라는 것이 있는데 덕아웃에서 투수들이 만지작거리는 검은 공이 바로 이것이다. 공을 채는 연습을 할 때 쓸모가 있다. 중량이 350g 정도이기 때문에 공을 채는 감각을 익히는 데 도움을 준다.


## | 4 | 야구화와 유니폼


몇 년 전 일본 니혼햄의 신조 츠요시[15]가 올스타전에 신고나온 야구화는 다이아몬드가 박힌 수제 야구화로 무려 1억 원이 넘었다. 웬만한 우리 프로 선수의 연봉보다도 높은 가격이다. 돈 많다고 자랑이냐 욕할 수도 있겠지만, 그만큼 일본 프로 야구에서 관중들을 위한 선수들의 퍼포먼스와 스타 플레이어를 내세운 스포츠 비즈니스가 활성화되어 있음을 말해주는 것이기도 하다. 그러나 일본의 '신조'가 1억짜리 야구화를 신었다 해도, 나의 '신조'는 장비에 너무 많은 돈을 쏟아 붓지 말자는 것이다. 어차피 야구용품은 소모품이기 때문이다.

우선 야구화는 '스파이크'라고 불리는 바닥이 특수하게 처리된 신발로 정지하거나 순간적인 스피드를 낼 때 용이하다. 그런데 바닥에 징이 박힌 스파이크는 사회인 야구에서는 꽤 위험하다. 신고 달리는 사람에게는 발목 부상이, 거기에 접촉하는 사람에게는 심한 찰과상이 염려된다. 따라서 숙련된 프로 선수나 혹은 경력이 많은 사회인 야구 선수가 아니라면 그냥 포인트 스파이크(흔히 '인조 잔디화'라고 부른다. 그렇다고 골프화를 신어서는 안 된다) 구입을 추천한다.

유니폼은 맞춤이 기본이다. 여기에는 언더 셔츠, 양말, 벨트, 모자까지 포함된다. 색상은 다양하게 사용해도 무방하지만, 흰 야구공 무늬를 여기저기 새기면 안 된다. 야수가 혼동할 수 있기 때문이다.

유니폼에는 최소 15cm 이상의 등번호를 붙여야 하며, 이름이나 영문 이니셜을 새겨서 팀 동료나 심판이 쉽게 구분할 수 있게 해야 한다. 또한 홈 경기에서는 흰색 바탕의 유니폼을 입고 원정 경기에서는 팀 컬러로 된 유니폼을 입어야 하지만 사회인 야구에서는 홈/어웨이 구분이 없기 때문에 두 벌을 장만하느라 이중으로 돈을 들일 필요는 없다.

양말 패션은 그간 변화가 많았다. 처음에는 양말에다 고리 스타킹을 신고 거기다가 바지 밑단에 고무 밴드까지 착용했었다. 그러다가 고리 스타킹 모양이 그려진 양말이 등장해서 간편해졌다가, 급기야는 아예 바지를 내려버리는 패션으로 바뀌었다. 바지 안에는 발에 끼우는 밴드가 있어서 바지가 올라가지도 않고 자기 몸매를 뽐내기에도 좋은 역할을 한다. 또 최근에는 다시 바지가 7부 정도로 짧아져서 그 아래에는 단색의 양말을 신고 있다. 일명 농군 바지 패션. 색깔만 같으면 되니 스타일이야 어떻든 상관없다. 어차피 패션은 자유니까.

유니폼은 아니지만 바지 안에 입는 슬라이딩 팬티에 대한 이야기를 빼놓을 수 없다. 야구 선수들은 흔히 엉덩이가 넓고 두껍

야구 선수의 섹시한 몸매 비결은 '올드패션 힙업 슬라이딩 팬티'?

다고들 말한다. 초중고 선수 시절 감독님이나 코치님에게 방망이 맴매를 많이 맞아서일 거라고 생각하는 분이 많은데, 사실은 바지 속에 솜을 넣은 누비 팬티를 입어서 더욱 크게 보일 수밖에 없다. 요새 누비 팬티는 패딩이 아니라 신소재로 된 딱 붙는 타이즈 스타일로 땀도 덜 차고 착용감과 움직임이 좋은 기능성이다. 뿐만 아니라 유니폼 바지에 슬라이딩에 대비한 조치가 취해져 있기 때문에 두꺼운 팬티가 필요 없다. 엉덩이가 작아서 고민인 분은 '올드패션 힙업 솜누비 슬라이딩 팬티'를 입어보시라. 섹시한 엉덩이가 당신에게 자신감을 불 질러 줄 것이다. 오~ 빅맨!

## | 5 | 헬멧

헬멧은 가장 중요한 신체 보호 장비이다. 헬멧을 쓰지 않고 타석에 들어서거나 주루를 하는 것은 자살 행위에 가깝다. 야구 규정에서도 헬멧 착용을 의무화하고 있다. 따라서 헬멧은 반드시 구입하도록 한다. 물론 비싼 것도 있지만 대체로 가격이 그리 비싸지 않다.

이종범 선수와 심정수 선수는 한때 헬멧에 광대뼈 보호대를 부착했던 적도 있었다. 투구에 맞아 부상을 당한 적이 있었기 때문이다. 혹 투구에 맞는 것이 걱정된다면 이 같은 보호대의 부착도 사고를 미연에 방지하는 좋은 방법이다.

헬멧을 사지 않고 남의 것을 빌려 사용하면 크기가 안 맞아서 타격 시 헬멧이 돌아가 주변을 보지 못할 수도 있고 주루 시 헬멧이 흔들려 방해받을 수도 있다. 그러나 무엇보다도 위생상의 문제가 있기 때문에 서로 빌려주고 빌려 쓰는 미덕은 삼가는 게 좋다. 특히 내 헬멧을 빌려 쓰고 나간 동료가 삼진 먹었다고 헬멧을 땅바닥에 패대기치면 기분 정말 더러워진다. 내 헬멧은 곧 내 머리이기 때문이다.

참고로 오토바이 헬멧, 자전거 헬멧, 공사장 안전모, 군용 방탄모를 쓰는 것도 금지!

## | 6 | 배팅 장갑

사실 배팅 장갑은 너무 비싸다. 그래서 내 고교 선수 시절에는 아마추어 정신을 강조하면서 맨손으로 치게 했었는데, 손에 땀이 많이 날 때나 날씨가 추워서 손이 얼 땐 정말 난감했었다. 지금은 고교 야구에서도 나무 배트를 쓰기 때문에 배팅 장갑 착용을 허용하고 있다. 사회인 야구에서도 쓰는 것을 권장하지만 보스턴 레드삭스의 노마 가르시아파라[16]처럼 꼭, 반드시, 기필코 필요한 아이템은 아니다.

배팅 장갑과 팔꿈치, 발등 보호대.

## | 7 | 각종 보호대

타석에서 필요한 보호대로 팔꿈치와 발등 보호대가 있다. 팔꿈치는 안쪽 높은 볼에, 발등은 싱커를 잘못 쳤을 때 떨어지는 타구로부터 몸을 보호하기 위한 것인데, 시속 120km 이하의 공에는 굳이 필요 없다. 맞아도 된다는 것이 아니라 충분히 피할 수 있기 때문이다. 사회인 야구에서도 가끔 풀세트 보호대를 차고 나오는 분들이 계신데, 타격하는데 괜히 거치적거리고 뛸 때도 무겁기만 더 무겁다.

포수 장비.

아대는 착용하는 것이 좋다. 어떤 사람은 괜히 멋내기용으로 쓰는 게 아니냐고 하는데, 얼굴의 땀을 닦는데나 강한 타구로부터 손목과 같은 중요 부위를 보호하는데 좋다. 물론 멋도 낼 수 있다.

마지막으로 컵 보호대가 있다. 주로 프로 야구 포수나 메이저 리거들이 많이 착용한다. 비록 격투기는 아니지만, 만에 하나 강한 타구가 그쪽으로 날아 온다면…… 이 보호대가 '가정의 평화'를 굳건히 지켜줄 것이다. 특히 포수는 보호대를 착용하는 것이 좋다. 바운드 된 투구나 타구가 종종 그곳으로 날아오기도 하기 때문이다. 그러나 더운 여름날에는 보호대가 매우 불편하다. 메이저리그 선수들이 민망하게도 거기에 자주 손을 대는 것엔 이런 속사정이 있다.

## '젊은 사자가 되고픈' 이 하 늘

🔘 포수가 가장 어려운데, 왜 선택했나요?

힘들면서도 재미있는 포지션이에요. 축구의 골키퍼처럼 잘해
도 표가 덜나고 못하면 너무 많이 표가 나는 포지션. 그래도 이 자
리가 좋은 이유는 팀에서 책임감과 존재감을 동시에 느낄 수 있어
서예요. 그리고 그전에는 투수처럼 돋보이는 포지션이 좋았는데,
이제는 나이가 들어서 그런지 받쳐주는 역할이 좋더라구요. 예를
들어서 삼진을 잡았을 때 투수가 기뻐하는 모습을 보면 가슴이 뿌
듯한 게 저의 존재감을 느끼게 하는 거죠. 사실 포수를 해보신 분
들은 알겠지만 너무 힘든 자리에요. 그래서 다른 누구에게 권하기
어렵습니다. 할 수 있을 때까지는 제가 해야죠.

🔘 글러브 하면 이하늘씨라고 하던데요? 가장 애용하는 글러
브는?

원래 사회인 야구가 자기 포지션이 없잖아요. 내야에 있다가
도 외야로 가기도 하고 막 여기저기 왔다 갔다 하면서 그때마다
포지션에 따라 사용하는 글러브가 다르고 특히 웹이 달라야 한다
는 걸 알았어요. 또 그 포지션의 역할에 맞는 글러브를 찾고 싶었
어요. 거기에 관심을 가지다보니 글러브 수집가가 된 것 같아요.
지금은 단종된 모델부터 재질이 특이한 글러브 등등 여러 가지 글

러브를 소장하고 있죠.

　가장 아끼는 글러브는 일본 M 사의 글러브에요. 물론 제가 아주 어렸을 때 갖고 싶어했던 올드 모델이구요. 'MOOOO' 자가 대문짝 만하게 박힌 글러브죠. 당시 정말 유행하던 글러브였어요. 미국 브랜드도 좋지만 입수부(손이 들어가는 부분)의 크기가 우리 동양인의 손에 안 맞는 것 같아요. 무겁기도 하고요. 그래서 일본 M 사의 글러브를 제일 좋아하는데 이제는 실제 선수들이 사용하던 글러브를 갖고 싶습니다. 특히 이승엽, 임창용, 김태균 선수들의 글러브…… 어떻게 줄 좀 대줄 수 없어요?

**좋은 장비와 야구 실력의 관계는?**

　없어요. 자기한테 잘 맞는, 자기가 아낄 수 있는 장비가 야구를 더 좋아하게 만들고 그러다보면 야구 실력도 늘지 않을까요? 특히 고가의 글러브라고 절대 좋은 것은 아닙니다. 볼 집이 좋고 길이 잘 든 글러브가 최고라고 생각합니다.

**이하늘에게 야구란? 포수란?**

　어릴 때부터 야구 선수가 되고 싶었어요. 가수를 하면서도 15년 동안 계속 야구를 해왔구요. 저는 다시 태어난다면 꼭 야구 선

이하늘.

수가 되고 싶어요. 그런데 요새 〈천하무적 야구단〉 때문에 제가
야구 선수로 환생한 것 같습니다. 물론 실력으로는 선수가 절대
아니지만, 사람들이 그렇게 봐주시니까 정말 기분 좋습니다.

　　사회인 야구 선수들은 다 알겠지만, 가장 힘들고 기피하는 자
리가 포수예요. 하지만 그 자리에 앉아서 소리 없는 존재감을 느
끼다보니 지금은 가장 애착이 가는 자리이기도 해요.

# 야구는
# 룰의 스포츠!
# 이 정도는
# 알아야 한다

야구만큼 룰이 복잡한 스포츠가 있을까?
내가 야구 선수 출신이라서가 아니라 아무리
눈을 씻고 봐도 야구보다 복잡한 룰을 가진 운
동 경기는 없는 것 같다. 심지어 프로
야구 경기에서조차 덕아웃에 규정집을
비치해두고 있다. 마치 판사가 법전을 들고
있는 것처럼 말이다. 실제로 심판의 판정에
어필을 하기 위해서 수석 코치가 재빨리
규정집을 훑어보고 그 부분을 그대로
심판에게 들이대는 경우도 있다.
이 책에서는 가장 기본적인 룰과 실제 경기를
진행해나가는데 있어 무리가 없을 정도의
내용만 소개할 것이다. 죄다 적으면 이 책이
그야말로 야구 규정집이 될 것이기 때문이다.

## | 1 | 선수 구성

경기에 출전하는 주전 엔트리는 총 25명의 선수로 구성되고 이중 9명의 선수가 그라운드에 오를 수 있다. 단 투수가 타순을 배정받지 않고 지명 타자를 기용할 경우에는 10명이 등록된다. 우리나라 프로 리그에서는 지명 타자제를 쓰는데, 타격 감각이 좋고 장타력을 갖춘 선수가 지명 타자로 많이 기용된다. 간혹 대타 기용으로 운용 가능한 지명 타자가 없어지면 투수가 타순에 오르지는 않으면서 타석에 들어오기도 한다. 1998년 시즌에 해태 타이거즈의 임창용 선수가 타석에 들어와 2루타를 쳐 2타점을 올린 적도 있다.

감독이나 코치 중에도 선수로 등록되는 경우가 있다. 이를 '플레잉 코치'라고 부르는데 급할 땐 덕아웃에서 나와 선수로 뛰기도 한다. 실제로 프로 원년에 MBC 청룡의 백인천 감독은 타자로 나와서 전무후무한 4할 대의 타율을 기록했다. 도루도 11개나 했다. 감독님이 도루를 하다니…… 상상하기 힘든 장면이다.

사회인 야구단의 실정에서 선수단의 규모는 대략 20명 내외이고 실제 경기 참가 인원은 그보다 훨씬 적다. 각자의 일과 사정이 있기 때문이다. 그래서 가끔 인원수 부족으로 몰수패를 당하는 경우도 생긴다.

야구장은 구장마다 제각각이다. 특히 그 크기가 달라서 똑같은 타구도 홈런이 되거나 혹은 플라이 볼이 되는 가혹한 운명의 갈림길에 놓이기도 한다. 그러나 내야의 규격은 대부분의 야구장이 준수하고 있다.

## (1) 내야

말 그대로 '안쪽 들판'이다. 다이아몬드 모양으로 이곳을 지배하는 팀이 곧 다이아몬드를 차지하게 된다는 뜻으로 해석할 수도 있겠다. 내부 면적은 대략 752㎡(다이아몬드 면적만 계산했을 때)로 200평이 좀 넘는다. 야구장 전체가 3,000평이니 $\frac{1}{15}$ 정도의 작은 크기이지만, 야구의 대부분은 바로 여기에서 이루어진다.

## (2) 홈 베이스

홈 베이스는 타자와 포수의 안전을 위해서도 그 규격을 꼭 지켜줘야 한다. 그리고 스트라이크와 볼의 판정에도 홈 베이스는 중요하다. 아시는 분도 있겠지만, 이곳을 '홈home' 이라고 부르는 이유는 베이스

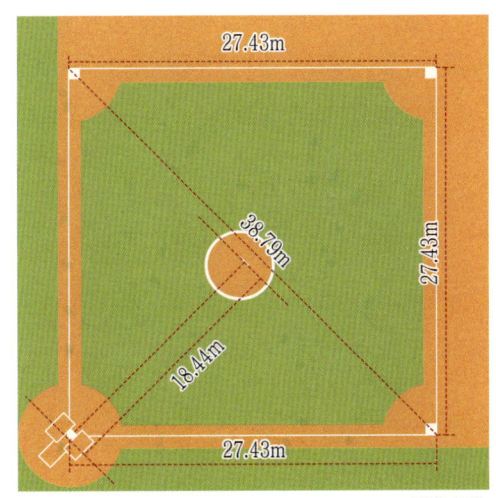

내야 규격.

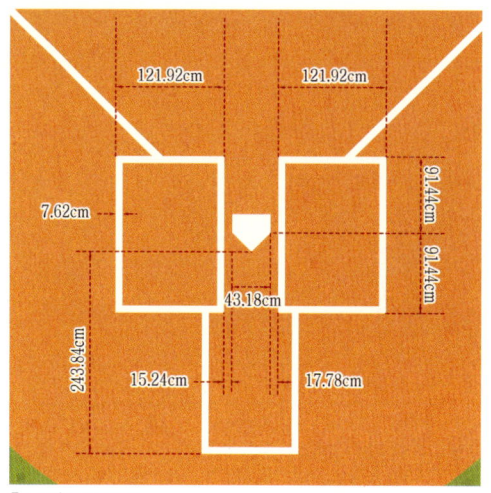

홈 규격(타석 포함).

의 모양에 있다. 주자의 방향에서 볼 때 마치 지붕이 뾰족한 집의 모양과 같다. 그래서인지 야구는 어드벤처 게임 같다는 느낌이 든다. 처음에는 어렵사리 자기 힘(타구)으로 집을 나와서 남의 도움(진루타)을 받으며 여기저기를 다니고 혹은 감시자의 눈을 피해 다니다가 결국에는 집으로 돌아오는

컴 백 홈 어드벤처 게임 말이다.

## (3) 투수 마운드

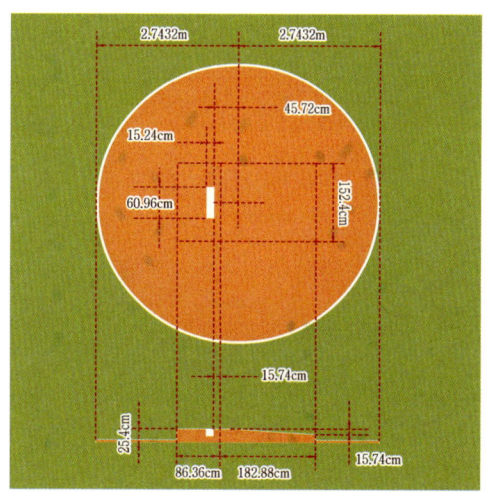

마운드 규격.

이곳이 바로 야구장의 에베레스트다. 멀리서 보면 별로 티도 안 나지만 어쨌든 야구장에서는 가장 높은 곳이다. 오르기도 어렵지만, 계속 버티기도 힘들다. 내려올 때는 희비가 교차한다. 박수냐 야유냐, 고개를 들고 내려오느냐 숙이고 내려오느냐……… 내게도 박수를 받으며 마운드를 내려

왔던 추억이 있지만 때로는 고개를 숙이고 마운드에서 내려왔던 악몽을 꾸기도 한다.

### (4) 외야

이곳은 '안쪽 들판'이 아니라 '바깥쪽 들판'이다. 앞서 말한 바 있지만, 외야는 내야를 뺀 나머지 공간으로 2,700평 정도가 된다. 축구장 크기 정도가 되는 셈이다. 물론 내야와 수비 영역이 겹치기는 하지만 그래도 세 명의 수비수가 지키기에는 너무 넓다.

그 규격은 다양한데, 메이저리그의 야구장의 경우 좌우가 다르고 펜스 모양이 들쑥날쑥하기도 하다. 펜스의 특징을 모르면 수비하기가 난감할 것이다. 그러나 우리나라 야구장은 좌우의 길이가 같다. 우리나라의 대표적인 야구장의 규격을 살펴보면 다음과 같다.

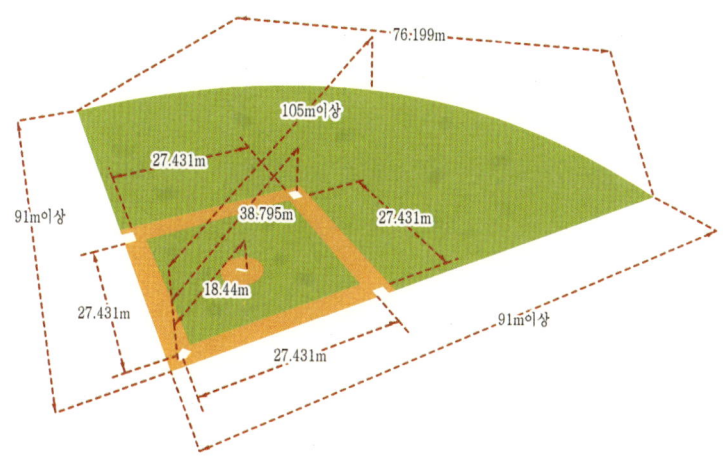

**내야를 포함한 외야 규격**(펜스 모양이나 거리는 경기장마다 다르다).

## 1. 잠실 구장

좌우: 100m, 좌우중: 120m(두산)/116m(LG), 센터: 125m(두산)/121m(LG), 펜스 높이: 2.6m, 수용: 30,500명

## 2. 광주 구장

좌우: 99m, 좌우중: 115m, 센터: 120m, 펜스 높이: 3.1m(센터 6.9m), 수용: 13,400명

## 3. 대구 구장

좌우: 99m, 좌우중: 115m, 센터: 120m, 펜스 높이: 3.0m, 수용: 12,000명

## 4. 문학 구장

좌우: 95m, 좌우중: 115m, 센터: 120m, 펜스 높이: 2.5m, 수용: 30,400명

## 5. 목동 구장

좌우: 98m, 좌우중: 113m, 센터: 118m, 펜스 높이: 2.0m, 수용: 14,000명

## 6. 사직 구장

좌우: 95m, 좌우중: 113m, 센터: 118m, 펜스 높이: 4.8m, 수용: 30,000명

## 7. 대전 구장

좌우: 97m, 좌우중: 112m, 센터: 114m, 펜스 높이: 2.0m, 수용: 10,500명

## 8. 마산 구장

좌우: 96m, 좌우중: 112m, 센터: 116m, 펜스 높이: 2.0m, 수용: 20,000명

## 9. 수원 구장

좌우: 95m, 좌우중: 115m, 센터: 120m, 펜스 높이: 2.2m, 수용: 14,465명

## 10. 춘천 구장

좌우: 98m, 센터:120m, 수용: 8,500명

## 11. 청주 구장

좌우: 98m, 센터: 110m, 수용: 7,500명

## 12. 군산 구장

좌우: 98m, 좌우중: 116m, 센터: 120m, 수용: 12,500명

### 13. 전주 구장

좌우: 98m, 좌우중: 110m, 센터: 110m, 수용: 10,000명

### 14. 제주 구장

좌우: 100m, 좌우중: 118m, 센터: 123m, 수용: 8,500명[17]


아시다시피 우리나라는 야구 역사에 비해, 그리고 야구 인구에 비해 야구장이 턱없이 부족하고 시설 또한 열악하다. 얼마 전에는 수많은 추억이 어려 있던 동대문 야구장까지 사라지면서 서울 중심부 한복판에서 퍼지던 함성도 들을 수 없게 되었다. 더군다나 고교 야구의 열기도 식어가고 있다.

항상 비교 대상이 되는 이웃나라 일본의 경우, 돔구장만 무려 여섯 개나 된다[18]. 물론 우리나라에서도 고척동 돔구장 건설이 시작되었고 최근에는 서울을 비롯한 지방 도시들도 돔구장 건설을 추진하고 있어 돔구장에서 야구하는 그날이 멀지만은 않은 듯하다.

돔구장까지는 아니더라도 자그만 야구 공원을 늘려줬으면 좋겠다. 사회인 야구는 매주 경기장 잡기가 하늘의 별따기다. 하다 못해 베이스가 없는 초등학교 운동장도 빌리기 어려운 실정이다. 소도 언덕이 있어야 비빈다고 하지 않았던가. 야구도 야구장이 있어야 하지. 안 그런가?

# | 3 | 아웃

왜 한국에서는 아웃out을 '죽는다'라고 옮겨 표현하는지 모르겠다. 솔직히 끔찍한 표현이 아닌가? 미국에서는 야구에서 죽는다는 표현은 '데드 볼'이나 '볼 데드'에서나 쓴다. 사실 아웃은 라인 밖으로 나가라는 것이지 죽었다는 의미는 아니다. 누군가는 Kill의 약자로 알고 있는 삼진의 'K'도 스트라이크Strike의 'K'를 의미한다[19]. 제발 죽인다는 끔찍한 표현은 그만 썼으면 좋겠다. 실제로 사회인 야구 경기에서 많이 하는 말 중에 '원 다이, 투 다이'가 있다. '한 명 죽이고 두 명 죽이고'인데, 만약에 이들이 미국 야구단과 친선 경기를 한다면 상대편 선수들이 얼마나 불쾌해하겠는가.

참고로 1994년 호주에서 열린 아시안 선수권 대회에서 만난 북한 선수들은 외래어를 쓰지 않는 방침에 따라 '아웃' '세이프'라는 말 대신 무조건 '죽었다' '살았다'를 썼다. 그리고 실제로 아웃이 된 선수는 말 그대로 죽은 사람처럼 어두운 표정을 보였다. "아웃~!!" 어쨌든 당하는 입장에서 그리 기분 좋은 단어는 아니다.

## (1) 삼진 아웃

삼진 아웃Strike Out은 스트라이크 3개로 이루어진다. 스트라이크는 단순히 스트라이크존을 통과해서 심판이 '스트라이크'라고 판정하는 공만을 의미하지 않는다. 스윙, 파울, 파울 팁[20]도

스트라이크다. 그러나 파울은 투 스트라이크 이후에는 카운트되지 않는다.

삼진 아웃은 스윙 아웃과 판정으로 인한 루킹 아웃looking out, 그리고 스탠딩 아웃standing out으로 구분되는데, 스윙 아웃은 투구를 보고 배트를 휘둘렀으나 공에 맞지 않아 아웃되는 경우이며, 루킹 아웃은 투 스트라이크 이후 스윙 없이 공을 쳐다보다가 아웃되는 경우를, 스탠딩 아웃은 '그저 바라만 보다가' 허무하게 아웃되는 경우를 말한다. 셋 다 타자에게는 엄청난 데미지를 주고 반대로 투수에게는 엄청난 자신감을 주게 된다.

문제가 되는 부분은 스트라이크에 대한 판정인데, 실제로 규정된 스트라이크존이 있다 하더라도 심판에 따라 그리고 상황에 따라 판정이 달라질 수 있다. 자신 있게 던진 공을 심판이 스트라이크로 잡아주지 않으면 투수는 심리적 부담을 느낄 수밖에 없다.

반대로 타자가 볼 때 완전히 빠진 공을 심판이 스트라이크로 잡아주면, 타자 역시 흔들릴 수밖에 없다. 그런데 똑같은 코스로 연이어 스트라이크 선언이 내려지고 삼진 아웃을 당하면 다음 타석에서도 그 코스에 대한 자신감을 잃게 된다. 따라서 투수와 타자 모두가 인정하는 스트라이크라야 이를 숨죽이고 지켜보는 관중들에게도 확실한 삼진 아웃으로 인정받을 수 있을 것이다.

스윙 판정도 마찬가지다. 배트의 끝이 1, 3루의 파울 라인을 벗어났는지 아닌지로 스윙을 판단하는데 뒤에 있는 주심이 판단하는 것은 무리이므로 포수의 콜과 그에 따른 주심의 콜에 의해 좌타인 경우 3루심이, 우타인 경우 1루심이 판정해준다. 그러나

사회인 야구 경기에서는 2심제가 대부분이라 주자가 있을 때 1루
에 심판이 없어서 종종 시비에 휘말리기도 한다.

　　삼진 중에는 좀 특이한 녀석이 있는데, 바로 '스트라이크 아웃
낫 아웃strike out not out'이다. 상황 묘사를 통해 설명하겠다. 투 스
트라이크 이후에 투수가 던진 공에 스윙을 하든 그렇지 않든 공이
스트라이크존을 통과하고 심판은 스트라이크 선언을 했는데, 그
만 포수가 공을 놓치고 말았다. 이때 타자는 1루로 뛰어도 된다.
포수는 당연히 공을 주워서 1루로 송구하여 포스아웃시키거나 타
자가 가까이 있을 땐 태그아웃시킨다. 또는 당연히 아웃될 것을
아는 타자는 그냥 덕아웃으로 들어가버리는데 이를 진루 포기로

모양 빠지는 주루 플레이? 룰을 이해하면 이런 플레이는 나오지 않는다.

보고 아웃으로 취급한다. 그런데 스트라이크 아웃 낫 아웃은 노 아웃이나 원 아웃의 상황에서 1루가 비어 있을 때와 투 아웃 상황 에서만 가능하다. 왜냐하면 포수가 일부러 공을 떨어뜨려 더블아 웃 플레이를 유도하는데 악용할 수 있기 때문이다. 즉 1루에 주자 가 있을 때 타자가 낫 아웃이라면 "난 아직 죽지 않았어!" 하고 1 루를 향해 돌진할 수도 있다(물론 대부분은 뛰지 않는다). 이렇게 되 면 1루에 있던 선행 주자는 난처해지면서 어쩔 수 없이 2루로 뛰 어야 하는 상황에 빠지는 것이다. 결국 포수와 야수들은 평범한 송구 플레이로 아웃카운트를 하나 더 늘릴 수 있게 된다. 뒤에 설 명할 인필드 플라이와 유사하다.

## (2) 플라이 볼 아웃

플라이 볼 아웃Fly ball Out은 타자의 타구가 그라운드에 닿지 않고 곧바로 야수의 글러브에 들어가 아웃이 선언되는 경우를 말 한다. 페어 지역뿐만 아니라 파울 지역으로 날아 오는 파울 타구 도 잡으면 아웃이다. 그러나 공을 잡았다가 곧바로 떨어뜨리면 아 웃이 아니며 공을 꺼내서 송구하려다가 놓치는 것은 아웃과 무관 하다.

## (3) 포스아웃

포스아웃Force Out이냐 태그아웃Tag Out이냐는 타자 혹은 주자 가 해당 루에 대한 권한이 있는가 없는가로 구분된다. Force라는 단어의 의미 자체가 '강제'이기 때문에 타자나 주자가 어쩔 수 없이 뛰어와야 하는 상황에서 이루어지는 아웃으로 이해하면 된다. 쉽게 예를 들어 말한다면 1루에서 아웃당하는 상황은 무조건 포스아웃이다. 왜냐하면 타구를 친 타자는 무조건 1루로 뛰어 와야 하기 때문이다. 다음 타자가 대기하고 있는 홈에서 머물러 있을 수가 없는 것이다. 그런데 타구가 깊숙하게 2루까지 간다면 상황은 달라진다. 1루에 주자가 없고 타자는 '강제적'으로 2루로 달려올 필요가 없기 때문에 이때는 태그아웃을 해야 한다.

물론 1루에서도 태그아웃을 하는 경우가 있긴 하다. 1루수가 야수의 송구를 받을 때 베이스에서 멀리 떨어졌다면 타자 주자를 태그로 아웃시켜야 하는 상황이 된다.

그리고 더블아웃 플레이를 들 수 있는데, 유격수 앞 땅볼이나 3루 앞 땅볼을 쳤을 때 1루 주자는 무조건 2루로 뛰어야 하는 상황에 이른다. 이때 유격수나 3루수는 가볍게 2루로 공을 토스하고 2루수는 주자가 도착하길 기다릴 필요 없이 포스아웃시키고 1루로 공을 빠르게 던진다. 만약에 포스아웃이 안 된다면 더블아웃 플레이는 거의 불가능하다. 왜냐하면 주자가 의도적으로 느리게 2루로 들어올 수 있기 때문이다.

## (4) 태그아웃

포스아웃과 달리 주자가 강제적으로 진루해야 할 상황이 아닐 경우의 아웃 방법이다. 가장 흔한 예로 도루를 들 수 있다. 타자의 타격에 의하지 않고 단독으로 주자가 뛴다면 이는 '강제적'인 상황이 아니다. 따라서 이런 경우에는 무조건 태그를 시켜야 아웃시킬 수 있다. 또한 타자의 타격이 있다 하더라도 타자와 주자 간에 한 개 이상의 베이스가 비어 있어서 주자가 '강제적'으로 뛰어야 하는 상황이 아닌데도 뛰었다면 태그아웃을 시켜야 한다. 예를 들어 2루에 주자가 있고 타자가 타격을 한 상황을 가정해보자. 1루가 비어 있으므로 2루 주자는 반드시 뛸 필요는 없다. 그럼에도 불구하고 진루를 할 경우에는 포스아웃이 아니라 태그아웃으로 잡아야 한다.

그런데 문제는 태그아웃을 하다가 싸움이나 부상이 자주 벌어진다는 것이다. 태그를 심하게 하는 경우, 또는 발을 들고 슬라이딩을 하는 경우에 위험한 장면이 나올 수도 있다. 실제로 2009년 월드 베이스볼 클래식(WBC)에서 이용규 선수가 2루로 도루하다가 일본 선수의 강한 태그를 맞고 볼에 맞아도 안 깨지는 헬멧이 쪼개지는 사건이 있었다. 반대로 지나치게 깊숙하게 슬라이딩을 하는 경우도 있는데 아웃이 될 것을 뻔히 알면서도 고의적으로 하기도 한다. 간혹 데드 볼에 대한 보복일 때도 있다. 그러나 나도 선수이고 상대도 선수인만큼 서로를 아껴주고 배려해야 한다. 왜? 야구는 매너의 운동이니까.

## (5) 견제 아웃

견제 아웃은 객사라고 하기도 하고 비명횡사라고 하기도 한다. 객사客死든 비명횡사非命橫死든 집 나갔다가 어처구니없이 죽는다는 의미인데, 역시 참혹한 표현을 쓰는 건 한국 야구의 특징. 어쨌든 견제 아웃은 베이스에서 벗어나 있다가 이를 틈타 투수가 루수에 견제구를 던져 아웃시키는 것을 말한다. 역시 이때도 태그아 웃이 원칙이다. 그런데 왜 태그아웃이냐고 의문을 가지는 사람도 있을 것이다. 어차피 돌아와야 할 베이스인데 포스아웃 아니냐고. 그렇지 않다. 타구가 플라이 볼로 야수에게 잡혔다면 주자는 머물 던 베이스로 반드시 돌아와야 하지만, 이 상황에서는 주자가 진루 할 수 있는 기회가 있다. 도루가 그래서 가능한 것이다. 즉 주자가 있던 베이스로 돌아와야 하는 강제적 상황이 아니기 때문에 태그 아웃을 해야 한다.

그런데 만약 주자가 살아보겠다고 태그를 피해 진루를 한다면 런다운run down으로 주자를 잡아야 한다. 런다운이란, 말 그대로 주자의 주루 폭을 점점 줄여서 아웃시키는 방법이다. 두 명의 수 비수가 양쪽 베이스에서 주자의 베이스 터치를 막고 공을 주고받 으며 주자를 중간으로 몰아 태그하는 방법이다. 프로에서는 아웃 확률이 높지만 사회인 야구에서는 런다운에 걸렸다가도 살아남는 일이 가끔 있다. 역시 수비가 부실한 탓이다.

견제 아웃은 공격 팀이 힘들게 지펴 낸 희망의 불씨에 찬물을 끼얹는 것과 마찬가지이다. 반면 수비 팀으로서는 손쉽게 실점의 부담을 덜어내고 아웃카운트를 늘릴 수 있는 호재다. 그러나 견제 로 아웃카운트를 잡는 것은 그리 쉽지 않다. 특히 사회인 야구에서 괜한 견제구를 던졌다가 공이 빠져 2루, 3루는 물론 홈까지 주자를 보내는 일이 비일비재하다. 아무나 견제의 달인 봉중근 선수처럼 할 수 있는 것은 아니다. 견제구는 견제를 하기 위해 던지는 것이 다. 투수는 주자를 째려보기만 해도 도루를 견제할 수 있다.

## (6) 주루 아웃

실제 경기를 하다보면 가끔 다음과 같은 황당한 상황이 벌어진다.

① 한 베이스에 두 주자가 모이는 경우
② 주자가 선행 주자가 있는 베이스를 아예 지나쳐서 진루하는 경우
③ 베이스를 밟지 않고 뛰는 경우
④ 주자가 수비수의 태그를 피하기 위해 라인에서 3피트(0.9m) 이상을 벗어나는 경우
⑤ 홈으로 들어오는 주자가 포수의 태그를 피해 홈 베이스로부터 멀리 도망가는 경우

위의 경우는 모두 아웃이다. 특히 ③의 경우를 '루의 공과空過'라고 칭하는데 홈런을 쳐도 베이스를 밟지 않으면 그 전까지만 인정한다. 이런 어처구니없는 상황이 프로 리그에서 설마 있을까 할 사람이 많을 터지만, 실제로 꽤 된다. 추추 트레인 추신수 선수도 메이저리그에서 이런 일을 겪은 적이 있었다[21].

우리 연예인 야구단에서도 비슷한 일이 있었다. 임창정 선수가 1루 베이스를 밟지 않고 2루로 가다가 죄책감을 느낀 것인지 아니면 왠지 허전해서였는지 1루로 다시 돌아와서 베이스를 밟았지만 결국 더이상 진루는 못한 적이 있다. 자신의 타구를 너무 뚫어지게 쳐다본 나머지 자기도 모르게 1루 베이스를 그냥 통과한 것이다. 그때 임창정 선수의 타구는 거의 3루타 감이었지만, 이런

실수로 1루타로 끝나고 만 것이다.

사회인 야구에는 주루 코치가 따로 없기 때문에 선수들은 상황 판단은 뒤로 하고 타구가 나면 무조건 뛴다. 그러다보면 앞에 간 주자를 만나기도 하고 지나치기도 한다. 똑같은 번호의 버스가 서로 만나는 경우와 비슷하다.

④, ⑤의 경우 재미있는 사례가 얼마 전 미국 대학 야구에서 있었다. 홈으로 들어오는 주자가 포수의 태그를 피했는데 옆으로 피한 것이 아니라 공중으로 피했다. 3피트(0.9m) 룰이 공중에는 적용되지 않기 때문이다. 주자는 그야말로 붕 날아서 포수의 키를 넘어 홈 플레이트에 손을 댔다. 득점 인정. 상대 팀 감독은 항의했지만, 룰을 어긴 것은 아니기에 심판도 어쩔 수 없었다. 그 선수는 마침 결승점을 득점해 영웅이 됐다나 뭐래나.


## (7) 그 밖의 아웃

자주는 아니지만 가끔씩 나오는 아웃 상황을 정리해보면 다음과 같다.

① 타자가 번트를 대고 1루로 1, 2보 정도 달려가는데 그 번트 타구에 자신이 맞은 경우
② 투 스트라이크 이후에 번트를 댔다가 파울이 될 경우
③ 미리 제출한 타순과 다른 타자가 타석에 나선 경우
④ 타자가 친 타구가 주자의 몸에 맞은 경우
⑤ 주심의 인필드 플라이 선언
⑥ 포수가 파울 타구를 잡으려다가 상대 팀의 배트나 기타 물품

에 걸려 넘어질 경우

⑦ 타자가 진루를 포기하는 경우


①의 경우는 드물지만 반드시 제한해야 한다. 그렇지 않으면 자신이 친 번트를 발로 차서 타구를 만들려고 할 것이다. 다시 말하지만 야구는 매너의 운동이다.

②의 경우는 꽤 있다. 어쩔 수 없이 번트를 대야 하는 상황이 오기 때문이고 선수 스스로 파울을 내지 않을 자신이 있다면 용감하게 감행할 수도 있는 것이다. 그런데 왜 투 스트라이크 이후에 번트를 제한하는가? 이는 지나친 투구 커팅이 자행될 수 있기 때문이다. 투수의 투구 수도 많아지고 경기 시간도 늘어나기 때문에 이런 방법으로 제한하는 것이다.

③의 경우야말로 정말 어처구니없지만, 선수 교체 이후에 타순이 헷갈리다보니 발생하기도 한다. 프로 리그에서는 극히 드물지만 사회인 야구에서는 역시 있을 수 있는 상황이다. 그리고 양 팀이 룰을 모를 때는 그냥 넘어가기도 한다.

④는 파울이 아닌 타구에 주자가 맞으면 아웃이다. 타자는 안타를 친 것으로 기록된다. 때린 사람은 세이프고 맞은 사람이 오히려 아웃이라는 게 언뜻 불공평해보이기도 하지만, 때린 사람은 고의가 아니다. 그에 반해 주자는 타구를 피할 수 있는 여유가 있다고 보는 것이다. 물론 피할 수 없는 강한 타구도 있지만 말이다.

⑤는 얼마 전 우리 야구단의 경기에서도 나왔었다. 1루를 보시던 김성한 감독님이 평범한 내야 플라이 볼을 놓친 것이다. 그

러나 주심은 '인필드 플라이'를 선언하여 타자만 아웃이 되었다. 누가 봐도 최고의 1루수였던 김성한 감독님이 설마 플라이 볼을 놓치겠느냐 했던 것이다. 그런데 명백히 김성한 감독님의 실책. 어쨌든 인필드 플라이는 이런 상황을 고의적으로 유도하는 플레이를 방지하고자 함이다. 쉽게 잡을 수 있는 플라이 볼을 일부러 살짝 놓치면 진루하려고 하는 주자를 아웃시킬 수 있다. 앞에서 설명한 '낫 아웃'과 일맥상통하는 룰이다.

⑥은 아웃을 떠나 위험한 상황이다. 안 그래도 부상이 잦은 포수를 위해서 그 주변은 항상 정리정돈해두어야 한다. 도우미가 없는 사회인 야구단에서는 반드시 이전 타자나 예비 타자의 물품을 한쪽으로 정리해두길 바란다. 스프레이나 방망이에 미끄러지면 자칫 큰 부상을 입을 수 있다. 타자는 당연히 아웃!

⑦은 절대 일어나지 않을 것 같지만 그렇지 않다. 이런 일이 생길 수 있는 상황을 가정해보자. 동점 상황의 9회말 투 아웃 만루에 타석에 들어간 타자가 공이 몸에 맞거나 포볼을 얻었다. 즉 밀어내기로 경기는 끝나는 셈인데, 너무 기쁜 나머지 타자가 1루로 진루하는 것을 까마득히 잊어버리고 홈인한 주자들과 껴안고 방방 뛰고 있다. 심판이 진루를 하라고 해도 손사래를 치며 계속 환호만 지르고 있다. 이때 심판은 진루 포기로 아웃을 선언하고 득점 취소를 선언할 수 있다. '영웅'에서 '원수'로 돌변하는 순간이다.

# | 4 | 득점

## (1) 주자 홈인

집을 나갔던 주자가 집에 돌아오면 1점을 얻는데, 주자가 홈으로 들어오는 방법은 다양하다.


① 타자의 타구(내야 땅볼, 희생 번트, 희생 플라이, 안타, 홈런)
② 홈스틸
③ 패스트볼, 와일드 피칭
④ 밀려나기(포볼, 데드 볼, 보크)


①의 경우가 가장 일반적이다. 내야 땅볼, 희생 번트, 희생 플라이는 좀 아슬아슬한 편이지만 보는 이에게는 극적인 장면을 만들어준다. 특히 희생 번트는 '스퀴즈squeez 번트'라고 하는데 주로 노 아웃이나 원 아웃 상황에 감행한다. 덕아웃에서 사인이 나면 타자가 번트 자세를 취하기도 전, 투수의 투구 모션이 시작되는 순간 3루 주자는 무조건 홈으로 뛰어야 한다. 만약 투수가 스퀴즈 플레이의 낌새를 채면 무슨 수를 써서라도 피하려고 하기 때문이다. 배트에 공이 맞지 않을 확률도 있기 때문에 한 점도 양보할 수 없는 중요한 경기에서 볼 수 있는 장면이다. 개인적으로 최고의 스퀴즈 번트는 1982년 세계선수권 야구대회 한일전에서 김재박 감독님의 점프 번트(흔히 '개구리 번트'라고 부르기도 한다)라고 생각한다.

희생 플라이의 요건은 노 아웃 또는 원 아웃 상황에서 타자의 타구가 페어 지역이든 파울 지역이든 외야로 벗어난 경우에 3루 주자는 태그업tag up[22]한 뒤 홈을 밟을 수 있다. 태그업이란 리터치 retouch의 개념이다. 그러니까 타자의 아웃이 확정된 순간에 주자는 베이스를 다시 밟아서 귀루를 했다는 표현을 하고 그 뒤에 홈으로 뛰는 것이다. 그래서 야수가 플라이 타구를 잡기 전에 먼저 출발하면 귀루가 안 된 것으로 보고 3루로 송구하면 아웃이 되는 것이다. 간혹 공이 야수의 글러브에 한번 튀겼다가 다시 잡히기도 하는데 완전히 잡았을 때를 아웃이 된 순간으로 보고 이때 태그업 한 후 뛰어야 한다.

②의 경우는 사실 드물다. 공이 포수에게 없고 다른 야수에게 있는 어정쩡한 상황을 틈타 이루어져야 한다. 1–2루간 런다운 상황을 역이용할 수도 있고, 1루 주자가 2루로 도루하는 상황에서 포수가 2루로 공을 던지자마자 홈으로 달리는 경우도 있다. 실패할 위험이 크기 때문에 웬만한 상황이 아니고서는 함부로 뛰지 않는 것이 좋다. 이 경우도 역시 성공하면 영웅, 실패하면 원수.

사회인 야구에서 작전 없이 홈스틸을 시도하다가 타자가 타격을 하면 굉장히 위험한 상황에 처할 수 있다. 그래서 홈스틸은 자제 정도가 아니라 하지 말아야 한다.

③의 경우는 투수의 공이 확실히 빠졌다 싶으면 홈으로 뛸 수 있다. 성공하면 투수와 포수 모두를 흔들 수 있다. 이 경우에는 오히려 안 뛰면 원수가 된다. 3루 주자는 항상 포수가 공을 놓치면 언제든지 홈으로 뛰어들 준비를 하고 있어야 한다. 센스 있는 3루

주자의 플레이 하나가 승패를 좌우할 수 있다.

④의 밀려나기는 원래 밀어내기다. 후행 주자들이 밀어내니까 3루 주자 입장에서는 밀려나기라고 할 수 있겠다. 포볼의 경우가 가장 흔하고 데드 볼도 간혹 있다. 실제로 1986년 해태와 삼성이 맞붙은 코리안 시리즈 4차전 연장 11회에서 해태의 장채근 선수가 몸에 맞는 공으로 경기를 끝내버렸다[23].

보크는 뒤에서 다시 설명하겠지만 투수의 속임 동작에 대해 심판이 선언하는 것인데, 주자는 한 루씩 진루하게 되고 주자가 없을 땐 볼카운트 하나가 추가된다. 2010년에 바뀐 프로 야구 규정에 의하면 투수가 타자의 타이밍을 뺏는 행위를 반복할 경우 루상에 주자가 있더라도 1차 주의, 2차 경고에 이어 보크가 선언된다[24]. 이 외에도 경기를 빠르게 진행하기 위해서 루에 주자가 없는 경우 투수는 공을 받은 후 12초 이내에 투구를 해야한다는 '12초 룰'도 생겼다.

## (2) 홈런

홈런은 왠지 '호옴~런'이라고 길게 불러야 할 것 같은 단어다. 물론 투수에게는 큰 멍자국 같은 상처로 기억될 말이지만. 타자가 한 번에 홈으로 들어올 수 있는 방법은 이것 밖에 없다. 그러나 홈런이라고 해서 무조건 펜스를 넘겨야만 하는 것은 아니다. 재주만 있다면 안타성 타구를 치고도 홈으로 들어올 수 있다. 프로 야구에서는 거의 볼 수 없지만 사회인 야구에서는 간간이 볼수 있다. 수비가 허술한 탓이다.

타구가 똑바로 날아가 펜스를 훌쩍 넘기거나 장외로 날아간다면 어느 누구도 시비를 걸지 않겠지만, 폴대 가까이로 애매하게 날아간다던지 펜스를 넘어갈 듯 말 듯한 순간 관중들이 잡아버리면 판정도 쉽지 않다. 돔구장에서는 돔의 천정을 맞추면 홈런으로 인정하기도 하고 또는 맞고 떨어지는 공을 일반적인 타구로 인정하는 경우도 있다. 또 천정 사이의 구멍에 타구가 끼는 경우도 있는데, 그때는 2루타로 판정한다고 한다. 이러한 판정은 구장의 룰[25]에 따라 각각 다르다.


## | 5 | 반칙

### (1) 보크

보크balk는 원래 '망설이다'의 의미를 가지고 있다. 투수가 던지려는 듯 안 던지는 동작처럼 주자를 속이는 행동을 말한다. 보크가 선언되면 주자들은 한 루씩 진루하고 주자가 없으면 볼을 하나 추가하게 된다.

보크에 해당되는 행동을 죽 뽑아보면 다음과 같다.

① 플레이트에 발(우투는 오른발, 좌투는 왼발)을 얹고 투구를 하려고 다리를 올리는 동작을 한 뒤에 투구를 중단하는 경우
② 플레이트에 발을 얹은 상태에서 견제할 경우
③ 플레이트에 발을 얹은 상태에서 견제하는 흉내만 낼 경우

④ 플레이트에 발을 얹은 상태에서 공을 떨어뜨리는 경우

⑤ 주자가 없는 루에 견제를 하거나 견제하는 흉내만 낼 경우

⑥ 투구를 이유 없이 지연할 경우

⑦ 공을 가진 척하고(사실은 갖고 있지 않은데) 플레이트를 밟는 경우

⑧ 킥 모션에서 킥하는 다리가 플레이트와 나란히 올라가지 않고 벌어지거나 오므리고 견제를 할 경우

나도 투수를 했지만, 보크는 좀 복잡하다. 실제로 우리나라에서는 심판들이 보크에 관대한 편이다. 반면 메이저리그에서는 엄격하다. 보크 판정이 어려운 이유는 투수의 동작에서 주자를 속이려는 고의성을 찾아내기가 쉽지 않기 때문이다. 어떤 경우에는 전혀 고의성이 없는데도 보크가 선언되는 억울한 일도 발생한다.

①~④의 경우는 투수가 플레이트를 밟는 것은 투구를 하겠다는 표시인데 이를 어기고 견제를 해서는 안 된다는 것이다. 주자 입장에서는 속임수로 보일 수 있기 때문이다. 투수가 플레이트를 밟으면 주자는 리드를 시작한다. 그런데 곧바로 견제를 하게 되면 아웃이 될 가능성이 높아진다. 견제나 견제 동작은 반드시 플레이트에서 중심 발을 빼고 해야 한다. 앞서 소개한 바 있는 견제의 달인 봉중근 선수는 발을 떼자마자 견제를 하는 동작으로 도루의 달인 이치로를 두 번이나 땅바닥에 엎어지게 했다[26].

⑤는 얼마 전 우리 야구팀에서도 있었던 일이다. 그날 방송을 보셨던 분들은 알겠지만 임형준 투수가 주자도 없는 1루에 견제

구를 던지려 했다. 당시 심판은 보크를 선언하지 않았지만 명백히 이 같은 행동은 보크다. 후에 "사회인 야구라서 봐줬다"는 심판의 해명이 있긴 했지만 사회인 야구에서도 이 정도의 룰은 지켜야 할 것이다.

⑥은 앞에서 잠깐 설명을 했지만 2010년 시즌부터 새롭게 적용되는 룰로 이유 없이 시간을 지연하거나 타자의 타이밍을 뺏으면 1차 주의, 2차 경고, 3차 보크 선언으로 이어진다.

⑦은 매우 사악한 행위인데, 공을 가진 척하고 있다가 주자를 안심시킨 뒤에 실제로 공을 가지고 있는 야수가 슬그머니 공을 꺼내서 주자를 아웃시키는 경우이다. 야구는 매너의 운동이다. 이런 더티 플레이는 퇴장감이다.

⑧의 경우는 판정이 매우 어렵다. 좌투수일 경우 1루심이, 우투수일 경우 3루심이 봐줘야 하는데 루심들이 타석에만 신경을 잔뜩 쓰고 있어서 투수의 킥 모션을 놓치는 경우가 많다. 좌투수를 예로 들어 설명하면, 오른발로 킥을 할 때 플레이트와 평행하게 올리면 1루 견제도 할 수 있고 투구도 할 수 있다. 1루 주자를 묶어놓는 좋은 방법이지만, 투구에 체중이 덜 실려 스피드가 떨어진다. 반면 오른발 킥이 뒤로 쳐지거나 오므려서 플레이트와 평행이 이루어지지 않으면 무조건 투구만 할 수 있다. 주자가 볼 때 완벽한 투구 폼으로 여기기 때문에 주자는 이 폼을 보고 도루를 하기 위해 스타트를 할 수도 있다.

투수의 다리 모양이 곧지 못해 웃지 못할 일이 생긴 적도 있었다. 고등학교 때의 어느 시합에서 생긴 일이다. 후배 투수가 견제 모션을 취하는데 다리가 벌어졌다면서 심판이 보크 선언을 했다. 이때 감독님이 곧장 주심에게 달려가 이렇게 외쳤다.

"애는 원래 안짱다리에요!"

보크 선언이 내려지면 타자에게는 볼 하나가 추가되며 모든 주자는 각각 한 루씩 진루한다. 비록 보크가 선언되었다 하더라도 투수가 공을 던지는 중이었다면 그 다음 상황을 더 지켜봐야 한다. 만약에 타자가 공을 받아 쳐서 안타를 만들거나 수비의 실책, 4사구 등으로 최소한 한 개의 베이스 이상을 진루하는, 다시 말해 공격 팀의 입장에서 보크로 인한 보상보다 더 나은 상황이 발생했다면 심판은 어드밴티지를 적용해서 경기를 계속 진행할 수 있다. 오히려 보크 선언이 공격 팀에게 좋은 흐름을 끊는 악재로 작용할 수 있기 때문이다.

## (2) 주루 방해

업스트럭션Obsrtuction이라고 한다. 타구와 상관없는 위치에 있거나 공을 가지고 있지 않은 수비수가 주루 중인 주자와 부딪혔을 때 주루 방해를 선언하여 점유하고 있던 루에서 최소한 한 루 이상의 진루를 얻게 된다. 대표적으로 이런 상황은 주로 타구를 흘려보낸 내야수가 안타까운 마음에 슬라이딩으로 엎어진 자세나 누운 자세로 지나가는 주자를 방해하는 경우다. 그러나 자칫 주자에게 치명적인 부상을 입힐 수도 있다. 게다가 동작에 고의성이 짙으면 양 팀 선수간의 싸움으로도 이어질 수 있다.

## (3) 수비 방해

인터피어런스Interference라고 한다. 메이저리그를 보는 분들께 조금이나 도움이 될까 하고 이렇게 못하는 영어를 굳이 써본다. 솔직히 이 책을 쓰면서 처음 알게 된 단어이니까 잘난척한다고 욕하지 마시길. 수비 방해의 사례는 다음과 같다.

① 주자가 주루하면서 타구를 일부러 건드리거나 맞는 경우
② 주자가 주루하면서 공을 잡고 있는 수비수와 부딪치는 경우
③ 주자가 공을 잡거나 던지는 수비수의 시야를 가리는 경우

①의 경우 주자는 무조건 아웃이다. 다른 주자들은 귀루해야 하지만 타자는 안타로 인정받을 수 있다. ②와 ③의 경우는 심판이 고의성이 농후하다고 판단하면 아웃을 선언할 수도 있다. 가장 대표적인 경우가 병살을 막으려고 2루로 뛰는 주자가 요란한 슬라이딩을 하는 것인데 송구의 시야를 가릴 뿐만 아니라 수비수를 넘어뜨려 송구를 방해하는 것이다. 2009년 한국시리즈에서 기아 타이거즈의 김상현 선수가 수비 방해 의혹을 받기도 했는데[27], 특별한 고의성이 보이지 않는다면 수비 방해로 선언하기는 어렵다.

## | 6 | 심판의 구성과 판정

### (1) 4심제와 6심제

일반적으로 4명의 심판이 경기장에 배치된다. 홈에 있는 심판은 주심, 또는 공을 가린다 해서 구심이라고도 한다. 1루에 1루심, 2루에 2루심, 3루에 3루심이 배치된다. 그러나 프로 야구 포스트 시즌에는 심판 2명이 추가된다. 판정의 정확도를 높이기 위해 1루와 3루 방향의 외야에 각각 배치된다. 사회인 야구에서는 리그에 따라 1심제, 2심제가 있는데 주로 2심제를 쓰고 있다.

## (2) 심판의 역할

① **주심(구심)** : 경기의 전체적인 부분을 관장한다. 경기 시작 한 시간 전에는 공인구 상태를 점검하고 양 팀으로부터 오더(출전선수 명단)를 건네받는다. 이때 동일한 명단을 세 개 받는데, 하나는 심판원들, 다른 하나는 상대 팀, 마지막 하나는 기록원에 보낸다. 경기가 시작되면 다음과 같은 사항을 판정한다. 볼 데드, 타임, 파울, 보크, 인필드, 퇴장 그리고 무엇보다 중요한 스트라이크와 볼 구분.

단, 사회인 야구 심판의 경우 위의 내용은 물론 시간 촉진률 적용으로 인한 시간 체크 및 콜드게임에 대한 판정도 수행한다.

② **루심** : 각 루의 아웃과 세이프를 판정하고, 1, 3루심은 페어와 파울, 보크, 스윙, 홈런, 주루 방해, 수비 방해 등을 판정한다.

## (3) 어필

심판 판정은 거의 번복되지 않는다. 판정을 스스로 뒤집으면 심판의 권위가 떨어지기 때문이다. 단, 주자가 베이스를 밟거나 손으로 짚지 않았을 경우, 루의 공과 상황에서 수비수가 태그한 후 어필할 때는 다시금 판정을 해줘야 한다. 가령 홈런을 친 선수가 홈 베이스를 밟지 않고 덕아웃에 들어갔다면, 다시 인플레이된 상황에서 투수가 포수에게 송구하고 포수는 심판에게 타자의 공과를 설명하는 방식으로 이루어진다. 단 이런 어필이 받아들여지기 위해서는 주자가 베이스를 밟지 않은 순간에 야수와 심판의 눈이 마주치고 무언의 사인이 오가야 한다. 앞서 설명한 추신수 선수의 공과도 이러한 방식의 어필로 인정받은 것이다.

과거에는 심판의 판정에 대한 어필 자체가 어려웠을 뿐만 아니라 판정을 번복하기도 어려웠다. 그러나 최근에는 홈런에 대해

힘겨루기 한 판. 그러나 결과는 언제나 심판의 승리?

서 카메라 판독을 허용하고 있어 심판의 판정이 바뀌기도 한다. 얼마 전 SK 와이번스와 넥센 히어로즈의 경기에서 넥센의 타자가 친 공이 우측 펜스와 폴대가 만나는 부분에 맞아서 넘어갔는데 심판이 파울을 선언했다. 그러자 넥센 벤치에서 카메라 판독을 요구했고 결국엔 홈런으로 인정받았다. 이 경기를 해설하면서 나는 예전에 경험했던 비슷한 상황을 떠올렸다. 분명히 파울인데 홈런으로 판정이 나서 자책점을 무더기로 얻어맞았던 기억. 지금이라면 카메라 판독을 받아서 파울로 인정받았을 텐데…… 아님 말고.

## (4) 경고와 퇴장

다음의 경우에 주심은 선수 및 감독에게 경고 또는 퇴장을 선언할 수 있다.

① 심판에게 욕설과 위협적인 액션을 하거나 폭행을 할 경우
② 판정에 대한 불만 표시로 배트를 집어던지거나 삼진 아웃 후에도 타석에 배트를 놓고 덕아웃으로 들어간 경우[28]
③ 판정에 대한 불만 표시로 글러브를 던지거나 공을 관중석이나 다른 곳에 던지는 경우[29]
④ 고의적인 시간 끌기
⑤ 야비한 속임수나 보크
⑥ 고의성 짙은 수비 방해나 주루 방해
⑦ 빈볼bean ball[30]
⑧ 선수들끼리 폭행했을 경우
⑨ 관중에게 욕설을 하거나 배트 등을 던졌을 경우

야구는 축구와 달리 '경고 누적'으로 인한 퇴장은 없다. 심판이 판단해서 심하다 싶으면 퇴장이다. 특히 심판에게 욕하거나 심판의 신체를 건드리는 행위에는 단호하게 '퇴장'을 선언한다. 심판이 자기 자신을 보호할 수 있는 룰이 바로 퇴장인 것이다. 2010년부터 새롭게 바뀐 스트라이크존 때문에 선수와 감독의 어필이 많아졌고 그 결과 퇴장도 늘어났다.

그런데 야구장에서 직접 선수로 뛰어보면 퇴장을 줘야 할 대상이 꼭 선수만은 아님을 알게 된다. 덕아웃 바로 위에서 인신공격성 발언을 퍼붓는 사람들도 있고 또 어떤 분들은 마시던 술병을 던지거나 오물을 쏟아붓기도 한다. 한 번은 3층에서 관중이 던진 쓰레기통에 여기자가 맞아 부상을 당하기도 했다. 이런 분들도 퇴장해야 하는 건 아닌지?

**다음 중 페어볼이 아닌 것은?**

① 파울 폴대를 맞춘 플라이 볼

② 홈 플레이트에 떡하니 정지한 번트 타구

③ 페어볼이었지만 바닥에 튀어서 파울 쪽 펜스를 넘어간 경우

④ 공중에서는 분명 파울 선을 나갔지만, 페어 지역에 떨어진 공

⑤ 라이너 타구가 투수 플레이트를 치고, 내야 파울 지역으로 날아간

경우

 정답은 350쪽에서 확인!

# 2장

# 이제부터
# 초급 야구 선수로 진화 시작

야구선수가 되겠다는 작심이 이제 현실이 되는 순간이다. 그러나 실제 연습으로 들어가는 이 순간 다시 한 번 새롭게 작심을 해야 한다. 쉬운 일이 아니다. 주중에 쌓인 피로가 쓰나미처럼 몰려드는 주말에 그냥 거실 소파에 누워서 자장면을 먹으며 야구 중계를 보는 편이 훨씬 편하다.

그러나 처음엔 조금 힘들어도 막상 야구장에 나오면 피로와 스트레스를 날리는데 더욱 좋다는 사실은 야구를 해본 사람이라면 다 알 것이다. **최소한 제 발로 야구장에 걸어들어올 중독의 증세를 보일 때까지는 이를 악물고 유니폼을 입어야 한다.**

다시 한 번 마음을 먹자. '꼭 야구선수가 될 거라고.' 그렇지 않으면 당신의 새 글러브는 중고 장터에서 헐값에 팔려나갈 것이다. 그럼 유니폼은? 아들 녀석보고 "너 자라면 이거 입고 야구해라" 하며 야구 선수의 꿈까지 대물림할지도 모른다.

자, 이제 마음을 다잡고 대물림할 뻔한 유니폼을 쫘악 빼입고, 헐값에 팔릴 뻔했던 글러브를 쫘악 끼고 집을 나와 야구장에 도착했다면 쫙쫙쫙. "플레이~ 플레이~ 베이스볼!!"

그럼 지금부터 훈련에 대한 이야기를 시작하도록 하자.

# 기본 훈련

기본 훈련은 그야말로 기본이다. 누구나 하는
이야기지만 기본이 가장 중요하다.
모 개그맨의 수상 소감이 기억난다.
"저는 기본이 가장 중요하다고 해서,
당구장에서도 꼭 기본까지만 치고,
술집 가서도 기본 안주만 먹었지요."
그저 웃긴 이야기로 생각할 수도 있겠지만,
내가 생각하는 기본 훈련과 통하는 부분이
있다. 무리해서 하지 말라는 것이다.
기본 훈련은 야구라는 운동을 나의 근육에
익숙하게 하는 과정이며 야구에 흥미를
붙이는 첫 단계이다. 그러니 기본에서
시작해서 조금 더 조금 더 늘려나가야 한다.

　모든 훈련의 시작은 몸 풀기, 즉 스트레칭에서부터 시작해야 한다. 밤새도록 거의 한 자세로 죽은 듯 누워 있다가 갑자기 격렬한 동작을 하는 것은 무리이다. 굳은 몸을 부드럽게 풀어줘야 인대나 근육이 놀라지 않는다. 경험상, 스트레칭을 하느냐 하지 않느냐에 따라 그날의 야구가 굉장히 달라졌었다. 가장 소홀하기 쉬운 것이지만 가장 중요한 것이다. 더 나아가 스트레칭을 하고 안 하고의 여부에 따라 천국과 지옥을 오갈 수도 있다. 몸이 풀리지 않으면 부상의 위험이 크기 때문이다.

　예전에 영화사 관계자로 구성된 야구팀 감독을 맡았을 때의 일이다. 시합 날이었는데 전날 있었던 영화사 쪽 회식 때문에 술이 덜 깬 분들이 대부분이었다. 그래서 작전 설명보다는 러닝과 스트레칭만 한 시간 정도 했다. 솔직히 그때는 게임에서 이긴다는 생각은 하지도 않고 그저 '어서 술이 깨어 부상만 당하지 않게 하자'는 바람이었다. 그런데…… 시합은 박빙의 승부 끝에 찌릿찌릿한 승리를 거뒀고, 그날만큼 우리 형님 아우 선수들이 유연한 플레이를 보여준 적은 없었다. 경기가 끝나고 회식 자리에서 다들 스트레칭이 그 정도로 효과가 있을 줄 몰랐다면서 또다시 퍼마셨다.

　사회인 야구에서 대개 스트레칭을 하지 않는다는 거 다 안다. 내가 삼 년 동안 경험해온 것이다. 제 시간에 오는 것만도 장한 일이다. 보통 1회가 지날 때까지도 몇 분은 여전히 강변북로나 올림픽대로를 기어오고 계시다. 나처럼 직업이 야구 코치인 사람이 뭐라 할 수 없는 부분이지만, 한 시간 아니 삼십 분만이라도 일찍 와서 몸 풀기 체조하는 것을 잊지 말자는 말은 강조 또 강조하고 싶다.

내가 감독을 하면서 항상 반복시키는 스트레칭 자세가 있다. 아주 단순하고 간단하다. 그러나 집중하고 움직여주면 그 효과는 생각하는 것 이상이다. 지금 당장 따라해보시라.

팔 동작.

어깨 동작.

손목 동작.

팔꿈치 동작.

허리 동작.

하체 동작.

## | 2 | 타격 훈련

### (1) 타격 자세

#### 배트 잡는 요령

뭐 이런 것까지 짚어줘야 하냐고 할 수 있겠지만, 나는 직접 보았다. 오른손과 왼손을 반대로 잡는 분을. 실제로 이분은 꽤나 공을 잘 맞췄다. 테니스를 오래 치신 연세 많은 아버님이셨는데, 테니스의 백핸드 드라이브를 휘두르듯 좌타의 자세로 우타를 치셨다. 의심나면 한번 해보시라. 칠 수 있긴 하지만, 타구가 제대로 뻗어나갈 리 없다.

그리고 또 보았다. 번트도 아니고 스윙도 아닌 묘한 스타일로 두 손을 붕 띄워서 타격을 하시는 아주 독특한 분도 계셨다. 공을 맞추는 건 어떻게든 되겠지만 팔로우 스윙을 할 수 없다. 그저 툭 갖다 대는 정도다. 실제로 이런 경우도 있다보니 설명하는 것이다.

배트는 왼손을 밑으로 오른손이 위로, 양손 사이에 공간이 뜨면 안 된다. 오히려 너무 붙여서 오른손의 새끼손가락과 왼손의 검지가 겹치는 경우가 있어도 떨어지면 안 된다. 스윙 자체가 길게 돌아가지 않기 때문이다.

올바른 배트 쥠.

간혹 배트가 무겁다고 하는 사람들이 있는데, 이럴 경우 약간 짧게 쥐면 배트 끝이 처지는 느낌이 덜해지면서 스윙이 가벼워진다. 장수가 전쟁터에 나갔는데 칼이 무거워서 휘두르지 못한다면 어떻게 되겠는가. 상상해보라. 배트 잡기도 마찬가지다. 자신이 휘두를 수 있는 만큼의 길이로 잡는 것이 중요하다. 옷 입기로 비유하자면 좀 길어서 접어 입는 것과 같다.

## 준비 자세

준비 자세는 기본적으로 다리-허리-팔이 살짝 굽혀진 상태이다. 다리를 어깨 넓이보다 조금 더 벌린 상태에서 무릎을 적당히 굽히고, 허리는 살짝 구부리고, 마지막으로 배트를 오른쪽 귀 옆으로 당겨서 살짝 뒤로 눕힌다. 허리와 상체의 모든 힘을 활용하기 위함이다. 구부리지 않고 뻣뻣하게 있으면 스윙할 때 순간적인 힘을 낼 수 없다. 아시다시피 신체의 어느 부분도 먼저 구부리지 않으면 센 힘을 내기 어렵다.

배팅 준비 자세.

어떤 자세가 가장 좋으냐고 물어본다면 쉽게 대답하기는 어렵다. 실제로 타격 자세의 정석은 없다. 자신의 신체적 특징에 가장 잘 맞는 동작이 제일 좋다. 내가 초등학생 때만 해도 똑같은 폼을 그대로 따라하게 했다. "무릎 낮추고, 턱 내리고, 허리! 허리 구부리란 말이야! 똑바로 못해!! 퍼억." 그래서 대부분의 아이들이 감독님이 가르쳐준 똑같은 폼으로 타석에 올랐다. 그러나 사회인 야구에서 '똑바로' 할 필요가 있을까. 각자 키와 몸무게가 다르고 배가 나온 사람, 다리가 짧거나 긴 사람, 별의별 사람들이 다 있는데, 어느 한 자세가 좋다고 이렇게 저렇게 하라고 할 수는 없다. 자신이 쳐보고 몸에 무리가 없으면서 타격이 잘 되는 자세가 최고의 자세이다. 신기록 제조기라고 불리는 양준혁 선수를 보라. 그 어떤 감독이나 코치도 양준혁 선수의 자세를 보고 좋은 타격 자세라 하지 않지만 최고의 타격을 보인다. 그러나 중요한 것은 이 특이한 폼도 기본에서 시작해 스스로 터득한 것이라는 점이다.

타이밍을 잡거나 몸을 뒤로 잡아 당기는 테이크백Take back[31] 동작도 그렇다. 어떤 타자는 엉덩이만 빼고 배트를 어깨에 걸친 채 투수만 쳐다보기도 하고 또 어떤 타자는 배트를 심하게 까딱까딱 거리기도 한다. 투수처럼 다리를 높이 쳐들기도 한다. 그 어떤 동작도 좋은 동작 혹은 나쁜 동작이라고 단정지을 수 없다. 박재홍, 게리 셰필드, 베리 본즈, 이승엽 선수의 놀라운 장타력을 보면……

스탠스Stance도 마찬가지이다. 오른쪽 사진에서처럼 세 가지

홈런 타자에겐 자신에게 맞는 타격 폼이 있다.

종류가 있지만 앞쪽 발을 어느 방향으로 가져가든 스윙하는 순간
에만 그 위치를 정확하게 디디면 큰 차이가 없다.

그럼에도 불구하고 초보 야구 선수 여러분께는 스퀘어스탠스
Square Stance를 권하고 싶다. 타석에만 들어서면 괜히 긴장돼 자세
가 잘 흐트러지는 분들께도 이 자세를 강추. 스퀘어 자세의 장점
은 밀어치기나 당겨치기 모두에 좋고 바깥이든 몸 쪽이든 균형적
으로 투구를 공략할 수 있다. 이에 비해 오픈스탠스와 클로즈드스
탠스는 숙련된 선수가 아니면 모든 코스의 공을 치는데 유리한 자
세는 아니다. 투수의 입장에서 보자. 먼저 오픈스탠스의 경우 바
깥쪽의 공간이 매우 넓어 보인다. 그래서 마음 놓고 바깥쪽을 공
략한다. 그러나 막상 타격 시에는 오픈스탠스의 앞발이 중간으로

스퀘어.            오픈.            클로즈드.

옮겨지면서 바깥쪽 공이 한가운데 공이 돼버린다. 반면 클로즈드 스탠스는 타자가 타석에 바짝 붙어 있기 때문에 투수는 몸 쪽 공을 던지면 치지 못할 것이라 여겨 바짝 붙이는 공을 던지는데, 이때 타자는 갑자기 앞발을 바깥으로 빼 공이 중간으로 몰리는 형국이 된다. 이렇듯 장점도 있지만 야구 초심자들이 자꾸 스탠스를 바꿔주면 자세가 흐트러지고 공을 맞추기가 어려워진다. 그나마 치던 감각도 사라질 수 있다.

## 스윙

사회인 야구에서 내가 가장 많이 지적하는 네 가지 포인트를 짚어보겠다. 가장 잘 안 되는 것부터 설명하면 헤드업Head Up이다. 타자는 타격의 순간에 공을 바라보고 있어야 한다. "공을 끝까지 봐라"라고 코치들이 많이 외치는데, 곧이곧대로 날아오는 공을 끝까지 보고 있으라는 의미가 아니라 공을 보는 머리의 자세를 유지하라는 것이다. 고개가 다른 곳을 향하면 스윙 자세가 흐트러지고 맞는 순간 힘이 분산되기 때문이다.

보통 맞는 순간에 공을 보지 않고 공이 날아갈 쪽을 보는 경우가 많다. 가끔 눈을 감는 분들도 계시다. TV를 보신 분들은 아시겠지만, 얼마 전 우리 연예인팀과의 경기에서 모 영화 감독님도 그런 행동을 보였었다. 이런 자세가 생기는 이유는 힘껏 치려다보니 온몸에 힘이 들어가게 되고 결국 급한 마음에 팔보다 얼굴이 먼저 돌아가는 것이다.

머리를 들어서 정면을 바라보는 순간은 배트를 끝까지 죽 밀

올바른 스윙(연속 동작).

어주는 팔로우 스윙[32]을 할 때다. 맞는 순간에는 공을 끝까지 봐야 한다. 그래야 어깨와 상체가 빨리 열리지 않고 좋은 자세로 타격할 수 있다.

두번째로는 허리와 하체의 움직임이다. 야구를 상체의 운동이라고 생각하면 오산이다. 하체의 힘을 상체로 전달시키는 운동이다. 그러니 하체를 제대로 움직이지 않고는 야구를 할 수 없다. 야구 선수들의 하체가 왜 좋은지 아는가? 왜 엉덩이가 큼직하고 허벅지가 탐스럽게 굵은지를. 감독님한테 많이 맞아서 그런다고들 생각하기 쉽지만, 그보다는 야구에서의 수비, 타격, 주루 자세가 항상 하체를 굽혔다 펴는 스쿼트Squat 동작과 유사하기 때문에 하체 근육이 발달할 수밖에 없다.

안 좋은 스윙 자세. 머리가 들리고 손목이 돌아가고

그러나 허리와 하체를 쓰는 스윙이 말처럼 그리 쉬운 것은 아니다. 사회인 야구 삼 년차 이상인 선수도 허리를 제대로 돌리면서 스윙하기 쉽지 않다. 알루미늄 배트를 쓰면서도 홈런이 많지 않은 이유가 여기에 있다. 우리 연예인팀도 체격 조건으로는 홈런을 날릴 사람들이 즐비하다. 물론 외야로 뻗는 타구는 있지만 홈런은 아직까지 없다. 하체와 허리의 힘이 동반되지 않은 상체의 힘으로만 치기 때문이다.

앞의 사진에서처럼 허리는 배트와 함께 돌아가줘야 한다. 그리고 맞는 순간 발의 방향을 전방으로 돌리면서 왼다리는 펴고 오른다리는 살짝 굽혀야 한다. 사회인 야구 경력이 좀 되는 분들이나 과거에 다친 적이 있어 허리 돌리기가 힘드신 분들은 그냥 상

허리가 돌지 않는 스윙에서 좋은 타구가 나오기란 어렵다.

체만 써서 배트에 공을 맞추기만 하는 경우가 많다. 팔로우 스윙도 없고 맞는 순간에 오른손은 배트에서 빠지고 왼손으로만 배트를 잡게 되는 엉성한 타격이 이루어진다. 그런데 참 신기하게도 공을 정말 잘 맞추신다. 이런 걸 흔히 '구력'이라고 하는데, 골프든 테니스든 자세는 정말 '불량'이지만, 노련한 타법으로 경기를 리드하는 분들이 있는 게 사실이다.

어쨌든 공을 맞추는 것 이상으로 안타, 더 나아가 홈런을 치기 위해서는 허리와 하체를 자연스럽게 돌리는 풀스윙 자세를 계속 연습해야 한다. 하지만 실전에서는 이것이 쉽지 않다. 27년을 야구계에 종사해온 나 역시 항상 이렇게 완벽한 자세가 나오지는 않는다. 아무리 쉬운 공을 던져준다고 해도 타격이란 게 결코 쉬운 것이 아니다. 국민타자 이승엽 선수라도 사회인 야구 경기에서 10번 타석에 서서 10번 다 안타를 칠 수 있을까? 음…… 이승엽 선수는 칠 것 같긴 하다. 어쨌든 프로 야구에서 흔히 말하는 '3할을 치면 예술'이라는 표현은 타격이 그만큼 어렵다는 뜻이다.

마지막 포인트는 손목이다. 맞는 순간 오른손목이 왼손을 덮는 자세인데, 사회인 야구 선수들의 70% 이상이 이런 증상을 보인다. 물론 연습 스윙 때만을 말하는 것이 아니다. 실전에서도 대부분 이 문제 때문에 타구가 땅에 깔리고 잘 맞은 타구도 드라이브가 많이 걸린다.

이 자세는 공을 세게 치려는 과도한 욕심 때문에 생기는 것 같다. '요거, 요거, 요놈을 확 그냥……' 하는 생각으로 오른손목에 힘을 너무 주다보면 배트가 넘어가면서 마치 탁구에서 드라이브를 거는 것처럼 되어버린다. 결과는 투수 앞 땅볼 또는 3루나 유격수 앞 땅볼일 확률이 많다. 생각해보라. 주~욱 밀어줘도 외야로 날아가지 못하는 판에 확 꺾어버리면 어떻게 되겠는가. 게다가 손목이 꺾이면 팔로우 스윙도 안 된다. 경험해본 사람들은 다 알 것이다. 스윙을 마친 배트의 끝이 하늘을 향하는지, 땅을 향하는지. 바로 그 방향에 따라 타구도 나가는 것이다.

내가 지도했던 한 사회인 야구 선수는 쉐도우 스윙은 거의 프로 선수에 가까웠으나, 막상 타석에 들어가서 공을 칠 때 100% 손목이 꺾였다. 맞는 순간에 힘을 너무 많이 주는 것이다. 의욕 과잉! 문제는 그 뿐만 아니라 타석에 들어갔다가 나오면 자주 아랫입술에서 피가 흘렀다. 처음에는 '투구에 맞았나? 혹시 그새 상대 팀 포수한테 맞았나?' 하고 걱정했었는데, 알고보니 범인은 자신이었다. 타격 순간 아랫입술을 지나치게 꽉 깨물고 쳤던 것이다. 선물로 마우스피스를 준 뒤에 입술의 피는 멎었지만, 타격 자세는 바뀌지 않았다.

이를 악 물고 야구를 한다는 그 정신, 그 승부욕은 아주 칭찬해줄만하지만 그것이 지나치면 역효과가 오고 만다. 투구든 타격이든 마음을 비워야 할 때는 비워야 한다. 괜히 야구를 멘탈 게임이라고 하는 게 아니다.


## (2) 배팅 연습

이제부터는 공을 때려야 한다. 그러나 공을 때릴만한 시설이 부족한 것은 우리 모두가 아는 현실이다. 그냥 배트만 휘두르면 공을 때리는 감각을 익히기 어렵다. 태권도 품세 동작은 배웠지만 막상 대련을 하지 않는 것, 짝 없이 혼자 팔 들고 라틴 댄스를 추는 것처럼 공을 대하지 않으면 어떻게 공을 다뤄야 할 지 모른다. 배트와 공이 맞는 순간의 전율을 온몸으로 느껴야 말 그대로 '타격 감각'이 생긴다고 할 수 있다.

그러나 현실적으로 배팅 연습을 할 여건이 매우 어렵기 때문에 어느 하나를 적극 추천하기도 어렵다. 자신이 할 수 있는 가능한 연습을 선택해 실행하면 되겠다.

### 티배팅

보시다시피 골프처럼 티Tee 대 위에 공을 올려놓고 배팅하는 방식이다. 정지된 공이라서 날아오는 공과는 다르지만 스윙 자세와 배트에 공을 정확히 맞추는 연습으로는 상당히 좋다. 일반적인 티배팅 기구는 실제 공을 올려놓고 치기 때문에 공이 많이 필요하지만, 공에 줄이 달려 있는 기구도 있고 티 대가 아닌 나무나 기둥에 걸고 치는 배팅 연습기도 있으니 개인용으로 활용하는 것도 나쁘지 않다.

티배팅.

### 토스배팅

팀의 동료가 토스를 해주는 방법이다.

반드시 전방에 그물망을 준비하고 토스해주는 동료도 포수 장비를 착용하는 것이 좋다. 숙련된 선수들이 아닌 이상 토스된 공이 스트라이크존을 벗어나는 코스라면 타격도 예상치 않은 방향으로 날아갈 수 있다. 타격이 예상치 않은 방향으로 날아간다는 것은 토스해주는 고마운 사람의 면상을 타구가 때릴 수도 있다는 뜻이다. 좋은 훈련이기도 하지만 위험한 훈련이다.

야신이라 불리는 SK 와이번스의 김성근 감독님은 연세가 일흔이 넘으셨는데도 손수 토스배팅을 해주시는 걸로 유명하다. 한 번 토스배팅을 시작하시면 타자가 개거품을 물 때까지 공을 올려주신다고 하는데, 잘못하면 호통까지 치시니 타자들은 이 훈련을 제일 어려워할 수밖에. "너, 이리 와서 배팅 좀 해봐라" 하고 간이 의자에 앉으시면 그 선수의 타격에 무언가 문제점을 발견한 것이다. 그리고 그것이 고쳐질 때까지 한 시간이고 두 시간이고 끊임없이 공을 토스해주신다고 한다. 생각해보라. 코치 앞에서 배팅을 하는 것도 부담스러운데, 백전명장, 아니 만전명장 대 감독님이 직접 토스해주시는 상황은 한국시리즈 결승전 타석만큼 떨릴 것이다. 게다가 잘못해서 감독님을 맞추기라도 하는 날엔 유니폼을 벗어야 하지 않을까. 이런 혹독한 훈련이 있기 때문에 SK 와이번스가 좋은 성적을 거두는지도 모르겠다.

나도 사회인 야구팀에서 토스를 해줘봤지만, 치는 사람만큼 토스해주는 사람도 힘들다. 그 고마움도 모르고 헛스윙하면 자기 탓보다는 "이 코치…… 토스 좀 잘해줘. 이게 뭐야?"라고 한다. 이게 뭐긴. 당신이 공을 못 맞춘 거지.

### 피칭머신

　내가 연예인 야구단에 코치로 들어가자마자 붙은 별명은 '피칭 머슴'이었다. 어떻게 보면 코치보다는 피칭 머슴으로 들어간 게 아닌가 생각이 들 정도로 나는 매 연습마다 한계 투구수 이상으로 연습구를 던져줬다. 피칭머신이 없으니 그 역할을 대신해달라는 것이었는데, 공 하나 하나에 대한 고마움도 잘 몰라줬다. 그러다가 언젠가 실내 야구 연습실에서 피칭머신 대여료를 알고부터는 선수들이 고맙고 미안하다는 표정을 지었다.

　사실 사회인 야구에서는 제대로 된 투구를 해줄만한 선수가 없다. 혹 있다 하더라도 열 명이 넘는 선수들에게 열 개 이상의 공

피칭머신인가, 피칭 머슴인가?

을 던져주기도 힘들다. 그래서 피칭머신을 활용하는 것이 가장 현실적인 방법인데, 그마저도 실내 야구 연습장을 빌려야 쓸 수 있지, 기계만 따로 빌릴 수 없다. 그런 이유로 내가 피칭머신을 대신하는 '피칭 머슴'이 된 것이다.

"이 코치님, 하나만 더 줘봐요. 무쟈게 빠른 직구로다가……"

## 타이어 치기

실제 공을 때리는 것은 아니지만, 타이어를 치는 것도 배팅 감각 향상에 도움이 된다. 맞는 순간 손목에 느껴지는 감각이 어떤 것인지를 몸으로 이해할 수 있고 손목 힘을 기르는데도 도움이 된다.

예전에는 타이어가 없는 약수터가 없을 정도였는데, 요즘은 소음이 생긴다는 이유로 많이들 떼버렸다. 그것도 그렇지만 일단 방망이를 들고 산에 올라가면 주변 사람들이 이상하게 생각한다. 심지어 내가 아는 어떤 분은 아침마다 한 손엔 방망이 다른 한 손에는 애견 한 마리를 끌고 산에 가신다는데…… 정말 끔찍한 상상이 가능할 수도 있겠다.

내가 알고 있는 한 타이어 치기를 가장 많이 했던 선수는 이승엽이다. 장타를 치기 위해서는 손목을 잘 써야 하는데, 타이어 치기는 그 감각을 익히는데 매우 좋다. 그래서 고등학교 때 이승엽 선수는 하루에 천 번씩 타이어 치기를 했다고 한다. 이승엽 선수는 사실 나의 대학교 후배가 될 뻔했었다. 보통 야구 선수들은 대학을 미리 정하기 때문에 고3 9월에 미리 입학할 대학에서 훈련에 참여한다. 내가 이승엽 선수를 처음 만난 것도 바로 그때이다. 마침 그 당시 이승엽 선수는 투수였기 때문에 나와 함께 훈련을 받았다.

그런데 두 달 후, 11월 수능을 보러간 이승엽 선수는 대학으로 돌아오지 않았다. 수능에서 빵점을 맞아서 떨어졌다는 것이다. 그 당시 체육 특기자는 30점만 맞아도 대학에 입학할 수 있었는데, 찍은 게 다 틀렸다는 말인가? 말이 되는가, 국민타자 이승엽이 빵, 빵, 빵점?

아니었다. 사실 일부러 백지를 낸 것이었다. 이승엽 선수는 대학을 가기보다는 프로팀으로 곧바로 가는 것을 원했던 것이다. 삼성에 들어가자마자 타자로 전향했고, 아시다시피 최고의 장타자로 활약했다. 어쩌면 대학을 가지 않고 일찍 프로로 나선 것이 현재의 그를 만든 것일지도 모르겠다. 최근 일본에서의 활약이 다소 둔해진 건 사실이지만, 과거의 타격 감각만 찾는다면 다시금 홈런왕 타이틀을 되찾을 수 있을 것이라 믿는다. 그런 의미에서 고교 시절 그렇게 많이 했다는 타이어 치기를 다시 해보는 것은 어떨는지?! 비록 두 달간이었지만, 대학 선배로서 후배에게 추천하고 싶다.

"승엽아! 너 요새도 타이어 치니? 타이어 없으면 내 차에서 하나 빼서 보내줄까?"

국민타자 이승엽 파이팅!

## | 3 | 주루 훈련

야구 곧 베이스볼base ball은 베이스를 돌아야 점수가 나는 경기이니 만큼 주루가 중요하다. 보통은 주루 훈련을 따로 하지 않고 타격과 수비에만 치중하는 경우가 많은데, 아시다시피 사회인 야구에서는 주루만 잘해도 2~3점은 쉽게 벌 수 있다. 이는 반대로 주루 플레이가 잘 되면 쉽게 수비가 무너질 수 있다는 뜻이다. 공격은 오로지 타격으로만 이루어지는 것이 아니라 타격으로 시작해서 주루로 완성됨을 명심해야 할 것이다.

주루 훈련은 각 베이스간의 이동을 구분해서 하는 것이 좋다. 상황에 따라 뛰는 방법이 조금씩 다르기 때문이다.

### (1) 홈에서 1루로

배트에 맞은 공이 앞으로 굴러간다면 무조건 뛰어라. 우사인 볼트처럼 전력질주! 물론 배트는 내려놓고 뛰어야 한다. 영화팀 야구단에서 있었던 일이다. 좌타자였는데 기습 번트를 대고는 뛰기 시작했는데 배트를 들고 달리는 것 아닌가. 어느 정도 가다가 내려놓겠지 했는데, 마치 군인이 총 들고 뛰듯이 배트를 계속 들고 달렸다. 1루수는 무서워서 베이스에서 한 발짝 떨어져 있다가 그만 주자를 세이프시키고 말았다. 주자는 배트를 머리 위로 번쩍 들고 좋아했다. 다음 타자는 1루까지 가서 배트를 달라고 했고, 그제야 주자는 자신이 배트를 들고 뛰었음을 알았다. '설마 그런 일이······' 하는 분들이 있겠지만, 나중에 알고 보니 그럴만한 이유가 있었다. 그 선수는 촬영 팀 스태프이었는데, 항상 무언가 무거운 것을 들고 뛰는 일을 하다 보니 익숙해서 그랬다는 것이다. 그러나 이 경우 주자는 아웃이다.

반대로 치자마자 배트를 획 던지고 뛰는 선수도 많이 봤다. 그 배트가 횡횡 돌아 포수의 머리를 맞추는 일도 있었다. 포수는 맞자마자 마스크를 벗고 타자를 잡으러 1루로 달려갔다. 싸웠다. 수비수가 말렸다. 덕아웃에서 소리치고 욕을 하다가 결국 선수들이 모두 나와서 벤치가 깨끗이 비워진다는 벤치 클리어링bench clear-ing[33]까지 일어났다. 집단 싸움이 일어난 것이다.

타자가 주루하다가 1루에서 1루수와의 충돌하는 경우 역시

배트는 공을 맞추는 용도로 써야지 들고 뛰어선 안 된다.

부상이나 싸움을 초래할 수 있다. 그래서 베이스는 왼발로 밟아야 한다고 가르친다. 그래야 몸이 오른쪽으로 쏠리고 왼쪽에 있는 1루수와 부딪치지 않게 된다. 물론 오른발로 밟는 경우도 있는데, 타구가 외야로 날라가 간발의 차로 세이프와 아웃이 갈리는 상황이 아닐 때다. 이때 주자는 2루까지도 넘볼 필요가 있기 때문에 몸이 2루 쪽으로 향해야 한다.

그리고 베이스를 밟는 순간에는 우사인 볼트처럼 상체를 앞으로 내밀어야 한다. 물론 1루 심판은 1루수의 글러브에 공이 들어가는 순간과 주자가 베이스를 밟는 순간을 비교해서 판정한다. 그러나 심판이 기계가 아닌 이상 판정하기 애매한 경우가 있을 수 있고 이때는 타이밍을 고려한다. 상체를 앞으로 내밀면 좀더 빠른

1루 베이스 밟기. 단타일 경우 1루 베이스는 왼발로 밟아야 1루수와의 충돌을 피할 수 있다.
사진 왼쪽은 좋은 자세, 오른쪽은 나쁜 자세.

타이밍으로 봐주기 쉽고, 끝까지 주루에 최선을 다했다는 좋은 인상을 줘 심판의 저울을 기울게 할 수 있다.

　마지막으로 당부하고 싶은 것은 자신의 타구에 신경쓰지 말라는 것이다. 타구는 치는 순간 나의 통제에서 벗어난다. 즉 더이상 나는 타자가 아니라 주자이다. 주자란 무엇인가? 뛰는 사람이다. 그러니까 타구가 어디로 가든 무조건 빨리 뛰는 것이 나의 임무다. 자신의 타구를 계속 쳐다보며 뛰는 사람들이 있는데, 그러다 보면 뛰는 방향도 지그재그가 되고 속도도 느려진다. 큰 타구가 아니라면 무조건 앞만 보고 최선을 다해 뛰어야 한다.

　요컨대 주루는 최선을 다하는 전력질주여야 한다. 실제로 프로에서도 주루 훈련을 성의 없이 하면 팀 내에서 벌금을 매기거나 심지어 2군 강등까지 당할 수 있다. 그만큼 베이스러닝은 야구의 기본이다. 야구 격언 중에 이런 말도 있지 않는가.

　"좋은 주루 플레이는 홈런과 맞먹는다."


## (2) 1루에서 2루 / 2루에서 3루

　중요한 포인트인 리드와 귀루, 스킵과 슬라이딩 각각을 따로 설명하겠다.


### 리드

　리드lead는 사회인 야구 선수도 대부분 잘하는 것 같다. 그러나 리드가 가지는 의미에 대해서는 잘 모른다. 그냥 모든 주자들이 하니까 자기도 한다는 식이다. 리드를 하는 첫째 이유는 2루로 진루할 때 거리를 줄이기 위함이다. 두번째는 투수와 포수의 심기를 건드리기 위해서다. 투수의 심기를 건드려서 타석에 든 타자가 좋은 볼카운트를 얻게 하는 것이다. 이런 점을 생각한다면 투수가 공을 던지기 전까지는 투수의 동작에 집중하다가 공이 떠나면 타구에 집중해야 한다.

만약에 투수가 견제 동작을 취하면 곧바로 귀루해야 한다. 그렇기 때문에 뻣뻣이 서 있지 말고 허리와 무릎을 숙이고 팔을 아래로 늘어뜨려 재빨리 1루 베이스로 돌아올 수 있도록 준비해야 한다.

리드(3개의 구분동작).

## 귀루

귀루 시에는 견제구가 빠르거나 리드가 많이 되었다면 슬라이딩을 해야 한다. 슬라이딩 방법에 대해서는 뒤에 다시 설명하겠지만, 대부분 헤드퍼스트 슬라이딩이다. 달려오는 속도가 늦거나 정지 상태에서 미끄러져야 하기 때문이다. 이런 일이 있었다. 연예인 야구단의 한 선수가 3보 정도 리드한 상태에서 귀루하면서 다리가 먼저 들어가는 슬라이딩을 한 것이다. 한마디로 정지 상태에서 뒤로 엉덩방아를 찍는 동작과도 같았다. 다행히 상대 팀의 견제구가 빠져서 2루까지 진루하긴 했지만, 분명 어처구니없는 슬라이딩이었다. 시합 후에 왜 그랬냐고 물어봤더니, 얼굴에 상처가 날까봐 앞으로 넘어질 수 없었다는 것이다. 처음에는 그냥 웃어 넘겼지만, 생각해보니 틀린 말은 아니었다. 연예인이지 않는가. 외모가 중요한 재산인 직업인데, 취미로 즐기는 야구 때문에 위험을 감수할 필요는 없는 것이다.

그러나 다음과 같이 용서받을 수 없는 귀루도 있었다. 상황은 이랬다. 1루에 주자가 있었고, 타자가 좌중간 사이로 큰 플라이

귀루 자세. 귀루할 때는 내야를 등지고 오른발로 베이스를 밟아야 태그를 피하기에 용이하고 공이 빠졌을 때도 재빨리 2루로 뛰기 쉽다. 사진 왼쪽은 안 좋은 자세, 오른쪽은 좋은 자세.

타구를 날렸는데, 1루 주자는 못 잡을 것이라는 판단으로 뛰어 2루를 지나 $\frac{2}{3}$ 지점까지 갔었는데, 중견수가 공을 잡자 주자는 귀루하기 시작했다. 그런데…… 급한 나머지 주자가 2루 베이스를 밟지 않고 투수 마운드 뒤로 뛰어서 1루로 돌아왔다. 도대체 그런 개념 없는 플레이를 어디에서 배웠는지? '야구의 야'자만 알아도 알 수 있는 룰도 모르는 것인지……코치로 서 있기 무척이나 창피했다. 경기가 끝난 후 그 선수에게 찬찬히 다시 가르쳐줬다. 귀루할 때는 지나온 베이스를 다시 밟고 돌아와야 한다고……

## 스킵

투수가 투구 모션을 선택했을 때 주자는 타격의 여부를 판단할 때까지 좀더 2루 쪽으로 다가가는 모션을 취하는데, 그것을 바로 스킵Skip이라 한다. 스킵은 게처럼 옆으로 재빨리 하나, 둘, 셋, 세 번을 뛴다. 이때 주자의 눈은 타자의 배트가 공을 맞추는지 주시하고 있어야 한다. 맞추면 뛰고, 그렇지 않으면 돌아온다. 폭투나 패스트볼일 경우 빠진 정도가 심하다면 재빨리 뛴다.

## 슬라이딩

"여러분 제가 슬라이딩 잘하는 거 아시죠?"

내가 우리 연예인 야구팀 선수들에게 슬라이딩 기술을 전수해주겠다고 끄집어낸 말이었다. 그러나 정작 반응은 생뚱맞다는 표정과 함께, 형님뻘 선수들은 다 마신 음료수 캔까지 던져대며 야유했다.

이유는 이랬다. 예전에 한번 슬라이딩 시범을 보이다가 다쳤는데 무릎에 물이 차고 부어서 망신당한 적이 있었다. 처음에는 모르고 있었는데, 김창렬 선수가 막 달려오더니 "이 코치 무릎 괜찮은지 한번 봐봐" 해서 유니폼을 걷어 올리는 순간 피가 질질 흐르는 내 불쌍한 무릎을 보게 되었다. 솔직히 코끝이 찡할 정도로 아팠지만 방송이라 아무렇지도 않은 듯이 씩씩하게 걸어 나왔다. 야구 27년, 인생의 $\frac{2}{3}$ 를 야구로 살아왔다. 물론 고등학교 이후로 슬라이딩을 한 번도 해본적은 없지만 그래도 선수들 앞에서는 멋있게 슬라이딩을 하고 싶었다. 솔직히 그날 난 한숨도 잠을 이룰 수가 없었다. 왜? 자존심이 상해서? 아니다. 너무 아팠기 때문이다. 지금도 무릎의 상처를 보면 눈가에 눈물이 맺힌다.

어쨌든 우리 팀 선수들이 나의 어설픈 슬라이딩 시범 때문에 슬라이딩을 더 두려워하게 된 것 같아 괜히 미안하다. 얼마 전에 꽃보다 남자 중 한 명에게 왜 슬라이딩을 안 하냐고 물어봤더니 "코치님처럼 될까봐"라고 답해서 할 말이 없었다. 그러나 사실은 그 정반대이다. 사회인 야구 선수 대부분이 슬라이딩을 하면 더 다칠 것 같다고 안 한다고 하지만 실제 경기에서는 슬라이딩을 하지 않아서 다치는 경우가 더 많다. 그러니 두려워 말고 한 가지씩 배워두는 것이 좋다. 대신 처음에는 고운 모래사장이나 천막에 물을 뿌리고 하는 것이 좋다. 우리가 흔히 하는 슬라이딩에는 다음과 같은 종류가 있다.

① 스탠드업stand up

스탠드업 슬라이딩.

　왼쪽 다리를 양반다리처럼 접는다고 해서 벤트레그Bent-leg 슬라이딩이라고도 한다 왼쪽다리는 접어 오른다리 밑으로 하고 양손은 벌려서 든다. 이때 허리를 너무 숙이면 속도가 줄기 때문에 약간 눕는다는 기분으로 슬라이딩한다. 베이스는 오른발로 밟는데, 베이스를 밟으면 반동이 생기기 때문에 몸 전체가 일으켜진다. 그때 접고 있던 다리를 펴면 쉽게 일어설 수 있어서 다음 동작을 수행하는데 매우 편한 슬라이딩이다. 또 양손을 벌리고 들어가기 때문에 수비를 방해하는 효과도 있다. 이 슬라이딩은 포스아웃 상황에서 활용하기 좋다.

　② 훅hook

　말 그대로 왼발을 갈고리 모양으로 만들어 베이스를 낚아채는 슬라이딩 방법이다. 벤트레그에서는 왼쪽다리를 안으로 접었다면 훅은 왼쪽다리를 밖으로 접어서 몸을 베이스의 오른쪽으로 최대한 뺀다. 태그를 피하기 위해서다. 특히 1루에서 2루로 도루할 때는 홈에서 공이 날아오기 때문에 조금이라도 태그하는 거리를 멀리 떨어뜨려 왼쪽 다리가 베이스를 터치하는 시간을 벌기 위한 슬라이딩 방법이다.

③ 헤드퍼스트head first

머리가 먼저 들어가는 슬라이딩이다. 그러나 베이스에 닿는 것은 머리가 아닌 손끝이다. 앞의 두 슬라이딩은 허벅지 부분이 땅에 미끄러지지만, 헤드퍼스트는 가슴과 배가 땅에 닿는다. 어쨌든 이 슬라이딩은 포스아웃과 태그아웃 상황 모두에서 활용할 수 있다. 몸을 오른쪽으로 돌리고 왼팔만 뻗어 베이스를 터치하면 위의 훅 슬라이딩과 같은 효과를 낼 수 있다. 반면 두 손을 쫙 뻗어 직선으로 들어가면 벤트레그 슬라이딩과 비슷하게 포스아웃 대비용으로 쓸 수 있다.


이 분야에서 달인은 후배 이종욱 선수[34]인 것 같다. 이종욱 선수가 잦은 슬라이딩 때문에 배에 굳은살이 박혔다고 말한 적이 있다. 배에 왕王자가 새겨진다는 초콜릿 복근은 들어봤어도 배에 굳은살이 박힌다는 말은 아마 처음 들어봤으리라. 그래서 어떤가 싶어 직접 봤는데 굳은살까지는 아니고 보통 사람들보다는 좀 단단하게 못이 박인 정도였다. 그런데 그보다는 검게 멍든 뱃살이 안쓰럽게 보였다. 탈장으로 고생한 적도 있다고 하는데, 배가 땅에 닿을 때 허리띠가 흙을 모으면서 뒤집어졌고 그것이 배를 심하게 눌러 생겼다고 한다. 슬라이딩을 마친 선수가 허리띠에서 흙을 털어내는 모습을 많이 봤을 것이다. 최근에 고무 밴드 허리띠로 교체되어 다행이지만, 그럼에도 불구하고 이종욱 선수의 부인은 도루를 성공해도 헤드퍼스트 슬라이딩을 하면 아직도 싫어한다고 한다.

　"여보, 뒤로 미끄러지면 안 돼?"

## '짐승 선수' 오 지 호

🔵 칼을 휘두르다가 배트를 휘두르게 된 소감은? 그러니까 야구를 하게 된 사연은?

원래는 사회인 팀에서 축구를 5년 정도 했어요. 농구도 15년 정도. 야구는 뒤늦게 2007년도부터 시작했는데 그 어떤 운동보다도 빠르고 깊게 빨려드는 것 같아요. 다른 운동에 비해 머리도 많이 써야 하고 정복하기 힘든 운동이다보니 더 매력이 있고 계속 배워야 하기 때문에 계속 하게 되는 운동이라고 생각해요.

🔵 원래 잘생기면 잘 못 하는데, 왜 이렇게 운동을 잘하는지?

집안 식구들 모두 운동 신경이 좋았어요. 누나는 고등학교 때까지 배구 선수였어요. 저도 어렸을 때부터 체육대회마다 나가는 대표 선수였구요. 일단 키도 크고 체격 조건이 좋았으니까요. 군대에서도 소대 대표였고, 저 스스로도 어떤 운동이든지 자신이 있었죠. 그런데 아주 잘하지는 못했어요. 유연성이 부족해서…… 그것만 있었다면 아마 배우가 아니라 운동 선수가 됐을지도 모르겠네요.

🔵 1루수로서 가장 힘든 점?

아무래도 공을 잘 받아줘야 한다는 것이겠죠. 베이스를 밟으면서 동시에 공을 잡아야 하기 때문에 다른 야수들보다 공을 받는 동작이 더 어려운 것 같습니다. 특히나 바운드 송구가 날아올 때는 도대체 그 공이 언제 바닥을 치고 어떻게 튀어오를지, 어디서 글러브로 낚아채야 할지 모르겠어요. 아무래도 계속 연습을 해야 할 것 같습니다.

⚾ 타격에서 잘 고쳐지지 않는 부분은? 비슷한 수준의 사람들에게 하고 싶은 말은?

유연성 부족인 것 같아요. 저의 가장 큰 문제는 공을 치는 순간 허리가 늦게 돌아간다는 것이었어요. 허리가 잘 돌아가지 않다 보니 힘이 실리지 않아서 큰 타구가 안 나왔구요. 요즘 허리를 임팩트 순간에 돌리는 연습을 하다보니까 많이 좋아졌어요. 안 그런가요?

저 같은 분들이 많을 거라고 생각돼요. 제일 좋은 것은 완벽한 자세로 정확한 스윙 연습을 계속 하는 겁니다. 연습만큼 좋은 게 없다고 봐요. 그리고 자신감. 공을 한 개 치더라도 정말 힘 있게 치는 게 중요하다고 생각합니다.

⚾ 외관상으로 투구도 호쾌할 것 같은데, 왜 그렇게 느리고 곱게 던지는지?

저도 의아해해요. 팔다리 근육이나 체격 조건만 보면 빠른 공이 나와야 하는데 막상 던지면 공이 힘없이 날아가거든요. 아무래도 어깨→팔→손목→손가락 순서로 연결되는 송구 동작에 문제가 있는 것 같아요. 팔꿈치보다 손목이 먼저 돌아가든지 손목이 돌기보다 손가락에서 공이 먼저 빠져나간다든지 하는 것 같아요. 그래도 예전에 비해서 요샌 좀 빨라진 편입니다. 계속 연습하고 있으니까 지켜봐주십시오.

⚾ 팀 내에서 슬라이딩을 제일 잘하는 것 같은데, 비법을 알려준다면?

처음에는 다칠 것 같아서 슬라이딩을 안 했습니다. 처음해본 게 〈천하무적 야구단〉에서였어요. 처음에는 겁이 많이 나더라구요. 그런데 한번 해보고 나니까 다음부터는 용기가 생기고 오히려 서서 들어가는 것이 더 위험하다는 생각이 들더라구요. 중요한 건 겁먹지 말고 용기를 내서 몸을 죽 눕히는 겁니다. 한 번 성공하면 다음부터는 쉽게 된다고 봐요. 다치지도 않고 세이프될 확률도 높고 훨씬 멋있으니까 자신감을 가지고 죽 미끄러져보세요.

오지호.

🟠 프로팀에서 입단 제의를 한다면 배우 생활을 포기하겠는가?

갈등되네요. 정말 갈등되는 질문이에요. 특히 고향 팀인 기아 타이거즈에서 제의가 오면 일단 테스트를 받아볼 것 같습니다. 배우가 좋기도 하지만 야구를 하면서 느끼는 기쁨은 굉장히 크거든요. 제2의 인생을 더 멋지고 행복하게 하는 길이 야구라면 한번 도전해보겠습니다. 배우 생활을 계속 하느냐 마느냐는 입단 테스트 합격 후에 다시 생각해보겠습니다. 그런데 투잡은 안 될까요? 국내 최초 배우 겸 프로 야구 선수로……

## (3) 3루에서 홈으로

3루는 곧바로 득점으로 연결되는 자리이기 때문에 수비수들이 더욱 철저하게 지키려고 한다. 견제가 많은 것은 아니지만, 내야수들은 타구만 잡으면 홈으로 뿌려서 아웃시키겠다고 눈에 불을 켜고 있다. 3루 주자가 홈으로 주루할 때 주의해야 할 내용은 다음과 같다.

① 3루에서의 리드는 파울 지역에서 해야 한다.
② 귀루할 때 포수에게 등을 보이면 안된다.
③ 동료의 희생에는 반드시 타점으로 보답하라.
④ 뛰어야 할 때 뛰고, 뛰지 말아야 할 때 뛰지 말자.

①은 잘못하면 타구에 맞을 수 있기 때문이다. 앞서 규칙 부분에서 설명했지만, 이 경우 주자는 아웃이다. 그리고 무지 아프다. 3루 파울 라인으로 날아오는 타구는 특히 빨라서 더 아프다.

3루 주자의 리드. 사진 왼쪽은 좋은 리드 위치, 오른쪽은 안 좋은 리드 위치.

②와 같은 부분은 서부 영화에서는 진정한 총잡이라면 등 뒤에서 쏘지 않는다고 하지만, 야구에서는 등을 보이면 곧바로 공이 날아오기 때문이다. 다른 구기 경기도 마찬가지겠지만 야구에서는 공을 보지 않으면 안 된다. 모든 선수, 코칭 스태프, 심판, 볼보이, 심지어 관중과 해설자까지도 공을 놓치지 않고 본다. 그러니 선수가 공을 놓치면 바로 아웃이 될 수밖에 없다. 포수가 공을 잡은 뒤 천천히 귀루할 때 절대 등을 보이면 안 된다. 포수가 견제하기 쉽기 때문이다. 항상 포수를 보면서 뒷걸음질이나 옆걸음질을 쳐야 한다.

③은 희생 번트와 희생 플라이가 나온 상황을 말하는 것이다. 애써 동료가 희생했음에도 불구하고 딴전 피우다가 타이밍을 놓치거나 성의껏 뛰지 않아서 아웃되면 희생한 동료에게 얼마나 미안한가. 항상 타석을 노려보면서 타구에 집중해야 한다.

그리고 태그업 플레이를 할 때는 두 가지를 주의해야 한다. 첫 번째로 너무 서두르다가 아웃되는 경우가 종종 있다. 사회인 야구

태그업 플레이. 성공적인 태그업을 위해서는 타구의 방향에 따라 발과 몸을 바꿔야 한다.
사진 왼쪽은 타구가 페어 지역으로 날아간 경우, 오른쪽은 타구가 라인을 타거나 파울 지역으로 날아간 경우.

에서 홈 송구로 3루 주자를 아웃시킬 수 있는 외야수는 거의 없다. 그러니 걱정하지 말고 외야수가 확실히 잡은 것을 확인하고 뛰길 바란다. 두번째는 플라이 볼을 볼 때 보통 왼발로 베이스를 밟고 타구가 잡히는지를 보게 되는데, 3루 선상이나 파울플라이인 경우에는 반대로 오른발로 베이스를 밟고 타구를 봐야 스타트하는 동작이 빠르고 편하다.

④는 사회인 야구 선수들이 꼭 명심하길 바라는 부분이다. 사실 주루 플레이를 잘못하면 프로에서도 분위기가 확 가라앉는데, 사회인 야구는 두말할 필요가 없다. 더 심한 것은 선수들끼리 싸우게 된다. "왜 뛰지 말라고 했는데 뛰었냐." "뛰라 그랬는데 왜 가만있느냐." "이건 본헤드 플레이다." 그러나 사실 3루에서 홈으로 들어올까 말까에 대한 판단은 프로 야구의 3루 주루 코치도 쉽지 않다. 그러니까 사회인 야구 선수들은 서로를 존중하는 마음으로 잘못을 감싸고 이해해줘야 한다. 나이가 많다고 어린 선수에게 심한 말을 하는 경우도 있고, 좀 잘한다고 서투른 사람이 플레이할 때마다 이래라 저래라 소리 지르는 경우도 있는데, 야구는 팀 플레이라는 것을 잊지 말자.

어쨌든 3루 주자가 뛰어야 할 상황과 뛰지 말아야 할 상황을 한번 구분해보자. 이왕이면 표로 한번 만들어볼까.

예외는 있다. 노 아웃 혹은 원 아웃일 때 주자가 1, 3루에 있는 경우에서 땅볼이 됐을 경우 투수 앞 땅볼을 빼고 무조건 홈으로 뛰어야 한다. 이유는 더블플레이를 방지하기 위해서이다. 그러나 다음 타석의 타자가 3번이나 4번 같은 장타력이 있는 선수라면 땅

|  | 일단 뛰어 | 일단 기다려봐 |
|---|---|---|
| 노 아웃 | 1/2루 깊숙한 내야 땅볼 | 투수 앞/3루/유격수 앞 땅볼, 플라이 볼 |
| 원 아웃 | 1–2루간 밀어 친 내야 땅볼, 외야 플라이(페어/파울), 패스트볼과 폭투, 1/2루 송구 실책 | 투수 앞/3루/유격수 앞 땅볼, 내야 플라이 |
| 투 아웃 | 모든 타구, 패스트볼과 폭투, 1루/2루 송구 실책 등 | 타자가 콜을 하지 않은 패스트볼 |

볼에 스타트를 하다가 아웃되면 더 큰 기회를 놓칠 수 있기 때문에 무리하지 않는 게 낫다. 반대로 다음 타석이 하위 타선일 경우에는 주자가 자기 판단에 따라 과감한 주루 플레이도 시도해볼 만하다.

그리고 위에서 패스트볼이나 폭투의 경우에는 주자 입장에서 어느 정도 빠졌는지에 대한 판단이 어렵다. 이때는 타자와 덕아웃으로 시선을 돌려 그들의 손짓을 봐야 한다. 혹 아웃이 되더라도 동료들이 뛰라고 했으니 나중에 비난은 면할 것이다. 그래도 본인이 직접 판단하는 습관을 들여야 한다. 내야 타구의 경우에도 판단하기 어려운 상황이 많다. 타구의 속도가 느린지 빠른지도 중요하지만, 자신이 어느 정도 스킵을 하고 있는지에 대해서도 판단해야 세이프 확률이 높아진다.

그리고 사회인 야구단 감독을 하면서 알게 되었는데, 프로에서는 불가능한 과감한 주루 플레이가 있다. 바로 노 아웃이나 원

아웃에 투수 앞 땅볼이 나왔을 때 투수가 1루 송구를 한다면 뛰어도 살 확률이 높다. 투수는 살살 송구하고 그걸 받는 1루수 어깨도 좋지 못하기 때문이다.

## (4) 두 베이스 이상의 주루

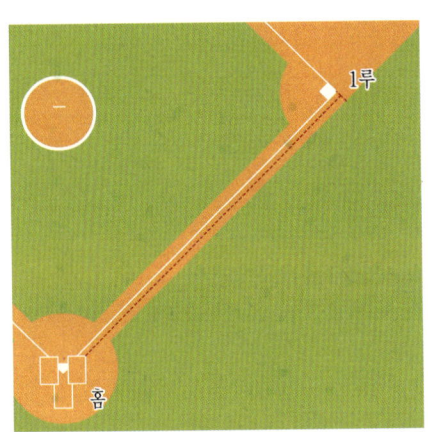

한 개의 베이스를 뛰는 직선 주루.

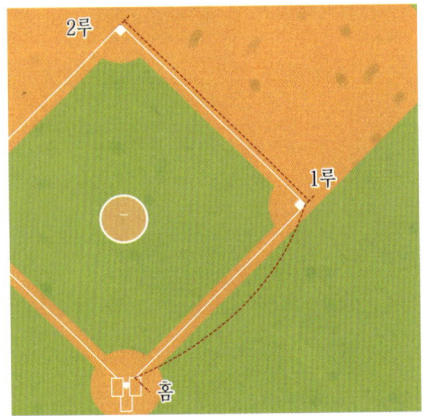

두 개의 베이스를 뛰는 곡선 주루.

앞에서는 한 베이스만을 뛰는 주루 방법을 설명했다면 여기에서는 단번에 두 개의 베이스 이상을 뛰는 경우이다. 우선 옆의 그림을 보면 주루 방법의 차이를 알 수 있다. 하나는 직선이고 다른 하나는 곡선이다.

2루타 성 타구를 치고도 1루타를 친 것처럼 직선 주루를 하게 되면 1루 베이스에서 턴을 하기 어렵다. 그 어떤 동물도 똑같은 속도를 유지하면서 직각으로 꺾어 달릴 수는 없다. 자동차도 그렇다. 어느 정도 곡선을 그리면서 달려줘야 속도를 유지할 수 있다.

그런데 만약에 타구가 내야를 넘겨 외야까지 날아가긴 했는데 2루타인지 1루타인지 또는 플라이아웃인지 애매하다고 한다면, 베이스를 오른발로 밟은 후에도 2루 쪽으로 몇 걸음 더 리드를 해서 공이 잡혔는지 확인한 후, 베이스로 돌아와야 한다. 그러나 수비수가 실책을 한다든지 중계 플레이가 어설퍼 보인다면 다시 뛸 수도 있다. 사회인 야구에서는 1루만 뛰고 안타 친 걸 좋아하면서 하이파이브 하다가 좋은 기회를 놓치는 경우가 종종 있다.

주자는 욕심도 금물이지만 빠른 만족도 금물이다. 주자는 배고픈 호랑이처럼 호시탐탐 진루의 기회를 노려야 한다.

1루에서 3루, 2루에서 홈으로 가는 주루 플레이도 위와 같다. 그래서 리드를 할 때 미리 자신이 뛸 곡선을 고려해야 한다. 특히 투 아웃 상황에서 2루 주자는 무조건 홈까지 뛴다고 생각하고 리드를 라인 뒤쪽으로 해야 한다. 그래야 3루를 쉽게 밟고 턴의 각도도 줄일 수 있기 때문이다.

또한 선행 주자와 후행 주자의 움직임을 고려하는 주루 플레이가 필요하다. 선행 주자와 만난다거나 스쳐 지나치지 않기 위해서 항상 선행 주자의 움직임을 봐야 한다. 주자는 반드시 홈에서만 만나야 한다.

2루 주자의 리드 위치.

# '베이스와 여심을 훔치는 대도(大盜)' 이 대 형

LG 트윈스 이대형 선수.

🏐 도루할 때 투수의 어디를 보는지?

투수마다 다르겠지만, 저는 투수의 특정 부위를 보기보다는 전체적인 투구 모션을 보고 스타트합니다. 이번에는 투구다 또는 견제다 하는 느낌이 투수의 모션 전체에서 느껴집니다. 하지만 투구 모션만 파악했다고 뛸 수 있는 건 아닙니다. 당일 제 몸 상태를 체크해서 스타트가 잘 끊어지는 날은 좀더 과감하게 하고 안 되는 날엔 자제하는 편입니다.

🏐 내가 투수할 때도 뛰었던 것 같은데……

하하하. 저는 선배님이 마운드에 있을 때 도루한 기억이 없는데요.

🏐 여성 팬들이 유독 많다. 그게 유니폼 맵시 때문이라고들 하는데?

저도 그런 것 같습니다. 아무래도 요새는 몸에 딱 붙게 입는 것이 유행이라서 유니폼도 좀 줄여서 입었는데 반응이 좋았던 것 같습니다. 팔다리가 원래 좀 길기도 해서 헐렁한 스타일보다는 잘 어울리고 도루할 때도 편합니다. (가까이서 보니 얼굴도 꽤 미남이었음^^)

🔵 도루에 가장 도움이 되는 신체 부위는?

다리가 아닐까요. 선배님도 아시겠지만 야구에서 제일 중요한 부분이 하체인 것 같습니다. 도루에서도 다리에서 내는 스피드와 슬라이딩의 동작, 그리고 베이스를 밟는 발 동작이 중요합니다. 다리 다음으로 중요한 것은 눈치랄까, 센스가 좋아야 합니다. 눈치가 빨라야 스타트가 빨라집니다.

🔵 도루맨으로서 사회인 야구 선수들에게 한마디 해준다면?

사회인 야구 경기를 본 적이 있는데, 도루 성공률이 매우 높았습니다. 일단 투구 모션이 느리고 공도 느리고 포수도 느려서 일단 뛰기만 하면 90% 이상 성공할 수 있었습니다. 특별히 신경 쓸 것은 없고 빨리 달리면 될 것 같습니다. 그리고 무리한 슬라이딩으로 부상당하시지 마시고 야구를 잘 즐겼으면 좋겠습니다.

# | 4 | 수비 훈련

앞서 소개한 타격과 주루는 점수를 얻기 위한 공격 훈련이었다. 이에 비해 수비 훈련은 타격과 주루가 점수로 이어지는 것을 막는 훈련이다. 따라서 투수는 잘 던지고, 포수는 투구를 잘 받고, 야수는 타구를 잘 막아서 베이스로 안전하게 송구하도록 연습하는 것이 기본 내용이다. 그러나 이것은 결코 쉬운 일이 아니다. 사회인 야구에서의 득점은 주로 공격을 잘해서가 아니라 상대 팀이 수비를 못해서 생긴다는 것을 아는가? 해봤다면 알 것이다.

따라서 나는 야구 초년생들에게 가장 필요한 훈련이 바로 수비 훈련이라고 생각한다. 타격은 개인적으로 연습해도 되지만, 수비는 호흡을 맞춰야 한다. 어느 한 명이 뛰어나다 해도 소용없다. 어느 한 명이 형편없다 해도 문제없다. 물론 스스로는 괴롭겠지만…… 팀이라는 울타리가 얼마나 견고하고 때로는 반대로 얼마나 허술한지를 느끼게 하는 것이 바로 수비다. 수비 훈련을 통해 비로소 진정한 팀이 만들어진다고 해도 과언이 아니라고 생각한다. 내가 현재 맡고 있는 연예인팀도 수비 실력이 향상되면서 전체적인 팀 전력도 상승했다.

## (1) 공 던지기

공을 못 던지는 사람은 거의 없을 것이다. 그러나 멀리, 빨리, 항상 일정한 방향으로 던지기 위해서는 올바른 자세를 몸에 익혀야 한다. 하체의 움직임이나 테이크백도 중요하지만 가장 기본적인 부분만 설명하자면 상체에서 어깨, 팔꿈치, 손목, 손가락 순으로 움직이는 것이 핵심이다. 던지기 자세가 흐트러지는 가장 큰 이유는 어깨보다 팔꿈치가 먼저 열리거나 팔꿈치보다 손목이 먼저 꺾이는 것이다. 또는 손목이 꺾이기 전에 손가락에서 공이 빠져나가는 경우이다.

공 던지는 나쁜 자세. 초보자들이 범하기 쉬운 가장 대표적인 던지기 자세이다.

따라서 처음에는 천천히 어깨–팔꿈치–손목–손가락 순으로 펼치며 공을 던지는 연습을 해야 한다. 이 훈련을 어느 정도 한 후에 빨리, 그리고 세게 던지는 연습을 이어나가야 자세가 흐트러지지 않는다. 공을 던지는 자세와 포인트가 흐트러지면 공은 생각지도 않은 방향으로 나간다.

공이 제대로 날아가지 않는 한 가지 이유가 더 있다. 이것은 실제로 사회인 야구 선수들이 가장 어려워하는 부분이기도 하다. 바로 '공채기'다. 모든 공은 회전하면서 날아간다. 공기의 저항을 뚫고 나간다는 것은 회전 없이는 불가능하다. 군대를 다녀온 분들은 잘 아시겠지만, 총구 안에는 회전선이 파여 있어서 총알이 이를 따라가며 회전하게 되는데, 힘은 화약의 폭발에 의한 것이지만 그것이 멀리, 곧게 날아가게 하는 것은 총구 안에 있는 회전선이다. 야구도 마찬가지로 던지는 힘은 하체와 허리, 어깨에서 나오

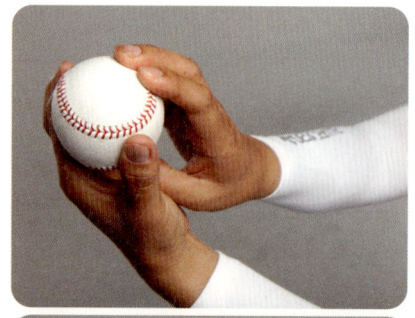

공채기. 이렇게 공을 잡고 해야 쉽게 공채기 연습을 할 수 있다. 한두 달 하다보면 중지의 끝에 굳은살이 생길 것이다.

지만, 공이 회전을 하면서 정확하게 날아가도록 하는 회전선의 역할은 팔꿈치와 손목, 그리고 손가락이 맡는다.

농구에서 슛을 쏠 때나 배구에서 스파이크를 때릴 때도 공을 회전시킨다. 손바닥으로 밀면서 회전시키기 때문에 정확하게, 멀리, 빠르게 날아갈 수 있는 것이다. 그러나 야구공은 작기 때문에 손가락으로 밀어내야 하고, 그래서 손가락 끝에서 공이 빠져나가는 순간이 매우 중요하다. 투수가 바로 이 공채기로 다양한 구질의 공을 만들어내는 것이다.

공채기 하면 생각나는 일이 있다. 내가 대학교 3학년이었을 때, 선배인 박찬호 선수의 초대로 플로리다에 있는 LA 다저스의 스프링캠프에서 특별 훈련을 받은 적이 있었다. 당시 박찬호 선수의 투수 코치(솔직히 이분의 이름이 기억나지 않는다)가 '써클 체인지업Circle change up'이라는 공을 가르쳐주었는데, 당시만 해도 우리나라에서는 이 공을 던지는 선수가 없었다. 써클 체인지업이란 검지를 엄지 위에 올려 빼거나 붙여서 써클을 만들고 나머지 손가락으로 던지는데 일명 'OK 볼'이라고 한다. 이 공은 직구처럼 날아오다가 타자 앞에서 뚝 떨어져서 타자의 헛스윙을 유도하는데 제격이다. 한때 박찬호 선수도 이 공을 빠르게 던져서 많은 재미를 봤고, 우리 프로 야구에서는 류현진 선수와 윤석민 선수의 주 무기 중 하나이기도 하다.

어쨌든 이 공은 네 손가락의 그립이 손 끝 공채기를 제대로 해 줘야 한다. 그렇지 않으면 엉뚱한 방향으로 날아가는 폭투가 될 수도 있다. 그래서 우리에게 설명하던 투수 코치는 농구의 공채기를 예로 들었는데, 그러다가 농구 이야기로 빠져서 결국에는 코칭 스태프와 우리 대학 선수들이 농구 시합을 하게 되었다. 처음에는 야구 선수 출신이 게다가 연세 좀 드신 코치들이 농구를 잘할까 하고 의심 반 호기심 반으로 시작했는데, 거의 프로 수준이었다. 결과는 참패. 알고 보니 투수 코치는 과거 시카고 불스 2차 지명 선수였었고, 센터를 봤던 다른 코치도 드래프트 순위 1위였다는 것이다. 오 마이 갓! 그러고 보니 농구의 황제 마이클 조던도 한때 야구 선수로 전향하지 않았던가[35].

놀라운 것은 그 뿐만이 아니었다. 농구 게임이 끝나고 바비큐 파티를 열었는데, 아주 특이한 땔감을 발견했다. 나무 배트였다. 그것도 꽤 비싼, 그렇다고 쪼개지거나 부서진 것도 아닌 살짝 금이 간 배트였다. 우리나라에서는 그 정도면 작은 못을 박거나 테이프로 감아서 연습용으로 쓰지만, 미국에서는 고기 굽는 땔감으로 취급하는 것이다. 연습 경기 때도 찾아와 좋은 플레이에 박수와 환성을 보내던 야구 팬들과 그라운드까지 내려와서 사인을 부

박찬호 선수와 나. 1993년 국가 대표로 호주에 갔을 때다.

LA 다저스 캠프 수료식. 박찬호 선배로부터 후배 대표로
기념 선물을 받았다.

탁하는 70대 할머니를 보면서 우리는 언제 미국 같은 야구 문화가 생길까 하고 못내 부러워했었다.

특별 훈련 마지막 날에는 박찬호 선수가 후배 대표인 나에게 사인 배트와 스파이크를 선물했다. 받는 나는 입이 찢어졌지만, 박찬호 선수는 우리와 헤어지는 것을 아쉬워하며 한국에 돌아가고 싶다며 눈물을 흘렸었다. 미국 생활이 얼마나 힘든지를 간접적이나마 느낄 수 있었다.

지금 와서 하는 이야기지만, 박찬호 선수가 한국에 돌아오고 싶다고 했을 때 우리 후배들의 얼굴은 살짝 긴장. 혹시 복학해서 선배로 다시 오면 어떡하나 완전 불안. 왜냐면 박찬호 선수는 굉장히 무섭고 깐깐한 선배였기 때문이다. 미국행이 결정되었을 때 누구보다 기뻤던 것은 우리 후배들이었다. 심지어 조촐한 파티까지 열 정도였으니…… 그 정도로 우리에겐 무서운 선배였다. 그래도 메이저리그에서 100승 이상을 기록하고 있는 위대한 선배를 뒀다는 사실에 가슴이 뿌듯했었다.

"코리안 특급, 아니 아시안 특급 박찬호 선배, 미국 진출 축하! 대 축하!"

## (2) 공 잡기

아무리 사회인 야구 초보 선수라도 상대가 던진 공을 잡는 기술은 대체로 잘 익히고 있다. 어릴 때부터 야구 경기는 못 했어도 캐치볼은 많이 했기 때문이다. 그래서 별도로 공받기에 대해 설명할 내용은 없지만 다음 동작을 준비하는 자세 정도는 짚어주고 싶다. 공을 받을 때 항상 공이 자신의 왼쪽 가슴에 와서 안기도록 몸을 이동시켜줘야 한다. 그냥 선채로 팔만 쭉 빼서 잡는 동작은 1루수나 하는 것이다. 왜냐면 1루는 포스아웃 베이스라서 베이스를 밟고 있어야 하고 다음 동작이 많지 않기 때문이다. 그리고 공을 글러브로 잡으면서 몸통으로 끌어당겨서 곧바로 다른 손으로 공을 잡아야 다음 플레이를 빠르게 이어나갈 수 있기 때문에 하체를 움직여서 가슴 쪽으로 받는 연습을 해야 한다.

타구 수비에서는 우선 타구에 대한 두려움을 없애야 한다. 타구가 자신을 향해 날아올 때 무서워서 글러브로 얼굴을 가린다든지, 몸을 빼고 글러브만 쑥 내미는 사람들이 많다. 앞서 말했지만, 모든 공은 자신의 가슴 앞에서 잡아야 제대로 잡을 수 있고, 다음 동작도 쉽게 이어나갈 수 있다.

얼마 전 이탈리아 마피아들의 생활을 고발한 영화 〈고모라〉[36]의 한 장면을 보면서 문득 초등학교 5학년 때 야구 연습 시간이 기억났다. 마피아와 야구 연습이 무슨 연관이 있느냐고 하겠지만, 적어도 내 경험에서는 거의 일치하는 끔찍한 일이 있었다. 영화에서는 빈민가 어린이들이 마피아가 되려고 일종의 시험에 응시하게 되는데, 그 시험이라는 것이 방탄조끼를 입고 권총의 근접 사격을 견뎌내는 것이었다. 배짱, 담력의 차원을 넘어서 속된 말로 '깡'을 보는 시험이었다. 초등학교 5학년이었던 우리는 포수 장비를 입고 감독님의 무차별 펑고 배팅을 10m 앞에서 맞으며 견뎌야 했다. 명목은 '타구에 대한 두려움 없애기'였지만, 오히려 타구에 대한 두려움이 커졌던 기억이 난다.

이 정도 끔찍한 훈련은 당연히 추천하고 싶지 않지만, 펑고 연습은 꾸준히 해야 한다. 그것도 느린 타구가 아니라 빠른 타구를 달려 들어오면서 잡아내는 연습이 당연히 필요하다. 또 한편으론 잡을 겨를이 없어서 글러브를 갖다 대지 못했다면 몸이라도 들이

담력 훈련도 좋지만 이런 건 곤란하지 않을까……

대서 막는 훈련도 필요하지만 과연 누가 하려고 할까?

그래서 좋은 자세를 몸에 붙이는 연습이 중요하다. 펑고를 하기 전에 오른쪽의 사진대로 자세를 취하는 연습을 해보자.

사진의 자세처럼 외야수는 주저앉듯이 자세를 완전히 낮춰서 공을 잡아줘야 한다. 그렇지 않으면 뒤에는 아무도 없기 때문에 공이 빠질 경우 대량실점을 할 수 있다.

그리고 흔히 '글러브 질'이라고 하는 연습도 덧붙여야 한다. 다음 페이지의 사진에서처럼 둥근 원을 그리면서 글러브의 방향을 바꿔주는 연습을 하면, 실전에서도 자연스럽게 글러브가 돌아갈 수 있다.

공을 두려워하면 허리가 굽혀지지 않는다. 최대한 자세를 낮춰서 바운드에 대비해야 한다. 땅볼 잡기 좋은 자세(위), 안 좋은 자세(아래).

플라이 볼은 오랜 경험이 곧 실력이 된다. 기본적인 몇 가지만 설명한다면, 낙하점을 너무 머리 위로 잡으면 안 되고 어느 정도 여유를 두고 조금씩 앞으로 다가가며 잡아줘야 한다. 타구에 따라서 죽죽 뻗는 경우와 힘이 떨어져서 그냥 가라앉는 경우가 있다. 타자의 스윙과 임팩트 소리 등을 종합해 판단할 줄 알아야 된다고 하지만, 사회인 야구에서는

둥근 원을 그리는 글러브의 방향.

무리한 요구라고 생각한다. 자신의 수비 영역에서도 시야에 들어오는 공에 집중하는 연습이 제일 중요하다. 다만, 어쩔 수 없이 뒤로 스텝을 밟으며 공을 잡아야 하는 경우가 있다. 이때는 아래의 사진처럼 해야 부상의 염려가 줄어든다.

오른쪽으로 날아오는 플라이 볼 잡는 방법.

왼쪽으로 날아오는 플라이 볼 잡는 방법.

# 포지션별 훈련

"사회인 야구에 포지션이 있느냐?"라고 묻는다면 대부분은 "없다"라고 대답할 것이다. 포수를 제외하고는 거의 구분을 하지 않는 것이 사실이다. 그럼에도 불구하고 그 포지션의 역할을 가장 잘 수행하는 사람을 주전으로 내보내기 때문에 포지션별 훈련을 무시하면 여기저기 떠도는 떠돌이 수비수가 될 수 있다. 좋게 말하면 '모든 포지션을 소화해내는' 만능 선수이지만, 실상은 '어떤 포지션에도 어울리지 않는' 색깔 없는 선수인 것이다.

# | 1 | 투수

## (1) 투구 폼

투구 폼 역시 잡지 못하는 분이 거의 없다. 오히려 프로보다 더 멋지게 팔을 흔들어 풀고, 있지도 않는 사인을 주고받고, 주자도 없는 1루도 째려봐주시고, 마운드 흙도 후벼파주시며, 다리를 들었다 놨다 목에 힘줄까지 잡아주시는 우리 형님, 동생 선수 여러분들. 하지만 예전에는 화려한 동작이 좋게 평가받았을지 몰라도 최근의 야구 흐름에서 보자면 오히려 간결하고 짧은 동작으로 던지는 것이 더 효과적이다. 투구 폼도 중요하지만 우리 사회인 야구의 현실을 고려할 때 더 중요한 것은 공을 얼마나 일정한 릴리스포인트로 채느냐이다. 공채기 연습에 개인적으로 추천하는 방법은 '수건 연습'이다. 어떻게 하는 거냐면, 일단 손수건보다는 크고 일반 타월보다는 작은, 목욕탕에서 쓰는 크기의 수건을 구해서 옆의 사진처럼 손가락에 끼운다.

그리고 공을 던지는 동작을 취하되 특히 손목을 돌리는 순간에 손가락을 뻗어 채는 연습을 해야 한다. 제대로 채지면 '펏' 하는 꽤나 큰 소리가 난다.

이때 투구 모션은 자신에게 맞는 것을 취하면 된다. 언더, 사이드, 오

수건을 손가락에 끼우는 방법.

수건 채기.

버, 그리고 사이드와 오버의 중간에 해당하는 쓰리쿼터Three Quatar[37] 등 알아서 선택하면 된다.

## (2) 포심 던지기

포심four seam은 손가락에 닿는 봉제선seam의 수가 네 개라서

붙여진 이름이다. 포심(직구)은
투수뿐만 아니라 야수에게도
가장 기본적인 공 던지기 그립
이다. 프로 선수의 경우 야수가
송구할 때 글러브 안에서 포심
의 그립으로 바꿔서 던지기 때
문에 정확한 송구를 뿌릴 수 있
다. 그립이 흐트러지면 바람의

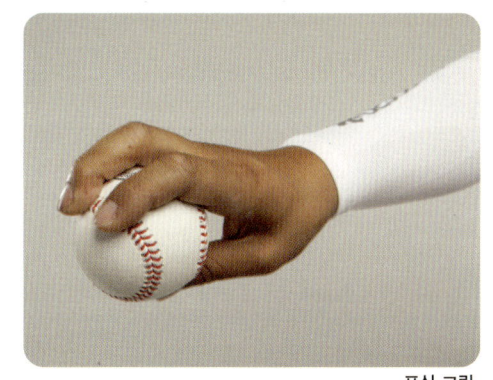

포심 그립.

저항 때문에 악송구가 나기도 한다. 출발이 좋지 않은데 끝이 좋
겠는가.

　투수의 경우 포심을 완벽하게 던질 줄 알아야 변화구를 쉽게
익힐 수 있다. 내가 야구를 처음 시작할 때도 포심을 던지는 연습
을 했었고 사회인 야구 투수들도 포심 패스트 볼을 가장 기본으로
삼고 있다.

　우리 연예인팀에서는 김동희 선수가 포심을 가장 잘 던진다.
내가 개인적으로 2년 정도 지도해온 선수이기도 하다. 평균 구속
이 120Km/h 정도로 나오니까, 웬만한 사회인 야구에서는 거의
마리아노 리베라[38]급이다. 방송을 보신 분들은 아시겠지만, 투구
폼이 간결하고 부드럽다. 그리고 엣지 있다. 던지는 순간의 팔꿈
치와 손목 사용도 고교 야구 선수 수준이다. 물론 공을 채는 능력
도 여타의 선수들과 차원이 다르다. 이러한 모든 동작의 훈련이
스피드를 올리는 데 도움이 되었는가라고 물으면 대답은 미안하
지만 '노No!'이다. 시속 10km 정도의 스피드업도 쉽지 않다. 프로

야구 선수가 시속 150km 이상을 던지려면 타고나는 게 있어야 한다. 마찬가지로 보통 사회인 야구 선수가 시속 120km를 던지려면 역시 타고나야 한다.

그러나 방법이 없는 것은 아니다. 멀리 던지는 연습이 스피드 강화에 도움이 된다. 투수가 외야수처럼 멀리 던질 일은 자주 없지만 어깨 강화 차원에서 50~60m 이상 던지는 롱토스 연습을 꾸준히 해두어야 한다. 내가 뛰었던 프로팀에서도 가장 어깨가 강한 선수는 외야수가 아니라 투수였다. 다름 아닌 투수 중에서도 가장 호리호리했던(지금은 살이 많이 붙었다) 이혜천 선수였다. 홍콩배우 장국영을 조금 닮아서 귀엽고 연약한 이미지였는데, 실은 대단한 어깨의 소유자였다. 한번은 잠실 야구장의 오른쪽 파울 라인에서 이혜천 선수가 전광판 너머로 공을 던진 적이 있었다. 다들 입을 다물지 못했고 어떻게 그 위치에서 그 멀리까지 공을 넘길 수 있는지 놀라워했던 일이 기억난다.

거리와 스피드는 연관성이 있다. 생각해보자. 가령 100m를 던지는 사람이 스피드가 없다면 그만큼 던질 수 있겠는가. 결국 멀리 던지기가 강한 어깨를 만들고 스피드를 올릴 수 있는 좋은 방법인 것이다. 야구장에 나가서 멀리 던지는 연습을 꾸준히 해보자. 스피드가 오르는 것을 느낄 수 있을 것이다.

## (3) 타구 막기

이 부분은 앞에서도 약간 소개를 했고 앞으로도 몇 번 더 다룰 수 있겠지만, 투수가 가장 직접적으로 타구에 노출되기 때문에 강조하는 것이다. 강한 타구가 날아오면 잡는 것은 두번째이고 일단 글러브로 막거나 피해야 한다. 몇 년 전에 개그맨 배칠수 씨가 타구에 이마를 맞아 뼈가 함몰된 적이 있었다. 방송도 중단하고 병원에 입원했다고 하는데, 그나마 라디오를 위주로 활동하는 분이라 복귀가 빨랐다고 한다. 그러나 우리 연예인팀의 경우에는 얼굴이 곧 재산인 선수들이 많아서 더욱 조심해야 한다고 생각한다.

타구를 잡기 위한 연습보다는 막는 연습을 통해서 부상을 방지하도록 노력해야 된다. 타구 막는 연습은 방송에서도 몇 번 소개가 되었지만 테니스공을 라켓으로 치면서 빨리 대처하는 능력을 키우는 것도 효과적이다.


## | 2 | 포수 훈련

### (1) 공 받기

앞에서 포수를 '수비의 엄마'라고 칭했다. 엄마 중에도 뺑덕어멈이 아니라 신사임당이 되려면 우선 투수의 공을 잘 잡아줘야 한다. 자기는 공이 술술 새게 하면서 야수들에게 소리나 빽빽 지르는 포수는 그야말로 뺑덕어멈이다. 기본적으로 주어진 일을 충실히 성실히 수행하는 자세가 포수에게는 가장 중요하다.

포수가 공을 받을 때 가장 좋은 자세는 넓게 앉아서 투수에게 안정감을 주는 것이다. 그러나 이 자세로 오래 앉아 있으면 무릎에 무리가 가 갑자기 일어나려고 해도 움직이지 않을 경우가 있다. 그래서 장딴지 뒤에 패드를 끼워서 무릎을 보호하는 것이 좋다. 연골이 마모되어가는 중년의 나이니만큼 각별히 신경 써야 하는 부분이다.

포수는 투수의 공을 계속 받아주는 것만으로도 충분한 훈련이 된다. 투수를 위한 훈련으로 보이지만, 포수에게도 훈련인 것이다. 그런데 장시간 무릎을 굽히고 앉아 있을 수 없기 때문에 약간 구부정한 자세로 받는 하프 피칭 훈련도 추천할 만하다.

## (2) 블로킹

주자가 있는 상황에서 포수가 공을 빠트리면 곧바로 진루 혹은 실점의 상황이 연출된다. 그래서 포수는 말 그대로 '온몸을 던져' 공을 막아야 한다. 포수에게 갑옷을 입힌 이유는 바로 여기에 있다. 그러자면 공에 대한 두려움도 없어야 하는데, 다행히 사회인 야구에서의 투구는 빠르지 않기 때문에 맞아도 그렇게 심한 부상을 입지는 않는다. 게다가 든든한 갑옷이 있지 않은가.

블로킹 연습은 축구에서 골키퍼가 여러 방향으로 오는 공을 잡았다가 던지는 훈련처럼 다양한 방향의 공을 던져주는 방법도 좋지만, 팀 내에서 가장 제구가 안 되는 선수의 투구를 받게 하는 방법이 제일 좋다.

## (3) 파울 타구 잡기

포수가 잡아야 하는 파울 타구는 보통 공의 아래쪽에 맞아 공중으로 뜬 타구이다. 그래서 엄청난 스핀이 걸렸다는 점을 감안해서 잡아야 한다. 아래 그림에서처럼 타구가 본부석 또는 관중석 방향으로 떴다가 낙하할 때는 경기장 안쪽으로 휘어진다. 따라서 포수는 마스크를 벗자마자 몸을 관중석 방향으로 틀어 공을 바라봐야 한다. 연예인 야구팀에서 이하늘 포수가 매번 이렇게 꾸준히 연습한 결과 얼마 전 한 게임에 무려 파울볼을 두 개나 잡는 쾌거를 올렸다. 본인도 흐뭇해했지만 연습을 시킨 나도 진한 보람을 느꼈다.

그러나 무리하지 말자. 그물 가까이로 타구가 떨어지면 잡기 어렵다. 괜한 의욕과잉으로 그물에 매달렸다가 놓친다면 마치 그물에 걸린 짐승처럼 서럽다. 또는 공만 보고 쫓아가다가는 덕아웃

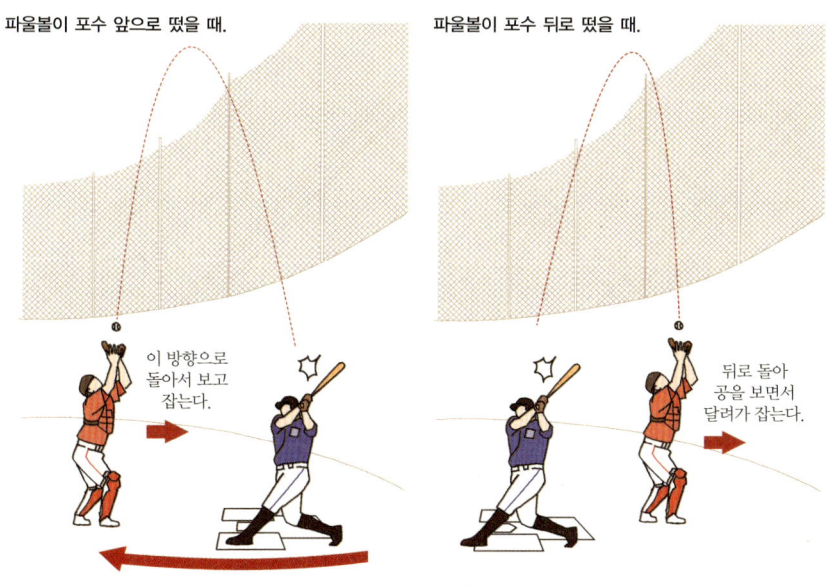

파울볼이 포수 앞으로 떴을 때.

이 방향으로 돌아서 보고 잡는다.

파울볼이 포수 뒤로 떴을 때.

뒤로 돌아 공을 보면서 달려가 잡는다.

포수의 파울볼 잡기.

안으로 떨어지거나 스탠드 쇠 기둥에 부딪힐 수 있다.


## | 3 | 내야수

### (1) 송구

앞의 기본 훈련에서 타구 수비에 대한 일반적인 설명은 되었다고 보고 송구에 대한 설명만 덧붙이기로 한다.

송구의 올바른 자세에 대해서 짚고 넘어가야 한다. 대개 타구를 잡은 즉시 던지다보니 자세가 흐트러지는 경우가 다반사이다. 성격 급한 분들은 타구를 잡는 순간 시선이 1루나 던지는 방향으로 가 있기 때문에 공이 어떤 상황인지 체크하지 못해 에러가 발생한다. 우선 완벽하게 타구를 잡길 바란다. 그 뒤에 공을 빼서 던지는데, 하체가 온전한 자세가 아닐 때에는 방향 바꾸기와 스킵 동작을 통해서 재정비한 후 완벽한 동작으로 던져줘야 한다.

프로 선수들은 방향을 바꾸는 시간을 줄이기 위해 타구를 받은 방향 그대로 던질 수 있는 사이드암side arm 송구를 하기도 한다. 그러나 웬만해서는 경력과 실력을 갖추지 않은 사회인 야구 선수에게 추천하고 싶지 않다. 물론 잘 던질 수만 있다면 수비 속도가 빨라지는 것은 사실이다. 그러나 어지간하면 방향을 틀어서 오버로 던져주길 바란다. 사이드로 던지면 좌우로 빠져서 에러가 크게 나지만, 오버는 잘못 던진다 해도 위나 아래이기 때문에 그나마 상대적으로 정도가 약한 에러가 나기 때문이다. 특히 3루수의 경우 사이드로 던지면 각도가 벌어져 악송구가 될 가능성이 크다. 좀 늦더라도 오버로 던지는 것이 비교적 안전하다.

송구 연습은 펑고 타구를 잡아서 1루로 송구하는 것이 가장 좋지만, 흔히 하는 캐치볼로도 가능하다. 한쪽이 타구처럼 바운드 볼을 던져주고, 이를 받은 한쪽이 송구하는 방식으로 하면 펑고 훈련과 유사한 연습이 될 수 있다.

### (2) 베이스 수비 연습

특히 1루는 주자를 묶어둘 필요가 많아서 타구 수비할 때도 약간의 방법이 필요하다. 투수가 공을 던지기 전까지는 베이스를 밟고 있어야 한다. 견제구를 받아줘야 하기 때문이다. 그러나 공을 던지는 순간부터는 타구 수비에 뛰어들어야 하는데, 타구의 방향을 보면서 자신에게 오면 잡아서 2루로 던지든가, 늦으면 직접 포스아웃하든가 해야 한다.

2루수는 1루의 주자의 진루를 막아야 하는 임무가 있지만 대부분은 유격수가 이 자리를 커버한다. 2루수보다 유격수가 타구를 받아 베이스를 밟기에 용이하기 때문이다. 그리고 주자가 도루에 성공해 2루에 있다 해도 베이스에 계속 붙어 있을 필요는 없지만 한 번씩 묶어줄 필요는 있다.

일반적으로 당겨치는 타자가 많기 때문에 3루수는 타구 수비가 많다. 그러나 주자가 있는 경우는 2루수처럼 한 번씩 묶어주는 정도가 적당하다. 사실 3루에 무리한 견제를 하다가 공이 빠지면 곧바로 실점이기 때문이다.

# 잘 치고 잘 잡고 잘 달리는
## '바람의 아들' 이 종 범

이종범 선수.

🔴 아직도 선배님을 최고의 유격수로 뽑는 팬들이 많은데요……

그렇죠. 원래 유격수로 죽 하다가, 아시겠지만 일본에서 선수 생활하면서 큰 부상을 당했어요. 투구에 팔꿈치를 맞아서 포지션을 외야수로 옮길 수밖에 없었습니다. 사실 지금도 마음이야 유격수를 하고 싶지만 정말 마음뿐이에요. 계속 유격수로 뛰지 못한 것에 대해 팬들에게 죄송하다는 말씀 드리고 싶습니다.

🔴 좋은 유격수가 되는 법, 수비를 잘하는 법이 있다면?

유격수는 타고난 강견이어야 한다고 생각해요. 어깨가 좋지 않으면 송구가 안정되지 않아요. 그 다음이 안정된 풋워크Foot work. 이 두 개가 받쳐줘야 빠르고 안정된 플레이가 나옵니다. 강한 어깨는 어느 정도 타고나야 하지만 풋워크는 계속 연습하면 향상될 수 있습니다.

● 현재 프로 야구에서 최고의 유격수는 누구라고 생각하시는 지?

두산 베어스의 손시헌 선수라고 생각해요. 앞서 말한 것처럼 어깨가 매우 좋고 스피드와 안정감 모두 갖추고 있는 것 같습니다. 게다가 눈빛도 똘망똘망하고……

● 은퇴 이후에는 어떤 길을 가실 것인지?

아무래도 야구를 사랑하고 야구를 계속 해왔으니까 지도자의 길로 갈 겁니다. 이제부터는 스타나 고참이 아닌 초보자로서 배워야겠지요. 열심히 공부해볼랍니다.

● 사회인 야구에 대해서 한마디?

정말 프로 야구 선수들보다도 더 열정이 많으신 분들인 것 같아요. 그 분들이 야구를 사랑해주시니까 솔직히 저희들도 더 힘이 납니다. 이분들께 한마디 올린다면 항상 스트레칭 많이 하시고 근력 강화 훈련 많이 하셔서 부상 없이 야구를 즐기시길 바랍니다. 고맙습니다.

# | 4 | 외야수

## (1) 내야 송구

외야로 땅볼 타구가 흘러 왔다면 일단 안타이다. 그런데 이 타구를 잡고도 어디에다가 줘야 할지 머뭇거리는 경우가 많은데, 이때 주자가 3루에 있다면 홈으로 뛸 수 있다. 그래서 외야수는 공을 잡으면 무조건 앞에 있는 내야수에게 공을 빨리 넘겨야 한다. 일단 공이 내야수에게 오면 주자가 진루하기 어렵기 때문이다.

## (2) 경기 집중

이건 솔직히 사회인 야구팀 코치로서 갖는 노파심일지도 모른다. 그러나 실제로 야구장에 가보면 이런 분들 가끔 계신다.

투수가 너무 못 던져서 계속 4사구로 주자를 내보내면 외야수들은 심심해진다. 자신에게 공이 오지 않을뿐더러 타격도 안 나오기 때문이다. 날은 덥고, 어제 먹은 술은 오르고, 슬슬 졸음이 온다. 눈을 껌뻑껌뻑, 그러다가 무릎이 꺾여서 소스라치게 놀라며 잠에서 깨는 사람도 있다. 영화팀에서 감독을 할 때의 일인데, 한번은 좌익수가 휴대폰 통화를 하다가 타구가 날아 오니까 휴대폰을 집어던지고 공을 쫓아갔다. 운인지 실력인지, 공을 용케 잡긴 잡았는데, 경기에 집중하지 않았기에 어디로 공을 던져야 할지 몰라 멍한 채로 서 있었다.

이런 경우는 아니라도 외야수들의 경미한 건망증이 문제가 되는 경우가 있다. 투 아웃인데도 쓰리아웃으로 알고 잡은 플라이 볼을 다른 야수에게 천천히 던져서 그 틈을 탄 3루 주자가 홈으로 들어온 것이다. 전광판이 없어서 그랬다고 변명하지만, 그래도 경기에 집중하지 않은 것은 사실이다.

## :필 코치의 스퀴즈 퀴즈-2

**다음 중 포수가 파울볼을 잡은 것으로 인정하지 않는 경우는?**

① 심판의 몸에 맞은 파울볼을 잡은 경우

② 포수가 잡으려 할 때 타자가 타석 밖으로 던진 배트를 밟고 넘어진 경우

③ 타구에 마스크나 글러브를 던져서 맞고 떨어지는 공을 맨손으로 잡는 경우

④ 타구가 포수 미트에 들어가지 않고 가슴보호대 안으로 들어간 공을 잡은 경우

⑤ 타구가 본부석의 그물을 넘어갔다가 그물에 뚫린 구멍으로 다시 들어와 잡힌 경우

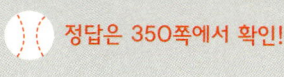 정답은 350쪽에서 확인!

# 3장

# 중급 야구 선수로
# 업그레이드 진화하라

몇 년 전 일이었다. 이제 막 배트에 공을 맞추기 시작한 선수 한 분이 나에게 와서 홈런 날리는 법을 알려달라고 했다. 그러지 말고 토스배팅이나 하자고 했더니, "역시 투수 출신은 타격에 약해"라고 하면서 돌아갔다. 날 뭘로 보고, "이래 뵈도 고교 때까지 홈런 타자였단 말이에요!"라고 말하고 싶었지만, 그러면 더 가르쳐달라고 매달릴 것 같아서 참았다.

〈동물의 왕국〉을 보면 젖을 뗀 새끼 사자가 곧바로 사냥 기술을 배우지는 않는다. 왜? 어미가 안 가르쳐주니까. 어미가 볼 때 네 다리에 근육이 붙고 송곳니가 길게 자라고, 어느 정도 상황 파악을 할 정도의 실력이 쌓이면 그제서야 알려준다. 그래야 학습 효과가 좋아진다는 걸 알기 때문이다. **중급 훈련이란 초급 훈련의 기반 위에 이루어져야 한다. 제 아무리 야구의 천재라 하더라도 기초 훈련을 뛰어넘고 중급 훈련을 받는 일은 없다.**

그럼에도 불구하고 사회인 야구 선수의 대부분은 초급과 중급 훈련을 동시에 연습한다. 너무나도 강한 의욕의 결과인 것이다. 하루빨리 멋진 플레이를 펼치고 싶은 마음은 이해하지만, 기본기 없는 업그레이드는 허공에 짓는 가상의 집과 같다.

# 공통 훈련

아무나 알래스카 할아버지들한테 모시 메리를 팔고 파푸아뉴기니 아줌마들에게 황토 찜질장판을 팔 수 없다. 최소한 스님에게 복음성가 CD를 팔고 목사님에게 목탁을 팔 수 있는 영업 실력 정도는 갖춰줘야 가능하다. 야구도 마찬가지다. 아무나 "쟤는 외계에서 왔나봐"라는 말을 들을 수 있는 것은 아니다. 물론 생김새가 외계인 같다면 가능할 수도 있다. 직구를 잘 던져야 변화구를 던질 수 있고, 직구를 잘 쳐야 변화구를 잘 칠 수 있다. 계단을 한꺼번에 여러 개 뛰어 오르려다 뒤로 자빠져서 다시는 계단을 오르지 못할 수도 있다. 그러니 다시 한 번 자신을 냉정하게 체크하고 업그레이드 하도록!

# | 1 | 타격 훈련

## (1) 변화구 치기

사회인 야구에서도 상위팀 투수들 중에는 간혹 빠른 스피드와 꺾이는 각이 꽤 좋은 커브를 던지는 선수들이 있다. 커브는 공이 투수의 손끝에서 살짝 위로 솟았다가 타자의 머리 부분에서 몸 쪽으로 붙는 듯 뚝 떨어지면서 들어온다. 이런 공을 자주 접해볼 일이 없는 타자는 그저 고개만 절레절레 흔든다. 놀랍다는 것이다. 그러나 절대 놀라워할 이유가 없는 공이 커브다. 직구에 비해 속도가 많이 떨어지기 때문이다. 그래서 보통 왼손으로 공을 잡아놓고 친다는 기분으로 느긋하게 때리면 된다. 급하게 몸을 앞으로 쏠리면서 배트를 휘두르면 절대 변화구에 대처할 수 없다. 그때가 바로 공이 많이 꺾이는 순간이기 때문이다. 중심을 뒤에 두고 기다린다고 생각하고 쳐야 좋은 타구를 만들어낼 수 있다.

좀더 현실적으로 이야기해보면 투 스트라이크 전까지는 직구든 변화구든 자기가 좋아하는 공을 노리고 있어야 한다. 그러나 볼카운트가 몰리면 변화구에 대비하는 것이 효과적이다. 그렇다고 삼진을 피하기 위해 맞추는 데 급급할 것이 아니라 변화구에 대비한 스윙 궤도를 미리 정해놓고 휘둘러야 한다. 그렇지 않으면 왼쪽 어깨가 벌어지면서 치는 순간 축이 무너지게 된다. 물론 결과는 장타로 이어지기 힘들다.

프로 투수들은 장타자에게 직구를 잘 던지지 않는다. 큰 걸 허용할 수 있기 때문이다. 대신 변화구를 많이 던지는데, 그러다보

커브를 치는 스윙. 일반 스윙과의 차이점을 찾아낸다면 당신은 이미 중급!

니 장타자들도 변화구를 공략하는 타법을 익히게 되었고, 오히려 변화구를 좋아하는 타자들도 있다. 손목만 잘 이용하면 제대로 힘을 받아서 멀리 날릴 수 있다. 창과 방패는 서로 부딪히면서 계속 진화하는 것이다.

현재 내가 코치로 뛰고 있는 연예인팀에서도 변화구와 직구를 구분하는 선구안 기르기 훈련을 한다. 그와 병행해 변화구를 쳐내는 연습도 하지만, 공을 제대로 맞추는 건 아직도 힘든 일이다.

그리고 선구안이 아무리 좋아도 결단이 빠르지 않으면 안 된다. '음, 이건 직구 스트라이크군' '오~, 이번엔 커브볼이야'라고 마음속으로만 알고 있으면 뭐하나. 배트가 나가야 한다. 그러기 위해서는 투수의 공 배합을 어느 정도 머릿속에 그려야 한다. 야구 해설자가 "노렸네요"라고 말하는 경우를 종종 들어봤을 텐데, 변화구든 직구든 이번에는 이걸 던질 것이다 하면 일발장전했다가 역시 그 공이다 싶으면 있는 힘껏 방아쇠를 당겨야 한다.

물론 볼카운트를 고려해야 한다. 투 스트라이크 노 볼에서는 절대 투수가 좋은 공을 줄 리 없기 때문에 일단 공을 맞추는 것에 집중하면서 강한 토스배팅을 한다는 기분으로 쳐내야 한다.

선구안에 대해 한마디 덧붙이겠다. 야구 선수들 사이에는 이런 말이 있다. "야구 선수가 늙는다는 것은 팔다리가 아니라 눈이 쇠약해지는 것이다." 물리적으로 시력이 나빠진다는 말도 되겠지만 공에 대한 반응이 느려진다는 의미가 더 크다. 베테랑 선수가 빠른 직구보다 변화구에 강한 이유가 여기에 있지 않을까?

절대절명의 순간! 선구안을 가져야 한다.

## (2) 장타 치기

사회인 야구 선수 중에는 제발 오늘 경기만큼은 타구가 외야로 훌쩍 넘어가게 해달라고 그 누군가에게 기도하는 사람들도 있다. 오죽 땅볼이 많으면 그렇게까지 하겠는가. 실제로 사회인 야구 경기에서 외야를 넘기는 장타는 매우 드물다. 몇 년을 쳐도 계속 외야를 못 넘기는 사람도 많다. 안타고 뭐고 소용없다. 플라이아웃이 되더라도 공을 좀 시원하게 멀리 날려봤으면 좋겠다는 하소연이 나올 만하다.

문제는 앞서 초급 훈련에서도 말했듯이, 스윙에 있다. 물론 체격 조건의 문제도 있지만 오른손목이 왼손목을 너무 빨리 덮어버리기 때문에 팔로우 스윙이 제대로 이뤄지지 않는 것이 첫번째 포인트다.

공을 때린다기보다는 앞으로 죽 밀어낸다고 생각하면 좋겠다. 앞서 공채기에서와 마찬가지로 타구도 회전해야 멀리 날아간다. 그 역할을 해주는 것이 타격에서는 배트다. 즉, 배트로 공채기를 하는 것과 같다. 그래서 맞는 순간에 손목을 틀어 배트의 둥근 면이 둥근 공을 채(회전하)도록 하면서 죽 밀어주면 공을 멀리 날릴 수 있다. 여기에서 더 멀리 날아가게 하려면 배트의 $\frac{3}{4}$ 지점, 흔히 스윗 스팟Sweet spot이라고 하는 부분에 공을 맞출 수 있어야 하고 하체를 적극 이용해 힘을 배트에 모아야 한다.

그리고 또 한 가지, 마음가짐이다. 아무리 장타를 칠 수 있는 자세를 연습했다고 하더라도 의욕이 과하면 손목이 빨리 돌아가는 실수를 범하거나 헤드업이 되기 십상이다. 마음을 비워야 한다. 아무 욕심 없이 휘둘러야 제대로 맞힐 수 있다. 말 그대로 무심타법無心打法. 실제로 나는 무심타법을 경험한 적이 있다. 1992년 봉황대기 준결승전. 모교인 배명고와 인천 동산고의 연장 12회. 그때까지 계속 완투해온 나는 어깨에 힘이 빠져서 큰 타구에 욕심도 없었다. 그저 살아만 나가야겠다고 생각하고 타석에 들었는데, 거의 눈높이의 몸 쪽 공이 날아 오는 것이 아닌가. 순간적으로 도끼로 장작 패듯 배트를 휘둘렀는데, 딱 맞는 순간 죽죽 뻗더니 동대문 야구장의 우측 펜스를 넘기고 말았다. 굿바이 투런홈런! 이 순간이 기억나시는 분들은 박수 좀 부탁…… 나는 18년이 지난 지금 이 순간에도 그때를 생각하면 온몸에 소름이 돋는다.

어쨌든 그때의 스윙은 장타를 위한 정확한 스윙 궤도는커녕 좋은 스윙도 아니었지만, 마음을 비우고 힘껏 휘둘렀기에 큰 타구가 나온 것이라고 생각한다. 역으로 투수 입장에서는 타자가 홈런을 치겠다고 스윙을 크게 하면 오히려 유인구로 삼진 잡기가 쉬워진다.

이 시점에서 우리가 알고 있는 유명한 장타자들을 한 명씩 끄집어내보자.

- 베이브 루스 : 그 당시의 그 나무 방망이와 그 나쁜 공에 그 정도로 많은 홈런을 때렸다니, 배트 나쁘다고 탓하지 말 것.
- 왕정치 : 부친이 중국분이라 중국인이지만 거의 일본 이름 '오 사다하루'로 알려져 있다. 외다리 타법으로 유명했으며 800개가 넘는 홈런을 때렸다.
- 장훈 : 재일교포. 위의 왕정치와 동갑에다 쌍벽을 이루는 안타 제조기였다. 어릴 때 손을 다쳐서 배트 잡기도 어려웠다고 하는데, 3천 개가 넘는 안타를 때렸다고 한다. 어쨌든 자랑스러운 한국인.
- 행크 아론 : 어렸을 때 모 백화점에서 했던 행사에 사인볼을 받으러 갔었다. 그런데 공이 떨어졌다고 난 못 받았다. 그후부터 별로 안 좋아한다.
- 김봉연 : 선배님은 홈런왕에서 교수님으로 전직하셨다. 교통 사고 후에 기른 콧수염이 인상에 남는다. 선배님과 당시 함께 활약하고 있던 김준환, 김성한 두 거포의 첫 이니셜을 합해 해태 타이거즈를 KKK단이라고 칭하기도 했다.
- 이만수 : 헐크. 그 당시 어린이들에겐 정말 최고의 인기인이었다. 심형래가 나오기 전까지는. 메이저리그 코치에 월드시리즈

우승까지 하시고. 요즘 아이들 말로 킹왕짱!

• 장종훈 : 연습생에서 홈런왕으로, 연습생의 성공 신화.

• 마크 맥과이어 : 이 선수 하면 왜 머릿속에 햄버거가 떠오를까?
빅 맥~.

• 새미 소사 : 이 선수는 전철역 이름이 떠오르고, 불법 배트 사
용, 스테로이드 복용이 기억난다.

• 베리 본즈 : 그 오만한 표정과 자세라니. 그러나 그만큼 대단했
던 배팅. 역시 스테로이드 복용이 기억난다.

• 이승엽 : 홈런 하면 이 선수를 떠올릴 수밖에 없다. 누가 뭐라

야구팬들을 열광시켰던 영광스러운 그 이름들.

해도 아시아 최고의 거포. 더이상 아무 말이 필요 없다.

- 김태균 : 진행형이지만, 가능성 높은 홈런왕. 별명이 그리 많다고 한다. 그래서 별명이 김별명?

이 기라성 같은 홈런 타자들에 대한 옛 추억을 되살려보자고 꺼낸 이야기만은 아니다. 이 굉장한 장타자들도 홈런보다는 안타를 더 많이 쳤다. "홈런을 욕심내기 전에 안타를 욕심내라. 그러다 보면 홈런이 자연스레 나오게 마련이다." 이 말을 장타자가 되고자 하는 선수들에게 꼭 하고 싶었다.

# 힘 좋은 '턱돌이' 홍 성 훈

홍성훈 선수.

작년보다 장타율이 많이 올랐는데 그 비결은?

작년에는 노리는 공이 없이 항상 포인트를 뒤에다 놓고 밀어친다고 생각하고 쳤기 때문인 것 같아요. 그리고 심적으로 무빙이 없었어요. 이게 뭐냐 하면 타자가 치기 전에 마음속으로 리듬을 타야 합니다. 그래야 힘을 쓸 때 무리 없이 힘이 나올 수 있어요. 작년은 공이 오면 탁 치는 스타일이었다면 올해는 미리 마음으로나 몸으로나 움직여주고 있습니다. 투수의 모션에 자신의 리듬을 맞춰서 조금씩 흔들다가 내가 원하는 공이 들어오면 주욱 길게 밀어주는 것이죠.

본인의 스윙에 특별한 점이 있다면

특별하다기 보다는 부채꼴 타법(광각 타법)으로 길게 스윙을 한다고 생각합니다. 그리고 스탠스를 좀더 넓게 가져가서 힘을 쓸 수 있는 공간을 만드는 스윙이죠. 예전에는 스탠스가 좁았어요. 그러다보니 스윙이 빠르긴 한데 타격할 때에 힘을 크게 쓸 수 없

었습니다. 한 가지 더 말하자면 대한민국에서 가장 멋있는 스윙이
죠. ㅋㅋ

⚾ 사회인 야구 선수들에게 장타치는 비법을 공개해주시면 감
사하겠습니다.

장타에서 몸을 불리고 근육을 만드는 게 중요한건 아닙니다.
스윙 동작에서 배트에 자신의 모든 힘을 모으는 것이 중요하죠.
그래서 상체의 힘보다는 하체의 힘을 얼마나 잘 이용해서 치느냐
에 따라 단타와 장타가 구분되기도 합니다.

그런데 갑자기 바깥쪽이나 몸 쪽의 직구가 들어오면 자세가
흐트러지죠. 하체의 동작이 제대로 이뤄지지 않아 하체의 힘을 못
받는 거예요. 제대로 된 타구가 나올 리가 없죠. 그러니까 항상 자
기가 노리는 공이 있어야 합니다. 그 공을 칠 스윙을 미리 머릿속
에 그리고 스탠스를 거기에 맞게 잡고 있어야 합니다.

## (3) 밀어치기

초급 훈련에서 설명했던 스윙은 당겨치기이다. 밀어치기는 당겨치기가 숙련되어야 할 수 있는 기술이다. 얼마 전 우리 연예인 팀의 막내 동호가 밀어치기를 했다고 좋아하기에 잘했다고 칭찬해줬던 적이 있었다. 그러나 엄밀히 말하면, 그건 밀어치기가 아니었다. 그냥 바깥쪽 공을 맞추려고 갖다 댄 것인데 운 좋게도 밀어친 타구처럼 뻗어 나간 것이다. 밀어치기는 그리 쉬운 기술이 아니다. 주로 팀 배팅이나 바깥쪽 공을 공략할 때 힘을 빼고 가볍게 코스대로 보낼 때 쓰는 타격 기술이다. 방법은 배트를 우익수 쪽으로 던진다는 느낌으로 스윙하는 것이다. 때문에 시선, 허리, 팔이 모두 전체적으로 우측을 향해야 한다.

밀어치기의 대가를 꼽자면 마해영 선수다. 항상 오픈스탠스를

밀어치기 스윙.

하고 있어서 당겨치기의 명수일 것 같지만, 스윙할 때는 스탠스가 클로즈드로 바뀌면서 밀어친다. 마해영 선수가 밀어친 홈런 중에 가장 멋있는 홈런은 역시 2002년 한국시리즈 결승전에서 나왔다. 역대 최고의 명승부 중 하나로 꼽히는 이 경기에서 9회까지 삼성은 LG에 9대 6으로 끌려가고 있었다. 이 9회 말 상황에 이승엽 선수는 야생마 이상훈 선수가 던진 공으로 쓰리런홈런을 쳐서 동점을 만드는 기가 막힌 장면을 만들어낸다. 더 기가 막힌 건 교체 투입된 최원호 투수가 던진 바깥쪽 공을 때려 만든 마해영 선수의 우월 끝내기 홈런이었다.

### (4) 번트

누가 번트를 쉽다고 말했던가? 번트가 쉽다고 생각하는 사람은 직접 번트를 대보시길 바란다. 프로 선수들도 타격 시간에는

좋은 번트 자세. 사진 왼쪽부터 기본 준비 자세, 1루쪽 번트 자세, 3루쪽 번트 자세.

꼭 번트 연습이 포함되어 있다. 때로는 안타보다 훨씬 어려운 게 번트이다.

사진에서 확인할 수 있듯이 좋은 자세와 나쁜 자세는 그립과 전체적인 자세에서 차이난다. 먼저 그립을 살펴보면 오른손은 지지대이고 왼손이 방향 조정 역할을 한다. 여기서 오른손의 차이를 보면 좋은 자세는 오른손 그립의 경우 움직이기 편하고 빠른 볼에 대처하기 좋지만 나쁜 자세의 그립은 투구에 손을 맞을 수도 있고 순간적인 움직임에 둔하다. 직접 해보면 어떤 차이인지 느낄 수 있을 것이다.

사회인 야구에서 안타수를 가장 많이 올리는 방법 중의 하나가 기습 번트다. 그만큼 수비의 입장에서는 번트를 처리하기 어렵다. 타구를 잡는 것 자체는 그리 어렵지 않지만, 동시에 1루로 송

나쁜 번트 자세.

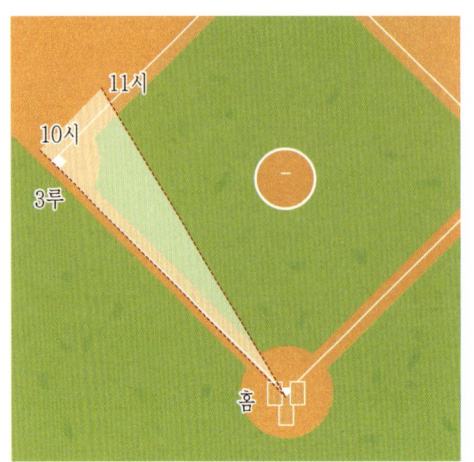
번트 타구가 가야하는 위치(10시에서 11시 방향).

구하는 연결 동작이 어렵다. 달려 나가면서 잡자마자 완벽한 자세가 아닌 상태로 던져야 하기 때문이다. 자신이 좀 빠른 편이라고 생각하면 기습 번트로 상대 팀을 흔들어보는 것도 좋은 작전이다.

번트의 기본 훈련은 공을 배트의 스윗 스팟에 정확히 맞추되 스피드를 죽이고 방향을 잘 조절하는 것이다. 코스는 반드시 시계 방향으로 10시에서 11시 정도로 파울선에 가깝게 붙여줘야 한다. 그래야 파울이 되더라도 다시 칠 수 있는 기회를 얻을 수 있다. 그러나 투수 앞으로 정직하게 떨어지면 더이상의 기회도 날리고 투수의 기만 살려주는 꼴이 된다. 1루 방향도 위험하다. 3루에 비해 송구 거리가 짧기 때문이다. 그리고 타자가 번트 자세를 취하면 투수는 되도록 몸 쪽으로 공을 붙인다. 왜냐하면 몸 쪽 공은 번트를 대기도 어렵거니와 번트를 대도 뜰 확률이 높기 때문이다. 심지어 몸 쪽 공에 번트를 잘못 대면 공이 튀면서 자기 얼굴에 맞는 경우도 있다.

번트는 자세를 잡는 순간부터가 스윙이 시작된 것으로 본다. 그래서 번트를 대다가 공에 몸이 맞아도 데드 볼이 아니라 파울이다. 그러나 공이 홈 플레이트를 통과하기 전에 배트를 뒤로 빼면 스윙으로 치지 않는다. 그리고 번트를 댈 때 타석에 있는 라인을 넘어가거나 밟으면 아웃이다. 김재박 감독님의 트레이드 마크인 '점핑 번트'가 바로 이 규칙 때문이었던 것이다.

좀 다른 이야기지만 번트가 당구에도 있다는 사실, 아마 대한민국 남자분들이라면 대부분 아실 것이다. 어떻게 쳐야 할지 길이 안 보이면 다음 공을 나쁘게 주기 위해 안 좋은 코스로 자신의 공을 툭 밀어넣는 것이다. 번트, 즉 또 다른 의미에서의 디펜스이다. 번트라고 이름을 붙인 것은 미리 정한 위치에 '툭' 갖다 대는 타법이 비슷해서인 것 같다. 어쨌든 나 역시 짠 당구 300으로 얼마 전 연예인 당구 시합에도 나간 적이 있었다. 결승전에서 배우 유태웅 씨와 붙었는데, 막상막하 스코어에서 길이 100% 안 보이는 공을 맞게 되었다. 어쩔 수 없이 상대방이 못 칠 것 같은 위치에 번트를 댔다. 자리에 돌아와 '설마 저걸 치겠어' 했는데, 웬걸 유태웅 씨는 별로 고민도 하지 않고 풀어냈다. 번트 작전 실패. 나는 그 포인트에서 흐름이 뒤집혀 그만 승리를 놓쳐버리고 말았다. 그때 다시 한 번 깨달았다. 번트는 역시 어렵구나. 도대체 누가 번트를 쉽다고 했던가?

## | 2 | 주루 훈련

### (1) 만루 상황

만루는 큰 기회의 순간이지만, 반대로 큰 위험이 도사리고 있는 상황이기도 하다. 모든 베이스에서 포스아웃을 할 수 있기 때문에 제대로 된 타구가 나오지 않으면 타자뿐만 아니라 주자도 함께 아웃되는 경우가 많다. 그래서 만루 상황이라는 득점 찬스를 병살타로 날려버리는 것은 축구로 치면 골대 앞에서 상대 수비수의 반칙으로 패널티킥을 받아냈는데, 실축으로 천금 같은 득점 기회를 놓쳐버린 것과 같다. 분위기는 말 그대로 급랭. 덕아웃 썰렁, 관중석 야유, 물론 당사자는 고개를 제대로 들지 못할 정도로 괴로워한다.

만루의 주루 플레이는 아웃카운트에 따라 다르다. 먼저 노 아웃, 원 아웃 상황에서 내야 땅볼일 때 주자는 무조건 뛴다. 사실 뛰지 않으면 안 된다. 그런데 이때 신경 써야 할 사항은 반드시 수비수를 정면으로 보고 뛰라는 것이다. 그래야 뒤에서 던지는 수비수도 시야가 가려지고 받을 수비수도 공이 잘 안 보이기 때문이다. 2009년 월드 베이스볼 클래식 일본전에서 일본 1루수가 2루에 던진 송구가 고영민 선수의 등에 맞아서 공이 빠졌던 적이 있었다. 바로 이런 상황을 의도적으로 유도한 주루 플레이였다. 그렇지 않으면 더블아웃이 될 타이밍이었다. 요란한 슬라이딩도 이런 더블아웃 플레이를 조금이라도 방해하기 위한 노력이라고 볼 수도 있다.

땅볼이 아닌 라이너 혹은 플라이 타구일 경우, 뛰지 말고 일단 정지하거나 한 발 뒤로 빼서 타구를 지켜보고 판단한다. 간혹 타자가 풀카운트 상황이라고 무조건 뛰시는 분들이 있는데 공이 뜨는지 땅에 튀기는지는 보고 뛰어야 할 것이다. 게다가 세 명이 함께 움직여야 하기 때문에 절대 혼자만 판단해서 뛰었다가 선행 주자를 만나는 일이 없도록 해야 한다.

투 아웃일 경우, 모든 타구에 스타트를 해야 한다. 더더욱 풀 카운트에서는 아무 생각 없이 뛰어도 된다. 스윙이든 스탠딩이든 삼진이면 아웃이고 볼이면 밀어내기이기 때문이다.

## (2) 도루의 기술

도루를 잘하는 선수들의 공통점은 '달리기를 잘 한다'가 아니다. '눈치가 빠르다'이다. 투수와 포수의 타이밍을 뺏는 스타트가 도루의 성패를 가른다. 따라서 도루맨들은 언제 뛰어야 하느냐에 대한 감각이 뛰어나다. 보통은 다음의 세 가지를 보고 스타트를 끊는다.

투수의 사소한 버릇 하나까지 분석하는 자세로부터 도루왕은 태어난다.

① **투수의 뒤꿈치** : 보통 빠른 주자가 1루에 있다면 투수는 세트 모션을 취하다가 플레이트를 밟고 있는 오른발 뒤꿈치를 살짝 들면서 견제를 한다. 그래서 도루를 하려 할 때는 투수의 뒤꿈치를 노려본다. 떨어지지 않고 왼발이 움직이기 시작하면 견제가 아닌 투구이므로 그 순간에 스타트한다.

② **투수의 버릇** : 투수마다 견제와 투구할 때의 버릇이 다르다. 미세한 차이지만 그것을 찾아낸 주자는 도루할 때 유리하다. 가령 나의 경우는 견제를 마음먹었을 때 왼쪽 어깨가 살짝 올라간다.

③ **볼카운트** : 볼카운트 상 느린 변화구를 던져서 타자의 헛스윙을 유도하는 상황이라면 뛰기 쉽다. 공의 스피드가 떨어지고 포수가 잡는 동작도 최상이 아니기 때문이다.


또한 주자 1-3루 상황에서는 도루도 협업을 해야 한다. 1루 주자가 2루로 도루할 때 3루 주자도 베이스에서 스타트를 하는 척 해줘야 포수가 3루로 눈을 돌려 시간을 벌 수 있다.

내가 아는 한 도루를 가장 화끈 통쾌하게 하는 선수를 꼽으라면 정수근이다. 1998년부터 2001년까지 무려 4년 동안 도루왕이었다. 물론 그전에는 김일권, 전준호, 이종범 선배와 같은 더 대단한 대도大盜들도 있었고 현재는 이종욱, 이대형, 정근우 선수 등도 있지만, 화끈한 허슬 플레이로 팀의 분위기를 살리는 데는 정수근 선수만한 이가 없었다. 1루에서도 무조건 헤드퍼스트 슬라이딩을 펼치는 열혈 오버맨 정수근. 덕아웃이든 타석이든 루상이든 액션도 크고 말도 많아서 카메라에 가장 많이 잡히는 선수이기도 했다. 때론 너무 오버해서 상대 팀 투수에게 빈볼을 맞기도 했다. 그럼에도 불구하고 침체된 팀의 분위기를 시원한 도루 하나로 살려내는 분위기 메이킹 능력은 타의추종을 불허했다.

그러나 OB 베어스에서 롯데 자이언츠로 옮긴 뒤 몇 번의 불미스러운 사건들로 결국 선수 생활을 접을 수밖에 없었다. 정수근 선수가 야구 선수 생활을 접게 됐을 때 나와 홍성흔 선수, 정수근 선수 이렇게 친했던 셋이서 술을 마시며 많이도 울었다. 다행히 자신의 잘못을 깨끗이 인정하고 새 출발을 하겠다는 정수근 선수의 다짐에 마음이 좀 놓였지만, 아직도 안타까운 건 사실이다. 가끔 야구 하이라이트 해설을 하다가 도루 장면이 나오면 정수근 선수 이야기를 꺼내려다가도 혹시나 해서 다른 선수 이야기로 바꿀 때가 있는데 정말 가슴이 아프다. 언젠가 다시 착실한 야구인의 모습으로 돌아와 후배들에게 자신의 재능을 많이 나눠줬으면 좋겠다.

# 포지션별
## 훈련

어떤 자리를 잘 지키려면 그 자리가 가지고
있는 특징을 잘 파악해야 한다. 그 옛날
유명한 장수들은 지형지물의 특성을 이용해서
적의 공격을 막아냈다. 을지문덕 장군의
살수대첩이나 이순신 장군의 명량해전은 적이
어떻게 공격해올지 미리 알고 그보다 한 발 앞
서 대비한 더블아웃 플레이 혹은
트리플아웃 플레이에 해당된다. 야구는 전투가
아니기에 힘센 장수보다 영리한 선수가
필요하다. 자기가 맡은 포지션의 특징을 잘
파악하고 있어야 좋은 수비가 나올 수 있다.

## (1) 변화구 던지기

직구에 자신이 있고 공채기가 잘된다고 생각하는 분들은 변화구 던지기에 도전해볼만 하다. 실전에서 대놓고 쓸 정도의 수준은 아니더라도 아주 가끔 허를 찌르는 변화구로 타자의 기를 죽이면서 자신의 기를 살리는 비밀 병기로 활용하면 좋을 것이다.

일반적으로 인터넷이나 야구 교본에 소개된 변화구는 다음과 같이 다양하다.

변화구 그립

투심.

커브.

너클 커브.

슬라이더.

너클.

포크.

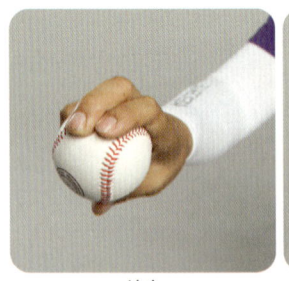
싱커.

써클 체인지업.

벌칸 체인지업.

　　모든 변화구를 다 잘 던질 수 있는 투수는 메이저리그에서도 드물다. 그래서 여기에서는 사회인 야구에서 유용하고 던지기 쉬운 커브에 대해서만 전체 동작으로 보여주도록 하겠다.

　　그립만 잡는다고 그대로 공에 변화가 생기는 것은 아니다. 그립을 잡을 때도 실밥을 꾹 눌러줘서 손에 잡히는 느낌이 확실하게 들어야 한다. 그래야 던지는 순간 빠져나가지 않는다. 변화구의 생명은 회전력이기 때문에 얼마만큼 회전을 많이 주느냐에 따라

커브 던지는 팔의 동작.

서 낙차가 좌우된다. 그래서 엉성하게 그립을 잡으면 회전력이 떨어질 수 밖에 없고 큰 변화가 없는 밋밋한 커브가 된다.

변화구는 연습을 꾸준히 한 후에야 조금씩 조금씩 눈에 보이는 차이가 생긴다. 만약에 잘 안 되는 변화구가 있다면 과감히 포기하라. 어설픈 변화구는 직구보다 훨씬 못하다. 그리고 변화구하나 성공하려고 근육을 무리하게 쓰다보면 부상이 생길 수도 있다. 토끼 한 마리 더 잡으려다 정작 잡지도 못 하고 잡아놓은 토끼까지 도망가게 할 수 있다는 사실을 명심해줬으면 한다. 그리고 변화구는 전문 코치나 선수 출신에게 1대1 지도를 받았으면 한다. 혼자 판단하고 혼자 연습하다보면 족보에 없는 변화구를 던지게된다. 그나마 좋은 공이라면 다행이겠지만, 대부분 직구와 다를게 없는, 미세한 변화만 있거나 변화는 있는데 너무 느려서 결국타자가 치기 좋은 재물이 되는 공을 던진다.

## (2) 수비

투수 앞 땅볼은 당연히 투수가 처리를 해줘야 하는 타구이지만 너무 빠르고 얼굴 쪽으로 날아온다면 차라리 몸을 숙여서 2루나 유격수가 잡도록 하는 것이 낫다. 괜히 글러브로 건드리기만하고 잡지 못하면 내야 안타가 될 가능성이 높다. 타구가 자신의왼쪽으로 가는 땅볼이면 투수는 자동으로 1루로 뛰어가서 베이스커버를 해줘야 한다. 주자가 주루 속도가 빠르면 뛰어가면서 공을잡아야 하기 때문에 타구를 잡은 수비수(1루수)를 계속 쳐다보면서 토스를 받아야 한다. 그리고 베이스를 밟는 스텝이 엉킬 수 있기 때문에 잔발로 빠르게 뛰어서 스텝을 맞춰줘야 한다. 듬성듬성 크게 뛰면 놓칠 확률이 크고 베이스를 정확히 밟기도 어렵다. 사회인 야구에서 이 정도 수비가 나오면 박수와 함성이 쏟아진다. 조직력, 팀워크의 참맛을 맛보는 순간일 것이다.

번트 수비도 투수의 몫이다. 던지자마자 달려와야 한다. 달려가는 것 자체가 수비이다. 타자에게 위협을 줘서 번트를 제대로 못 대게 하는 효과도 있다. 이 분야의 최고는 한화의 송진우 선배였다. 오죽하면 상대 팀 감독이 송진우 투수만 나오면 번트 작전을 쓰지 않을 정도였다. 타자들이 "공과 함께 달려온다" "번트 대는 순간 앞에 와 있더라"라고 말할 정도로 송진우 선배의 수비는 위협적이었다. 그도 그럴 것이 송진우 선배는 타자가 번트 연습을 하는 만큼 번트 수비 연습을 했다고 한다. 지금은 은퇴하셨지만, 그 성실함, 철저한 자기 관리는 우리 모두가 본받아야할 미덕이라고 생각한다.


| 2 | 포수

(1) 도루 저지

투수가 세트 모션을 취하고 왼발을 드는 순간 주자는 뛰기 시작한다. 이때 투수는 못 보지만, 포수는 보고 있다. 흥분된다. '와우! 저 선수를 잡아서 영웅이 돼야 하는데. 공이여 빨리 빨리. 제발' 하면서 잡자마자 던질 생각을 잔뜩 품고 어깨에 힘을 빡 주고 있는데, 투수의 공이 낮게 들어온다. 이럴 때 사회인 야구에서는 공이 뒤로 빠지거나 던져도 악송구가 된다. 에러 발생. 또는 미트에서 공이 안 빠진다. 이건 그나마 다행이다. 진짜 문제는 흥분이다. 2루 송구는 일단 투수의 공을 잡고 난 다음에 판단해도 된다. 미리 걱정한다고 달리던 주자가 자빠지거나 멈추지 않는다. 2루 도루 정도는 허용해도 상관없다. 오히려 공이 빠트려 3루로 보내지나 말아야 한다. 어차피 사회인 야구에서 1루타는 도루 포함 2루타 혹은 3루타이다. 냉정하게 말해서 2루 도루를 잡을 만한 사회인 야구 포수는 선수 출신을 빼고 거의 없다. 송구도 송구이지만 투수가 폼을 뺏기고 세트 모션도 크기 때문에 잡는 순간 2루까지 반 이상을 간 경우가 많다. 그래서 도루를 허용해도 포수에게 뭐라 하는 사람은 거의 없다. 오죽하면 포수는 10년에 한 번 나올까 말까 하다고 하겠는가. 저 대단한 박경완, 진갑용, 조인성, 강민호 포수도 도루 저지율이 4~5할이다.

그럼에도 불구하고 도루 저지에 큰 뜻을 품은 수비의 어머님이라면 2루 송구 연습을 꾸준히 해주시기 바란다. 송구는 2루 베이스 바로 앞에 떨어지는 것이 가장 좋으니까 그 부분을 목표로, 잡자마자 일어나서 던지는 연습을 꾸준히 하면 좋다. 일어나지 않고 앉아서 던지는 포수도 있긴 하다. 조인성 포수다. 일명 '앉아쏴'. 그러나 이 동작은 아무나 흉내 낼 수 없다. 강한 허리 힘과 상체의 힘이 뒷받침되어야 가능하다. 보통의 사회인 야구 포수는 선자세로 제대로 던지는 연습을 열심히 하자.

그리고 투수와 피치아웃pitch out 사인을 주고받는 것도 도루 저지의 한 방법이다. 피치아웃이란 일부러 스트라이크존에서 멀리 벗어나게 공을 던지는 것을 말한다. 흔히 '볼을 뺀다'는 것인데 상대편의 도루 사인을 읽었거나 주자가 뛸 것이라 판단하면 재빨리 빠져서 공을 잡으면 시야가 좋고 곧바로 던질 수 있어서 아웃시킬 가능성이 높아진다. 그러나 이것도 많은 연습이 필요하고 투수와의 호흡도 잘 맞아야 한다. 스트라이크도 던지기 힘든 투수에게 볼 하나 빼라고 하면 고개를 설레설레 젓는 경우가 적지 않다. 그리고 투수의 공을 잡은 순간 주자가 이미 $\frac{2}{3}$ 이상을 나갔다면 그냥 폼만 멋있게 잡아주고 던지지 않는 것이 낫다.

## (2) 볼 배합

볼 배합을 위해서는 타자와 주자보다 투수의 상태를 먼저 파악해야 된다. 굳이 오늘따라 안 들어가는 공을 요구해 자꾸 바꾸면서 결국 절충하게 되면 그 공이 제대로 들어갈 리 없다. 자신 있는 공을 던지게 하고 잘 받아주는 게 포수의 역할이다. 투수는 그날그날의 컨디션에 따라 잘 던져지는 구질이 있다. 그쪽을 최대한 밀어주면서 타자를 공략해야 한다. 그 다음에 타자를 봐야 하는데, 미리 가지고 있는 정보가 없다면 연습 스윙과 스탠스를 유심히 봐야 한다. 투수가 판단하는 부분도 있겠지만, 포수가 타자와 더 가깝기 때문에 더 정확할 수 있다.

볼카운트에서 초구 스트라이크는 매우 중요하다. 타석에 들어오자마자 한가운데 꽂아넣는 대담함에 타자는 일단 심리적으로 불리해지는 것이고 투수는 유리해지는 것이다. 그러나 처음부터

볼로 시작하면 스트라이크 잡기에 급급해지면서 타자에게 안타를 허용할 확률이 높아진다. 포볼을 허용하지 않기 위해서는 가능한 가운데로 던져 스트라이크를 잡아야 한다. 하지만 그보다 사회인 야구에서는 초구부터 볼을 던지면 투수 스스로 급해져서 포볼로 연결되는 경우가 많다. 게다가 볼이 두 개 연속으로 들어오면 타자는 '저 선수는 스트라이크를 못 던지는 구나' 하고 여유 있게 기다려버린다. 이렇게 투수의 제구가 좋지 않을 때 포수는 마운드에 올라가서 급해진 템포를 죽여주고 엄마처럼 다독거려서 자신감을 불어넣어줘야 한다. 사실 포수를 '수비의 엄마'라고 했지만, '내야의 작은 감독'이기도 하다. 경기 전체의 흐름을 다 보고 있어야 하고 그 상황에 따라 수비를 조정할 수 있어야 하기 때문이다. 그렇다고 감독처럼 너무 나서거나 고압적으로 야수를 대해서도 안 되고 최대한 조직력을 높일 수 있는 방향으로 이끌어나가야 한다.

# 야구장에서는 배우 조인성보다
# 더 섹시한 조 인 성 선수

조인성 선수.

전매특허로 가지고 있는 '앉아쏴' 자세에 대해 묻지 않을 수 없다. 탄생 비화가 있다면?

저는 초등학교 때부터 스냅 볼을 갖고 다녔습니다. 길을 걸을 때도 TV를 볼 때도 계속 공을 회전시키는 연습을 했죠. 지금도 갖고 다니면서 연습합니다. 없으면 허전할 정도니까요. 차에 하나 있고, 구단 버스에, 원정 가방에, 그리고 집에도 있습니다. 어쨌든 이 스냅 볼을 가지고 공회전 연습을 하다가 중학교 때 메이저리그 진기 명기를 봤는데, 이반 로드리게스가 앉아서 2루로 던지는 걸 보고 충격을 받았습니다. 그래서 흉내를 내봤는데 비슷하게나마 되는 겁니다. 그런데 고등학교 때 앉아쏴를 했더니 선배나 감독님이 건방지다고 못 하게 했었어요. 심지어 시합 때는 뒤에서 심판도 뭐라 뭐라 그랬죠. 프로에 와서도 마찬가지였습니다. 특히 도루 허용을 하게 되면 앉아서 던져서 그런 거라고, 왜 남들은 다 서서 던지는데 너만 앉아서 던지느냐…… 그럼에도 불구하고 꾸준히 앉아쏴를 했더니 이제는 더 편하게 된 겁니다.

● 자신만의 볼 배합 노하우를 알려주신다면?

정답은 없어요. 정답이라면 상대의 장단점을 잘 안다는 거죠. 이 타자가 슬라이더를 잘 치는지 커브를 잘 치는지를 알아야 거기에 맞는 볼 배합을 할 수 있어요. 전력 분석 팀의 내용을 보기도 하고 경기 영상을 비디오로 보기도 합니다. 그리고 경기 후에 그날 본 타자들의 성향을 기록해서 공부해두는 것이죠.

● 손톱에 하얀 매니큐어를 칠하고 계시는데?

사실 제가 발랐습니다. 여성분들이 바르는 매니큐어는 아니구요. 포수는 빠른 공을 잡거나 디펜스를 하다보면 손톱이 깨지거나 피멍이 잘 들거든요. 그래서 손톱 보호 차원에서 반창고를 붙이고 그 위에 무색 매니큐어를 바른 겁니다.

● 사회인 야구 선수들에게 도루 저지에 대한 방법을 알려주신다면?

글쎄요. 이경필 코치도 잘 아시겠지만, 포수는 매우 어려운 포지션입니다. 맡은 역할도 많고 그리고 그 역할들이 다 어렵습니다. 그중에서 도루 저지는 제일 어려운 역할입니다. 경험과 체력, 좋은 어깨를 가져야 합니다. 그리고 상체보다는 하체의 체력이 더 중요하니까 하체 운동을 꾸준히 하셔야 되구요. 도루 저지는, 일단 투구 캐칭이 좋아야 합니다. 그리고 글러브에 손을 넣자마자 공의 실밥을 포심으로 한 번에 잡아야 합니다. 그래야 빠르고 정확하게 날아갑니다.

● 사회인 야구 선수들에게 한마디 해주신다면?

야구가 정말 좋아서 좋지 않은 여건에서도 열심히 하시는 사회인 야구 선수들을 보면 나는 정말 무언가, 나는 왜 이렇게 나태한가 하면서 반성하기도 하고 그럽니다. 오히려 제가 배울 점이 많다고 생각합니다.

사회인 야구 포수들을 보면 제가 봐도 힘들어 보입니다. 그렇지만 열심히 하는 모습을 보면 정말 좋습니다. 기회가 된다면 사회인 야구팀에 가서 좋지 않은 기술이나마 전수해드릴 것이 있으면 도와드리고 싶습니다. 불러주세요!

# | 3 | 내야수

## (1) 더블아웃 플레이

보통 더블아웃 플레이는 6→4→3 이다. 유격수(6번)가 잡고 토스해서, 2루수(4번)에 포스아웃, 1루수(3번)에 송구 아웃. 더블아웃 플레이가 가능하기 위해서는 1루에 주자가 나가 있어서 2루에서 포스아웃을 시켜야만 한다. 태그아웃이면 주자를 기다려야 하기 때문에 타이밍상 불가능하다. 언젠가 사회인 야구 시합에서 1루수가 땅볼 타구를 잡아 베이스 밟고 다시 2루로 송구했지만 태그를 하지 않고 아웃이라고 우기는 걸 본 적이 있다. 아마 포스아웃이라고 여겼나본데, 1루부터 아웃시키는 더블아웃 플레이의 경우, 1루 주자가 아웃된 뒤기 때문에 2루는 태그아웃을 해야 하는 상황이 된다.

더블아웃 플레이의 포인트는 타구 수비도 있겠지만, 토스가 중요하다. 토스도 방법이 있는데, 절대 손목을 이용해서 던지거나 손가락으로 공을 채는 동작을 해서 공에 회전을 주면 안 된다. 토스는 손바닥으로 밀듯이 해야 높이 솟지 않고 길게 원하는 방향으로 날아간다. 손바닥이 중요하다.

그 다음은 토스를 받은 사람의 송구다. 주로 2루수가 담당하는데, 베이스를 밟으면서 한 발 나가며 던지는 스텝이 중요하다. 프로에서는 곧바로 던지지만 사회인 야구에서는 한 발 앞으로 나가거나 한 발 뒤로 빠지든가 하는 식으로 공에 따라 선택을 하며 던지는 것이 중요하다. 이때도 절대 서두르면 안 된다. 더블아웃

토스하는 법

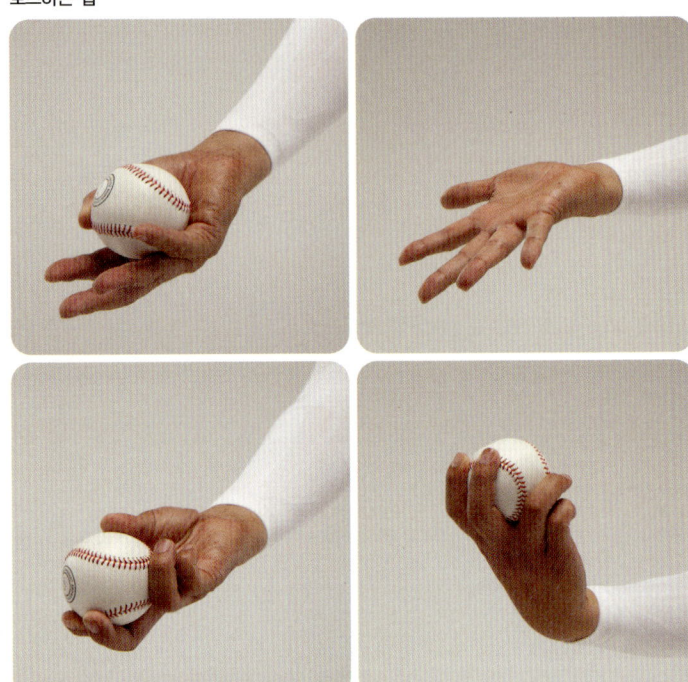

배구에서 스파이크와 토스가 다르듯이 야구에서도 송구와 토스는 그 방법이 다르다.
좋은 토스 동작(위), 안 좋은 토스 동작(아래)

은 못 만들더라도 에러를 범해서는 안 된다.

　사회인 야구에서 더블아웃 플레이는 아주아주 가끔 나온다. 우리 연예인팀에서도 2년 동안 딱 한 번 있었다. 그래서인지 그 가치는 홈런 이상이다. 물론 아직 홈런은 없지만……


(2) 러닝스로

　공을 잡자마자 던지기 때문에 다이빙 캐치에 버금가는 멋있는 플레이다. 물론 사회인 야구 선수가 제대로 하기에는 무리가 있긴 하지만, 경기에 집중하다보면 가끔 러닝스로Running Throw를 성공 하기도 한다. 러닝스로는 처리하기 어려운 타구를 잡았을 때, 발이 빠른 주자나 타자가 있을 때 한다. 그런 경우가 아니라 타이밍이 넉넉할 때는 괜히 폼 잡을 필요가 없다. 그러다 잘못하면 팀 사기만 떨어뜨릴 뿐이다.

러닝스로의 방법은 아이러니하게도 스텝 없이 던지는 것이다. 용어 그대로 달리면서 던지는 것은 런다운 수비할 때이다. 타구를 잡으려고 달려가다가 잡은 뒤에는 배구의 스파이크처럼 공중에 붕 떠서 쏘거나 옆으로 기울면서 던지는 것이다. 어쨌든 두 발이 완전히 바닥에 닿아서 던지는 것이 아니다. 공이 높을 때는 점프 해서 잡아 던질 수도 있고, 낮을 때는 잡아서 점프한 뒤 방향을 틀어 던질 수도 있다. 또한 넘어지기 전 마지막 스텝에 힘을 줘서 던지기도 한다. 하체의 힘을 안 받는 것 같지만, 마지막 스텝에서 힘을 허리로 올려 송구 동작까지 연결하기 때문에 하체의 역할도 중요하다. 2루수의 경우에는 점프해서 던지는 경우가 많기 때문에 마치 배구 선수가 스파이크를 날리는 것과 흡사하다.


## | 4 | 1루수 수비

사회인 야구에서 1루수의 문제점은 베이스에 너무 묶여 있다는 것이다. 땅볼이 나면 무슨 노예처럼 한 발에 족쇄가 채워져 있는 것처럼 행동한다. 공이 오려면 한참 남았는데, 벌써 베이스에는 강력접착제가 양생중이다. 어떤 선수는 미리부터 다리를 찢고 기다린다. 공이 어디로 날아올지 정해지지도 않았는데, 다리를 찢으면 어떡한단 말인가. 아마도 프로 원년의 신경식 선수의 학다리 찢기에 너무 사로잡혀 있는 건 아닌지?

앞서 말했지만, 1루가 포스아웃이라 해도, 송구가 안 좋을 수 있기 때문에 베이스에 미리 다리를 묶어놓을 필요가 없다. 때로는 베이스를 포기하고 공을 잡아야 할 때도 있다. 에러가 나면 주자가 2루까지 갈 수 있기 때문에 아웃은 포기하는 것이다. 그럼에도 불구하고 다리까지 찢는 분들은 이해할 수가 없다. 공이 높게 날아오면 어떡하시려고?

1루는 사교의 공간?

다시 강조하지만 공이 어디로 날아올지 모르기 때문에 미리 다리를 뻗으면 안 된다. 공을 제대로 잡기 위해서는 앞으로 내민 발이 공이 오는 방향에 따라 움직여줘야 한다.

두번째로 1루는 주자를 가장 많이 만나는 베이스다. 그래서인지 가끔 선수끼리 대화하는 장면이 카메라에 잡히기도 하는데, 최근에는 주자와 이야기하면 벌금을 내야 하는 경우가 많다. 경기에 집중하지 않는 것처럼 보이기 때문이다. 그렇지만 가벼운 인사 정도는 한다. 어찌 보면 선수 간의 친교 방법이기도 한 것이다. 그렇다면 과연 어떤 이야기가 오갈까.

1위 : 너 요새 잘 치더라. / 선배도 잘 치시던데요.
2위 : 아까 친 공이 뭐니? / 슬라이더 같던데요.

대부분은 그날의 경기에 대해 이야기한다. 그렇지만 드물게는 생뚱맞은 이야기를 주고받기도 한다.

3위 : (원정팀 입장에서) 이 동네 맛있는 식당 좀 알려줘라.
4위 : 너 요새 여자친구 생겼다며?
5위 : 결혼 축하해!
6위 : 새로 산 차 어떠냐?

대화도 좋지만, 경기에 집중해야 한다. 일부러 상대 선수의 집중력을 흐트러뜨리기 위해 농담을 거는 야비한 행위도 금물이다.

비위 상하는 이야기를 하거나 투덜대는 것도 나쁘다. 그저 간단한 인사나 칭찬 정도 하는 것이 좋다. 선수들은 서로가 동업자라는 정신을 잊지 말아야 한다.

# 작전

야구에서는 볼 하나, 스윙 하나, 사소한 주루 동작에도 벤치의 작전이 들어갈 수 있다. 왜냐하면 그 사소한 하나가 경기의 흐름을 바꾸거나 심지어 뒤집을 수도 있기 때문이다. 그래서 저 유명하신 레너드 코페트[39]는 작전을 지시한 감독은 그 결과에 따라 한 이닝에도 천재와 바보를 오갈 수 있다고 말했다[40].

그러나 사회인 야구에서는 작전이 제한적이다. 이를 제대로 수행할 수 있는 선수가 드물어서 괜히 작전을 걸었다가 실책으로 이어져 경기 흐름을 불리하게 만들기 십상이기 때문이다. 그럼에도 불구하고 작전을 알아야하는 이유는, 작전은 곧 규칙의 응용이며 '생각하는 야구'를 실현하는 핵심이기 때문이다.

# | 1 | 용병술

## (1) 타순

타순을 정하는 일도 감독의 작전 중 하나다. 기본적으로 그날의 컨디션과 타격 감각이 최우선적이겠지만, 상대 팀의 투수(우완, 좌완)에 대한 타율, 수비 등도 고려해야 한다. 그리고 무엇보다도 그날 쓸 작전을 제대로 수행할 수 있는 타순이 중요하다.

타순에서 고려할 몇 가지 사항을 예를 들어 설명해보자. 먼저, 타격이 좋다고 발이 느린 타자를 4번과 5번에 붙여놓으면, 병살의 위험이 높다. 백투백 홈런back to back home run, 즉 2타자 연속 홈런이 기대되는 연속 거포 타순이 꼭 좋은 것만은 아니다.

좌타자, 우타자를 번갈아 배치하는 것이 가장 이상적이다. 물론 좌타자가 없다면 어쩔 수 없겠지만, 있다면 출루율이 좋고 발이 빠른 주자 다음에 배치시켜 도루에 도움이 되도록 한다. 그리고 플라이 볼이나 번트를 잘 치는 타자도 출루율이 좋은 타자 뒤에 배치해서 희생타구로 점수를 낼 수 있도록 한다.

1번 타자는 출루율이 좋고 발이 빨라야 한다는 것은 다 아는 이야기지만, 거기에다 성격도 쾌활하고 외향적이면 더 좋겠다. 우리 팀의 분위기를 올리고 상대 팀을 흔들어줄 수 있기 때문이다. 야구는 멘탈 게임이지 않은가.

하위 타선이라고 해서 타격 감각이 떨어지는 선수만 배치시키는 것도 썩 좋지 않다. 다크호스격의 불방망이나 선구안이 좋아서 출루율이 좋은 선수를 한 명 정도 끼워두는 것도 작전을 펼칠 때 유리하다.

그리고 타순은 선수들의 심리에도 많은 작용을 한다. 같은 1군에 주전이지만, 4번을 치다가 8, 9번을 받으면 지난 성적의 부진에 따른 강등 조치이며, 2군 하락도 준비하라는 감독의 메시지가 담겨 있다고 느낄 수 있다. 반대로 8, 9번이 3, 4번으로 오르는 것은 타격 감각의 상승세를 인정해주면서 팀 승리에 공헌한 점에 대한 보상의 의미도 있을 수 있다. 타율이 그저 그랬지만 상위 타선으로 올랐다면 잠재된 장타 능력을 끄집어내보라는 격려와 자신감 부여를 위한 조치일 수도 있다.

드문 경우이지만, 팀 내에 동명이인의 선수가 있을 수 있다. 적절히 구별해주지 않으면 벤치나 팀원들, 심판과 상대 팀, 관중, 심지어 자신들도 헷갈릴 수 있다. 과거 MBC 청룡의 김바위 선수[41]는 원래 이름이 김용운이었다. 그런데 동명의 선수가 이미 있었기에 새로 이름을 바꿨다. 그후로도 팀 내 동명이인은 있었지만 개명까지 한 사례는 없었다. LG 트윈스에는 '트윈스'라는 팀명답게 두 명의 이병규[42] 선수가 있고, SK 와이번스에는 코치 전준호, 선수 전준호가 있다. 가끔 전준호 코치가 아직도 은퇴하지 않고 현역 선수로 뛰고 있는 것 아니냐고 묻는 사람도 있다.

## (2) 지명 타자

지명 타자Designated Hitter, DH는 수비에 가담하지 않고 공격만 전담하는 선수다. 축구로 말하면 하프라인 아래로는 잘 내려오지 않는 원톱 공격수 정도 되겠다. 그래서 매우 잘 치는 선수가 지명 타자로 임명된다(수비를 못해서가 아니다).

그러나 능력이 아니라 타순이라는 측면에서 보면, 야구는 9명인데 그중 투수가 타격을 하지 않기 때문에 빈자리를 지명 타자가 대신하는 것이다. 그래서 어떤 의미로는 '대타'이다. '롱 타임 대타'라고나 할까.

어쨌든 이 제도를 처음 만들어낸 것은 메이저리그 중에 아메리칸 리그라고 한다. 리그 전체 타율이 너무 낮은데 문제가 있다고 생각한 리그 관계자들이 타율이 낮은 투수를 타순에서 빼고 타격 감이 좋은 선수를 넣어본 것이다. 결과적으로 리그 전체의 타율이 오르긴 했지만 지명 타자제가 없는 내셔널 리그와 큰 차이를 보이지는 않는다고 한다. 만약 차이가 크게 났다면 내셔널 리그도 바꿨을 것이다. 우리 프로 야구에서는 지명 타자를 도입하고 있지만, 고교 야구에서는 투수도 타격을 한다. 그래서 이승엽 선수와, 추신수 선수가 투수였지만, 타자로 전향할 수 있었다.

## (3) 대타

여기서 도박 용어를 쓰면 안 되겠지만, 대타Pinch Hitter는 비장의 카드, 조커라고 할까. 승부의 분수령이 될 8회나 9회, 팽팽한 스코어에 동점 주자나 역전 주자가 나가 있는 극적인 상황. 상대 투수에 강한 선수를 골라 대타로 내보낸다. 또는 찬스에 강한 강심장이나 슬럼프에 빠졌다가 최근 타격 감각이 좋아진 선수를 선발한다. 물론 기존 타순에 있는 선수가 괜찮다면 놔두는 것이 흐름을 깨지 않는 방법일 수도 있다. 그러나 대타는 체력적으로 덜

소모되었기도 하고 대타의 기회를 잡으려는 강한 근성이 있기 마련이다. 대타 작전이 성공하면 카메라가 감독의 용안도 한 번 잡아준다. "용병술이 적중했네요." 투수를 바꾸지 않은 상대 팀 감독의 씁쓸한 표정도 잡아준다. 감독들의 작전 대결에서 이긴 승장과 진 패장의 얼굴의 대비가 가장 극명하게 드러나는 순간이다.

여기에서 이재주 선수[43]를 이야기하지 않을 수 없다. 대타로 나와 가장 많은 홈런을 때려낸 '대타 홈런왕'. 배트를 어깨에 메고 천천히 무게 있게 타석에 들 때는 내가 좋아하는 팝송 '데스페라도desperado'가 배경 음악으로 깔리는 것 같다. 188cm, 100Kg이 넘는 거구에 덥수룩한 머리, 선명한 쌍꺼풀과 콧수염 하며, 정말 고독한 킬러의 모습이 아닐 수 없다. 게다가 투수를 지긋이 노려

상대를 떨게 했던 '대타 홈런왕' 이재주 선수.

보는 눈매엔 내공 만땅의 기운이 느껴진다. 투수 입장에서는 왠지 한방 크게 맞을 것 같은 두려움이 확 생기게 하는 선수였다. 그러나 아쉽게도 기아 타이거즈의 한국시리즈 우승 이후 방출되었다. 하지만 '대타란 이런 것이다'라는 것을 인상 깊게 보여준 선수로 오랫동안 기억될 것이다.

대타에 따른 타순 변경은 좀 복잡하다. 우리 연예인팀에서 대타로 써서 성공했던 가수 조빈 선수를 예로 들겠다. "대타 조빈, 3번!", 이때 3번이 원래 지명 타자 타순이었다면 아무 문제없다. 그러나 기존의 9번인 좌익수 한민관 선수가 부상이어서 바꿔줘야 한다면 조빈 선수는 좌익수 자리로 가게 된다. 단 조빈 선수의 타순은 9번이 아니라 3번 그대로이다. 그러나 이때 지명 타자는 사라지게 된다. 아니 정확하게 말하면 우리 팀에서 지명 타자제를 포기한 것이 된다. 왜냐하면 기존의 타순에 있던 선수나 출장했던 선수는 지명 타자가 될 수 없기 때문이다. 이때는 부득이하게 투수가 타자로 들어오게 되는 것이다.

그래서 투수는 기존 좌익수 한민관의 타순인 9번 타자가 된다. 그런데 다음 회에 투수가 쳤던 9번에 대타가 들어오면 투수는 강판되는 것이다. 그런데 이때도 반드시 투수로 교체해야 하는 것은 아니다. 출전해 있는 야수 중에 한 명을 투수로 세우고, 새로운 야수를 넣어도 된다. 선수가 부족한 사회인 야구에서는 자연스러운 장면이지만, 분업이 확실한 프로 야구에서는 매우 드물긴 하지만 가끔 아주 가끔 있다.

SK 와이번스의 김성근 감독이 2009년 시즌에서 3루수였던 최정 선수를 투수로 세운 적이 있었다. 안타 하나, 볼넷 한 개 허용. 이때 1루수는 투수 윤길현. 바로 전에 대타는 투수 김광현. 왜 그러셨을까요?!

## (4) 대주자

대주자Pinch Runner를 쓰는 경우는 두 가지로 나뉜다. 수비 포지션 교체를 위해서와 작전을 위한 주자 교체이다. 전자는 주자가 느린 경우도 포함되겠지만, 바꿔줄 타이밍이 되었다고 판단할 때 쓰는 방법이다. 이에 비해 후자는 한두 점 승부와 같은 박빙 대결에서 자주 볼 수 있다. 아주 발이 빠르고 주루 감각이 있는 주자로 교체하는데, 오로지 주루용으로만 활용한다. 프로에서는 흔히 이런 대주자를 1.5군이라고 부른다. 타격은 2군 수준이지만, 발이 빨라 주루는 1군 수준이라는 의미이다. 야구 선수로서 발이 빠르다는 것은 어쩌면 타격이나 수비보다도 중요할 수 있다.

사회인 야구에서 발이 빠른 선수는 더욱 중요하다. 2루 스틸, 3루 스틸까지 가능한 환경에서 주루를 잘하는 선수는 득점원이라 해도 과언이 아니다. 뿐만 아니라 이런 대주자들이 베이스를 한 바퀴 들쑤시고 나면, 상대 팀 수비는 허물어지기 십상이다.

## | 2 | 공격술

### (1) 번트 작전

일반적으로 번트 작전이 나올만한 상황은 초등학생도 알 정도고 앞서 막간을 틈타 설명한 바 있다. 그러나 문제는 전혀 그럴만한 아닌 상황에서 번트를 지시하는 경우의 잘못을 지적하고 싶다.

첫째, 투 스트라이크 이후에는 번트를 지시해서는 안 된다. 타자에게 맡겨야 한다. 아웃도 문제지만 타자의 축 쳐진 어깨를 누가 올려줄 것인가. 뿐만 아니라 팀의 분위기도 가라앉는다. 야구는 흐름이고 분위기다!

둘째, 팀이 크게 앞서고 있는 상황에서 번트를 대라고 하는 야박한 야구는 경기 전체의 분위기에 좋지 못한 영향을 줄 수 있다.

셋째, 번트가 아직 미숙한 선수에게 지시하는 것은 무리다. 번트 자세는 공에 맞을 위험이 더 많다. 미숙한 초급 선수에게는 투구든 타구든 부상으로 이어질 가능성이 높다. 또한 부상이 아니더라도 번트 실패에 대한 심리적 부담을 견디기 어려울 것이다.

이외에도 번트 지시를 할 때 번트로 계속 갈 것인지, 번트 자세에서 기습적으로 스윙 자세로 바꾸는 버스터buster로 할 것인지 정확하게 해야 한다. 그러나 만약 벤치의 작전에 반하는 단독 번트를 하게 되면 벤치의 작전은 무용지물이 되고, 혹 결과가 좋다 하더라도 조직력은 깨진 것이나 다름없다. 그 후유증은 다음 회의 경기 운영에까지 미친다.

## (2) 히트앤드런 / 런앤드히트

둘의 차이는 타격에 있다. '히트앤드런'은 말 그대로 치고 달리기이기 때문에 이 작전이 나면 타자는 어떤 공이든지 상관없이 맞혀줘야 한다. 주자가 뛰기 때문이다. 그러나 '런앤드히트'는 타자가 골라서 치는 것이라 공이 안 좋으면 치지 않아도 된다. 대신 주자는 도루를 하게 되는 것이다. 따라서 히트앤드런은 득점용이라기보다는 진루용이고 런앤드히트는 아웃될 확률은 높아도 멀리 갈 수 있는 득점용이다.

이 두 가지 작전 중 어느 것을 쓰느냐는 일차적으로는 상황에 따르겠지만 선수에 따라서이기도 하다. 타자는 타격감이 좋고 주자는 발이 빠르다면 런앤드히트가 맞을 것이다. 만약 주자 1루 상황에 타자가 내야를 넘기는 안타를 친다면 주자는 홈까지 들어올 수 있다. 한 점 승부라면 작전 대성공이다.

그런데 좀 애매한 상황을 가정해보자. 타자는 타격이 우수한데, 1루 주자가 발이 느리다면 어떡하겠는가? 대주자로 교체하면 되겠지만, 그럴만한 선수도 없다. 상황은 9회 말 동점, 투 아웃, 볼카운트는 원 스트라이크 쓰리 볼. 투수 입장에선 다음 타자가 홈런 타자라서 스트라이크를 잡아야만 하는 상황이다. 이렇다면 어차피 히트앤드런이나 런앤드히트나 마찬가지니까 뭐든 '작전 개시' 해야 하는 게 아닌가.

아니다. 감독은 이럴 때 기다리라고 한다. 왜냐하면 주자가 느리기 때문이다. 공 하나만 기다리면 풀카운트가 되고, 느린 주자도 무조건 스타트하기 때문에 타이밍이 좋다. 이때 내야를 넘기는 안타만 치면 승리를 얻게 된다. 그러나 기다리지 않고 쳤는데, 똑같은 코스의 안타가 나왔다고 한다면, 주자는 뛰다가 아웃되거나 3루에서 멈추게 된다.

우리가 프로 야구를 보면서 저 중요한 상황에서 타자가 확실한 스트라이크를 멍청히 흘려 보낸다고 "저 XX는 저것도 못치고!"라 하지만 다 이유가 있는 것이다. 타자는 뭐 치고 싶지 않아서 안치는 것이겠는가. 감독이 "기다려!" 그러면 기다려야 한다. 왜? 책임은 감독이 지니까.

사회인 야구에서는 히트앤드런이 나와도 런앤드히트로 바뀌는 경우가 많다. 작전 수행 능력이 떨어지거나 타자가 배트에 공을 맞추기 힘들기 때문이다.


### (3) 도루

사회인 야구에서 도루는 알아서 뛰는 경우가 많다. 그러나 이것도 일일이 지시해서 타자와의 호흡을 맞춰주는 경험을 얻도록 하는 것이 좋다. 괜히 파울이 나와서 여러 번 왔다 갔다 하면 에너지 소모라 할 수 있을 것이다. 그럼에도 불구하고 타석에 든 타자는 좋은 공이 들어오면 도루 사인을 무시하고 쳐내는 경우가 허다하다. 뭐 나쁜 의도는 아닐 것이다. 좋은 타구가 나올 것 같아서 돌렸겠지만, 힘 빠진 주자에겐 미안한 일이다.

오히려 타자는 볼카운트에 여유가 있다면 헛스윙으로 주자를 도와줘야 한다. 이때 스윙은 좀 느린감 있게, 포수의 시야와 타이밍을 뺏는 노력을 해주는 것이다. 더 심하게는 과격한 스윙으로 넘어지는 척 상체를 앞으로 내밀기도 한다. 센스쟁이!

주자가 발이 빠르다고 무턱대고 도루 작전을 지시해서는 안 된다. 볼카운트를 보고 느린 변화구를 던지는 상황을 골라서 사인을 줘야 한다. 물론 사회인 야구 투수들은 직구를 던질 확률이 높다. 이럴 때는 상대방이 눈치 채서 피치아웃하는 상황만 피하면 된다.

앞서 말한 적이 있지만, 1, 2루 주자가 동시에 도루하는 '더블 스틸' 작전도 있다. 이때는 타자, 주자1, 주자2가 모두 작전에 잘 따라야 한다. 두 주자가 한꺼번에 뛰면 포수는 어디로 던져야 할지 잠시 어리둥절하게 된다. 대개는 3루로 던질 가능성이 높으므로 2루에 있던 주자가 발이 빠를 경우에 시도하는 것이 안전하다.


## | 3 | 수비술

### (1) 수비 위치 조정

흔히 '수비 시프트Shift'라고 한다. 기본적으로 좌타, 우타에 따라 좌, 우로 수비 위치를 조정하고, 타자의 기록상 타구가 많이 가는 방향에 수비를 배치한다. 물론 이것이 100% 맞을 수는 없다. 수비 작전은 미리 노출되기 때문에 타격감이 좋은 타자에게 허를 찔릴 수 있다. 작전을 역이용하는 셈이다.

장타자가 번트를 대는 경우도 간혹 있다. 야수들이 깊숙한 곳으로 물러서 있는 상황에서 기습 번트를 대면 속수무책이다. 이럴 경우 미리 작전을 알았다고 하더라도 섣불리 번트 수비 시프트를 쓰지 못한다. 타자는 번트를 안 댈 테니까. 그리고 이때 장타를 맞으면 더 큰 손실이 올 것이다.

그런데 의도한 것이 아니라 타구가 빗맞아 전혀 예상치 못한 방향으로 날아가는 바람에 적시타로 공을 세우는 경우도 있다. 어찌보면 야구의 가장 묘한 순간이 바로 이런 때일지 모른다. 그래서 누군가는 이렇게 말했다. 좋은 실력보다 좋은 작전이 앞서고, 좋은 작전보다 행운이 앞선다고.

수비 시프트는 주자와 타자 상황에 따라 다른데 여기에다 스코어, 볼카운트까지 덧붙이면 매우 복잡해진다. 이런 상황마다 번번이 수비 위치를 바꿔주면서, 외야수를 내야수로 보내는 등의 극단적인 작전을 펼치는 것은 자제해야 한다. 수비수가 혼란스러울 수 있기 때문이다. 그리고 상대의 작전 능력을 봐가면서 대응해야 할 것이다. 특히 사회인 야구선수들은 잦은 수비 시프트를 쓰면 실책이 많아져서 오히려 쓰지 않는 게 더 나을 경우가 많다.


## (2) 고의 볼넷

투 아웃에 1루가 비어 있는데 투수가 상대하기 껄끄러운 타자를 만나 득점을 허용할 것 같다면 벤치에서는 고의 볼넷을 지시해야 한다. 괜한 모험을 걸 필요는 없는 것이다. 정면승부에 대한 투수의 열정은 이해하지만, 팀의 승부가 달려 있는 순간이라면 한 발 물러서게 해야 한다. 2009 월드베이스볼 클래식 결승전에서의 임창용 선수의 마지막 공에 대해 여러 가지 말이 많았지만, 결과적으로 아쉬운 건 사실이다.

심지어 대량 실점이 걱정되는 만루 상황에서 고의 볼넷으로 밀어내기를 하는 경우를 직접 본 적이 있다. 1995년 대학 리그 결승전. 연세대와 모교인 한양대의 경기에서 제2의 선동열이라고 불리던 특급 에이스 임선동 선수가 투 아웃 만루임에도 불구하고 타석에 든 강혁 선수를 고의 볼넷으로 내보냈다. 이유인즉 당시 강혁 선수는 타격의 천재였기 때문이다. 타석에 들어온 것만으로도 1점을 헌납한 것이다. 내 평생 그런 작전은 그날 처음 봤고 앞으로도 주자 만루에서 국가대표 에이스를 상대로 그렇게 볼넷을 얻을만한 선수가 나올까 싶다.

그래서 대학 동기인 강혁 선수에 대해 이야기하지 않을 수 없다. 아시는 분들은 아시겠지만, 강혁 선수는 가장 운이 없는 야구 선수 중의 한 명으로 꼽힌다. 신일고를 졸업할 때 OB 베어스와 한양대의 스카우트 경쟁 과정에서 2중 계약으로 KBO로부터 영구제명 조치되었다. 결국 한양대로 오게 되었지만 그 과정에서 겪은 심리적 고통은 이루 말할 수 없었을 것이다.

한양대 졸업 후에 그는 현대 피닉스라는 실업팀으로 갔고 나는 강혁이 가기 원했던 OB 베어스에 1차 지명으로 가게 됐다. 매우 기뻤지만 한편으로 친구에게 미안해했던 기억이 난다. 실력으로는 강혁 선수도 프로에 가고도 남았다. 물론 실업팀이라고 해서 꼭 나쁜 것은 아니지만, 다른 선수에 비해 실력이 월등하다보니 꾸준한 성장의 자극제가 없었던 것이다. 이 년 후에 프로(두산→SK)로 왔지만, 현격하게 떨어진 타격 감각과 근성에 많은 사람들이 안타까워했다. 지금은 인천의 리틀 야구단 감독으로 활동하고 있다. 자신이 펼치지 못한 야구의 꿈을 제자를 통해 이루려는 것이라고 생각한다. 자신을 닮은 타격 천재를 발굴해서 가슴에 서린 한을 꼭 풀기 바란다. 친구야!

# 마구마구 인터뷰 4

## '겁나게 재미있는 감독님' 김 성 한 감독

김성한 감독.

⚾ 프로 야구 감독을 지내셨는데 사회인 야구 감독과 비교할 때 가장 큰 차이점은?

프로 야구에서 감독은 매순간 순간마다 엄청난 긴장감과 성적에 대한 막중한 부담감을 가집니다. 이에 비해서 사회인 야구단의 감독은 긴장감보다는 선수들과 함께 웃으면서 경기를 즐길 수 있습니다.

⚾ 사회인 야구에서 현실적으로 쓸 수 있는 가장 효과적인 작전(용병술, 공격술, 수비술)은?

사회인 야구는 그다지 작전이 필요 없습니다. 왜냐하면 선수들의 작전 수행 능력이 떨어지기 때문이죠. 오히려 작전을 무리하게 펼치다가 에러가 나거나 경기의 흐름을 망치는 안 좋은 장면이 나올 수도 있습니다. 도루 작전 정도만 사인으로 지시하는 정도가 적당하겠습니다. 사실 프로 야구에서는 작전 수행 능력을 키우기 위해 연습을 많이 하고 그후에 비로소 실전에서 작전을 실행하게 됩니다. 그러나 사회인 야구에서는 작전 수행 연습을 할 시간이 없습니다. 그러니 사회인 야구에서 작전이란 무리죠.

● 큰 점수차로 지고 있는 상황에서 감독이 선수들에게 해줄 수 있는 역할이라면?

팀이 지고 있을 때 승부에 집착이 강한 선수들은 화를 내고 못 하는 동료에게 짜증내는 경우가 있습니다. 감독은 이럴 때 점수와 상관없이 야구 자체를 즐기다보면 오히려 흐름이 좋아질 수 있음을 가르쳐줘야 한다고 생각합니다. 승부의 집착에서 벗어나라는 것이죠. 축구처럼 스코어가 많이 벌어지면 전반적으로 다운되는 운동도 있지만, 야구는 그렇지 않습니다. 아무리 지고 있어도 자신에게 한 번씩 기회가 돌아오기 때문이죠. 그 순간을 즐기면 되는 것입니다. 그게 사회인 야구의 진정한 의미가 아닐까요?

● 사회인 야구팀의 감독을 맡고 있는 분들께 조언을 한다면?

가장 중요한 것은 상호 협동입니다. 사회인 야구는 직업이 아니라 일종의 레크리에이션입니다. 승부를 너무 강조하면서 잘하는 선수만 내보내는 용병술은 좋지 못합니다. 가능하면 잘하고 못

하고를 떠나서 모든 선수들을 기용하는 것이 좋다고 생각합니다. 계속 벤치만 지키는 선수가 계속 야구를 하고 싶겠습니까? 함께 즐긴다는 목표를 가지고 실력보다는 모든 사람들을 골고루 출전 시키는 것이 중요합니다.

## | 4 | 사인

앞의 다양한 작전들을 효과적으로 전달하기 위해서는 사인을
만들어야 한다. 사인은 작전 회의에서 미리 만들어두는데, 동작은
비교적 단순하게 만들어야 혼동되지 않는다. 일반적인 사인 동작
은 팔뚝 짚기, 손가락 수, 코 만지기, 귀 만지기, 모자 챙 잡기 등이
있다. 이때 습관적으로 하는 동작과 헷갈리지 않도록 주의해야 한
다. 실제로 대학 팀의 한 감독님께서 홈런 타자에게 번트를 하라는
사인(코 만지기)을 낸 적이 있었다. 타자가 사인대로 번트 자세를 취
하자, 감독님은 모자를 벗으며 일어나 "저 놈, 저, 저, 지금 뭐하는

헷갈리기 쉬운 사인은 이젠 그만!

짓이야!" 하고 화를 냈다. 그러나 사인을 낸 건 감독님. 다들 "코 만지셨잖아요!" 하는 표정으로 쳐다보자, 자신의 실수를 깨닫고 이후 코를 만지는 사인을 없앴다는 이야기가 있다. 나중에 알고 보니 감독님의 코 안쪽에 뾰루지가 나서 잠깐 만졌대나 뭐라나.

어쨌든 적군이 알아보는 암호도 문제지만, 아군조차 알아보지 못하는 암호는 더 큰 문제다. 그래서 사인을 주고받을 때는 반드시 눈과 눈을 맞춰야 한다. 눈빛에도 사인이 묻어나기 때문이다. 만약 못 알아들었을 경우를 대비하여 선수가 보내는 다시 해달라는 사인도 준비하는 것도 필요할 것이다.

사실 사인은 구체적인 상황 속에서 나오는 것이기 때문에 동작이 비슷하게 보여도 저게 지금 뭘 하라는 손짓인지 대충 알게 된다. 때문에 상대 팀에게 쉽게 노출이 되기도 한다. 그래서 만든 것이 바로 '키'라는 것이다. 거짓 사인과 진짜 사인을 구분하는 표시이다. 가령 '키'가 귀 만지기라면 앞에서 했던 동작은 다 거짓. 그 이후로 하는 동작이 진짜인 것이다. 그럼에도 불구하고 사인이 상대 팀에 노출되면, 경기 후에 모여서 사인을 다시 만든다. 프로 야구에서는 시즌 중 선수 트레이드가 이뤄지면 사인을 바꾼다.

배터리는 손목, 팔꿈치, 어깨를 1, 2, 3으로 정해서 볼의 구질을 정하는데, 4회나 5회쯤 되면 타자들이 사인을 눈치 채게 된다. 이때 미리 정한 '키'를 활용하거나 사인을 바꾸는 것이다. 그런데 문제는 이 숫자들에 해당하는 구질이 투수마다 모두 다르다는 것이다. 포수는 이 모든 사인을 다 알아야 한다. 만약 잘 모르겠다면 포수는 마운드로 올라가야 한다. 투수가 홈으로 걸어올 수는 없지 않은가.

물론 벤치의 사인을 따르지 않는 경우도 있다. 자신의 판단력을 믿고 단독 작전을 펼쳐서 좋은 결과가 난다면 모르겠지만, 달아오르는 분위기에 찬물을 쏟아붓는 결과를 만든다면 문제가 커진다.

사회인 야구의 현실에서는 선수들 간의 사인이 가장 효과적이다. 공이 빠졌을 때, 타자나 주자가 뛸 만큼 빠졌는지 그렇지 않은지를 판단해서 사인을 보내주는 것이 기본이다. 그리고 뜬 공을 잡을 때 보내는 수신호도 반드시 해야 할 사인이다. 그러나 타격이나 주루의 사인을 남발하다보면 사인이 사인死因이 된다. 작전 사인은 야구의 흐름을 정확히 보면서 예측할 수 있는 벤치가 있어야 가능하다고 할 수 있다.

## | 5 | 벤치

### (1) 벤치의 힘

벤치에는 감독과 코치(1루, 3루, 투수, 타격, 수비 등), 그리고 후보 선수들이 있다. 선발을 제외한 투수는 불펜Bull Pen에 있는데, 벤치는 덕아웃에 불펜까지 포함한 말이다. 벤치의 왕은 누구나 알듯이 감독이다. 감독의 역할은 작전 지시, 그러나 사실은 그보다 '노심초사'가 더 큰 비중을 차지할 것 같다. 어떤 운동 경기의 감독도 이 역할을 첫번째로 꼽는다. 경기 중 딴전을 피우거나 조는 감독은 없다. 감독이 정신 바싹 차리고 있기에 코치들도, 선수들도 바짝 긴장하고 있다.

사회인 야구는 글쎄 좀…… 경기가 지루해지면 간혹 감독과 선수가 전날 축적한 알코올로 꾸벅꾸벅, 휴대폰 문자질, 배달된 짬뽕 후루룩, 재테크 상담, 이러다가 시원한 타구 한 방이 터지면 다시 경기 집중. 그렇지 않고 계속 포볼에 밀어내기 일색이라면 벤치는 그야말로 공원의 벤치가 되어버린다.

벤치의 집중력과 응원, 그리고 긴장은 곧바로 그라운드로 옮겨질 수 있다. 그러기 위해서는 감독은 상황을 판단해서 끊임없이 코치에게 지시를 내리고 코치는 선수에게 작전을 하달해야 한다. 또 선수는 매 순간 벤치를 쳐다보고 작전 지시를 확인해야 한다. 작전 성공은 홈런 한 방이나 강속구보다 더 큰 의미를 가진다. 개인의 작품이 아닌 팀 전체의 공동 작품이라는 점에서 조직의 힘을 더 강하게 키우고 수준 높은 야구를 한다는 쾌감을 즐길 수 있게 된다.

## (2) 벤치 클리어링

벤치 클리어링Bench Clearing이 작전의 일부냐고 묻는다면 그렇다고 말할 수도 있고 아니라고 말할 수도 있다. 감독의 지시가 없다는 점에서는 작전이 아닐 수 있지만, 그렇다고 벤치에 그냥 앉아 있으면 벌금을 물게 된다는 점에서 묵언의 지시가 분명 있다고 봐야 한다.

그런데 벤치 클리어링이 발생하게 되는 원인을 보면 작전일

가능성이 더 높다는 것을 알 수 있다. 보통은 빈볼에서 벤치 클리어링이 시작된다. 그렇다면 고의적인 데드 볼은 투수의 판단에서 나오는 것인가? 그럴 수도 있지만 일종의 보복으로서 벤치에서 사인을 주는 경우도 있다.

그럼 빈볼을 던지는 상황부터 살펴보자. 우선 빈볼에 대한 데드 볼이 있다. 처음의 빈볼이 실투였다면 투수가 타자에게 미안하다는 사인을 살짝 해주면 큰 문제가 생기지 않는다. 그러나 특히 후배가 선배의 굴욕적 피하기 동작에도 아무런 반응이 없다면 빈볼 보복의 빌미를 제공하게 되는 셈이다.

두번째, 상대 팀의 무리한 허슬 플레이로 동료 선수가 다치거나 위협을 받았다면 투수는 가장 잘 치는 선수, 특히 지명 타자를 희생물로 삼는다. 그러나 사실 막상 맞추라고 하면 잘 안 된다. 프로 시절 감독님이 빈볼 사인을 보냈지만, 세 명의 투수 모두 작전 수행 실패. 결국 세 명 모두 2군행을 한 적도 있다.

세번째는 비신사적인 도루. 엄청난 스코어로 이기고 있는 팀이 후반에 도루를 감행하는 것은 예의상 하지 않도록 되어 있다. 일종의 불문율이라 벤치에서도 사인을 주지 않는데 간혹 단독으로 도루를 하는 경우가 있다. 이때는 타석에 있는 타자가 제물이 된다. 타자도 이 상황을 잘 알고 있다. 한번은 내가 마운드에 있을 때 똑같은 상황이 있었다. 7회였고 삼성이 8점차로 이기고 있었다. 주자는 신인 박한이 선수, 타석에는 이승엽 선수였다. 그런데 박한이 선수가 단독 도루를 감행하고 말았다. 이때 타석에 있던 이승엽 선수가 난처한 표정을 짓더니 발을 빼고 양해를 구했다. 맞추지 말아달라는 손짓이었다. 벤치에서 사인이 오긴 했지만, 사랑하는 후배이니만큼 그냥 넘어간 적이 있었다. 게다가 당시 신인이었던 박한이 선수는 루상에 나가면 무조건 뛴다고 해서 '달려라 하니(한이)'라는 별명도 있었으니 고의적인 플레이는 아니었을 것이다. 그런데, 그후 얼마 지나지 않아 이승엽 선수가 타구로 내 어깨를 맞췄다. 이런 은혜도 모르는 라이언 킹 같으니……

자 이제는 벤치 클리어링이다. 고의성이 판단되면 "와~" 하고 벤치에서 뛰쳐나와야 한다. 우리 팀 선수가 당하는 것을 그냥 멀리서 쳐다본다면 같은 팀에 소속된 동료도 아니다. 꼭 싸우지 않더라도 그 현장에 들어가 엉켜줘야 하는 것이다. 일종의 갈등 풀기 퍼포먼스라고 봐도 좋다. 이렇게 해줘야 양 팀이 가지고 있던 감정이 해소되는 것이다. 사실 싸우는 사람은 당사자 두 명, 혹은 그전에 감정을 갖고 있던 몇 명뿐이고 나머지는 그냥 나가서 말리는 정도다. 그 상황에서 주로 하는 이야기는 "어제 밥 잘 먹었냐" "언제 맥주 한잔 하자" 정도이다. 그리고 멱살잡이에 레슬링까지 했던 선수들도 이런저런 기회를 통해 사과를 하고 용서를 해준다.

그런데 이런 벤치 클리어링이 본격적으로 선보인 것은 초기 용병 타이론 우즈가 들어오면서이다. 당시 OB 베어스의 유택현 투수가 LG 트윈스의 김동수 선수를 맞추자 김동수 선수가 마운드로 뛰어올라왔다. 그때 1루를 보던 타이론 우즈가 달려와서 김동수 선수를 넘어뜨리고 헤드록을 걸었다. 물론 양 벤치가 모두 쏟아져나온 건 당연한 일이다. 그 일이 정리된 후 김동수 선수가 했던 말이 재밌었다. 치아만 하얀 검은 괴물에 깔려 헤드록이 걸린 순간 '내가 왜 마운드로 뛰었을까' 하고 후회했다고 한다.

피상적으로만 보면 벤치 클리어링을 부정적으로 생각하기 쉽지만, '우리는 하나'라는 팀웍의 표시이며 팀 간의 묵은 갈등을 깨끗하게 씻어낼 수 있는 일종의 퍼포먼스로 봐주면 좋겠다. 물론 그런 갈등이 아예 없다면 더 좋을 것이다. 그리고 벤치 클리어링이라는 방법이 아니라 개별적인 사과와 용서도 좋을 것이다. 어차피 한국 야구는 학연과 지연으로 연결된 하나의 조직과 다름없지 않은가. 사회인 야구도 마찬가지이다. 또한 빈볼은 지시도 하지 말아야 하고 던지지도 말아야 한다. 동업자 정신을 잊지 말자.

팀웍과 퍼포먼스, 두 마리의 토끼를 잡는다.

# '덕德으로 이끄는 한국 야구의 리더'
# 김 인 식 감독

🏐 오늘도 야구장에 나오
셨습니다. 현역 감독 시절
이 그리우신지요?

김인식 감독.

　운동장에 나오면 편합
니다. 항상 있던 곳이잖아
요. 그런데 편하게 경기를
구경하다가도 '나 같으면 저
렇게 안하고 이렇게 했을텐
데……' 하는 생각이 자꾸
듭니다. 그런걸 보면 감독으
로 다시 돌아가고픈 마음이
있다고 볼 수도 있겠죠.

🏐 명장이 되는 길이 있다면 어떤 것이지 알려주십시오.

　야구 감독을 '매니저'라고 부르기도 합니다. 기술적인 야구에
대한 것만 알아도 된다면 그냥 '코치'로 끝나겠죠. 그런데 매니저
라고 불리는 이유는 아주 작고 소소한 것들까지 챙겨야 하기 때문
입니다. 운동에서 기술은 60%이고 나머지 40%는 그 외적인 관리
입니다. 선수들 개개인의 상황과 사정뿐만 아니라 아주 사사로운

일들도 직접 신경써야 합니다.

⚾ 가장 기억나는 게임이 있으시다면?

　월드 베이스볼 클래식과 올림픽 경기입니다. 여러 경기가 있었지만 1995년도 한국시리즈가 가장 좋은 게임으로 기억 속에 남아 있습니다. 그때 내가 몸담고 있던 OB 베어스가 롯데 자이언츠에 2승3패로 몰리고 있었는데, 서울에서 뒤집어서 우승을 했었습니다. 역전은 항상 감동적이고 짜릿합니다.

　아쉬웠던 경기는 월드 베이스볼 클래식 2009년 결승전이에요. 마지막에 이치로에게 맞아서 진 것이 아쉽습니다. 이 경기를 통해서 저는 한 가지 배웠습니다. '선수에 따라서는 아주 작은 사인까지 반드시 재차 확인을 해야 할 필요가 있다는 것'이지요. 야구가 참 어렵고 죽을 때까지 배워야 한다는 것도 느꼈습니다.

⚾ 메이저리그 감독이 한 말 중에 "사람 좋으면 감독 못 한다"라는 말이 있는데, 어떻게 생각하시는지요?

　맞는 말인 것 같습니다. 무서울 때 무섭게, 부드럽게 할 땐 부드럽게 다뤄야 합니다. 결국 그런 것이 리더십 아니겠습니까. 승부라는 것은 야구의 기술만으로 결정되는 것이 아닙니다. 사람들을 잘 다뤄야 합니다. 연습은 누구나 똑같은 수준으로 시킬 수 있습니다. 그러나 선수가 감독을 잘 따르도록 이끄는 것이야말로 감독의 능력인 것이지요.

# 부상 방지

부상이 없는 운동이 있을까. 골프나 탁구와
같이 매우 안전해 보이는 운동조차도 연습
중에 근육이나 관절에 이상이 생길 수도 있다.
뿐만 아니라 양궁이나 사격과 같이 혼자 하는
기록 경기도 물리적 부상만큼 심한 심리적
부상을 입는다고 한다. 야구는 부상이 많은
운동이다. 던지고 치고 달리는 운동이니만큼
부상도 다양하고 때론 목숨을 잃을 수 있을
만큼 위험한 상황도 일어난다.
부상을 방지하려면 부상이 어떻게 생기는지,
그 상황을 알아야 한다. 어쩌면 '방지한다는
것'은 곧 그 '위험을 안다'는 것인지도
모르겠다. 그리고 부상은 한순간이지만,
재활은 수개 월, 수 년, 또는 나처럼
수술후유증으로 선수 생활을 그만둬야 하는
경우도 생긴다는 것을 알아야 한다. 사회인
야구 선수들은 어디까지나 즐기기 위해
야구를 하는 것이므로 부상 방지에 철저히
신경 써달라고 당부하고 싶다. 즐거운 야구를
계속 하고 싶다면 말이다.

## | 1 | 야구공

'총알 같은 타구'라는 말을 많이 들어봤을 것이다. 내 생각에는 총알 같은 타구라는 식의 비유는 적절하지 않다. 타구는 총알이다. 실제로 맞아서 죽은 사람도 있다[44]. 그리고 자기가 때린 타구에 맞아서 큰 부상을 입는 경우도 있다[45]. 특히 사회인 야구처럼 알루미늄 배트를 쓰면 그 위험은 더해진다. 만약에 선수 출신이 타석에 들어섰다면, 투수는 반드시 경계해야 한다. 타구의 속도는 투구보다 훨씬 빠르다. 게다가 어디로 날아올지 어림짐작도하기 어렵다. 대비하지 않고 있다가 타구에 맞으면 큰 부상으로 이어진다. 앞서 설명했지만, 고교 야구에서 나무 배트를 쓰게 된이유 중의 하나도 바로 여기에 있다. 투수는 자신에게 날아오는 타구를 잡으려하기보다는 막아야 한다. 얼굴로 날아오면 무조건 움츠리고 하체로 날아오면 글러브로 막고 복부나 가슴으로 날아올 땐 양팔로 감싸야 한다.

내가 사회인 야구 감독을 하면서 항상 불안한 것이 바로 이 야구공이다. 그러나 사람들은 그 위험을 잘 모른다. 맞아봐야 안다고 하지만, 너무도 끔찍한 농담이 아닐 수 없다. 배명고에서 함께 뛰던 선수가 있었다. 싸이클링 히트를 칠 정도로 우수한 선수였는데 바운드된 타구에 턱을 맞아 몇 개월 동안 음식을 씹지 못했다. 어쩔 수 없이 빨대로 식사를 하다가 체중이 빠지고 근육이 풀어져서 결국 선수 생활을 접어야 했던 안타까운 일도 있었다.

위험하기는 투구도 마찬가지이다. 빈볼에 대한 설명을 했지만, 강속구에 머리를 맞으면 실신하기도 한다. 헬멧이 있다고 절대 안심하면 안 된다. 웬만한 보호 장구는 꼭 착용하는 것이 좋다. 포수는 컵 보호대도 반드시 착용해야 한다. 또한 공이 높거나 몸쪽으로 들어오면 타석에서 빠지는 것이 상책이다. 넘어져도 좋다. 잠깐의 창피함이 큰 부상을 막는다.


## | 2 | 무리한 동작

야구는 정지해 있다가 순간적으로 스피드를 내거나 무리한 움직임을 해야 하는 운동이기 때문에 작게는 근육 경련부터 골절이나 인대 파열과 같은 큰 부상까지 당할 수 있다. 우리 연예인팀의 이현배 선수는 무리한 송구를 하다가 팔뚝이 골절되어서 쇠심을 박고 거의 반 년 넘게 치료를 받고 있다. 수비를 하다가 발목이 꺾인 김동희 선수도 마찬가지이다.

주자를 꼭 잡고 말겠다는 승부욕은 좋지만, 그 이후를 먼저 생각해주길 바란다. 벤치에 앉아서 다른 선수들의 경기하는 모습을 바라만 본다는 안타까움은 경기를 하는 선수들이 부상당한 동료를 보는 안타까움과도 같다.

근육통은 갑자기 움직이다가 많이 생긴다. 미리미리 몸을 풀어줘야 한다. 프로 야구 선수들이 경기 전에 스트레칭과 달리기, 캐치볼을 하는 이유가 여기에 있다. 특히 투수가 미리 연습 투구를 하지 않고 마운드에 오른다는 것은 선수 생활을 그만두겠다는 것이나 마찬가지이다. 온몸을 고무처럼 휘게 했다가 펴는 동작이니만큼 몸을 풀어줘야 한다.

그리고 투수의 경우 많이 던지는 것도 부상을 입는 큰 원인이된다. 내 경우가 그랬다. 누군가 말했지만, 투수의 어깨는 점점 타들어가는 초와 같다. 현역 시절 나는 싱커 위주의 변화구를 많이던져서 팔꿈치에 무리가 많이 갔었던 것도 사실이지만, 고교 시절부터의 무리한 등판도 그 원인 중의 하나다. 그땐 젊어서 시키면시키는 대로 던졌다. 설마 이 튼튼한 팔이 무슨 문제가 있을까 했지만, 1999년 시즌 초반부터 팔꿈치 통증이 생기기 시작했다. 그러던 것이 점점 심해져 한국시리즈 1차전 선발 출장을 위해 결국진통제를 여섯 알이나 먹고 나가야 할 정도였다. 그해 13승에 방어율 3.12로 최고의 해를 보냈지만, 결국 시즌이 끝난 후엔 수술대 위에 올라야 했다.

인대의 80% 손상. 당시엔 수술이 불가피했지만, 수술 이후 이년이 지나도 이전의 스피드가 나오지 않았다. 수술 후엔 스피드가더 올라간다고 의사는 말했지만, 나에겐 예외였나 보다. 그래서비슷한 통증으로 고생하는 후배 선수들이 수술을 해야 하느냐고물어보면 난 수술만이 방법은 아니라고 말한다. 제일 좋은 것은초를 빨리 태우지 말고 아끼는 것이다.

# | 3 | 선수간의 충돌

    두 가지로 나눠지겠다. 주자와 수비수 간의 충돌이 있겠고, 수비수 간의 충돌이 있다. 후자는 전자에 비해 자주 일어나지는 않는다. 주자와 수비수 간은 주로 슬라이딩 때문이다. 슬라이딩 중에서도 발부터 들어가는 슬라이딩이 문제인데, 수비수가 다치면 보복으로 이어져 벤치 클리어링까지 일어날 수 있다.

    사실 사회인 야구에서 가장 많이 일어나는 부상이 바로 이것이다. 부상과 더불어 선수 간, 팀 간 싸움의 가장 대표적인 원인이기도 하다. 그런데 다치는 쪽이 대부분 수비수라서 잘못이 주자에게 있다고 보는 경우가 많은데, 발만 높게 들지 않는 슬라이딩이라면 수비 방해가 아니다. 대신 수비수가 포스아웃일 경우 베이스를 영리하게 밟았다 떼야 한다. 태그아웃도 마찬가지이다. 베이스를 비스듬히 밟거나 한쪽에 갖다 대고 최대한 들어오는 주자를 비켜서야 한다.

    그러나 간혹 고의적으로 발을 높게 들고 슬라이딩을 하는 경우가 있다. 이건 수비 방해요, 굉장히 위험한 동작이다. 해설가 허구연 씨가 선수 생활을 접게 된 이유도 일본 선수의 고의적인 슬라이딩으로 다리뼈가 부러졌기 때문이라고 한다.

    수비수 간의 충돌은 콜 플레이의 부재에서 온다. 야구장에서는 소리가 잘 안 들리기 때문에 한 손을 흔드는 수신호가 더 효과적이다. 그러나 하늘만 쳐다보는 두 선수가 서로의 수신호를 보기 어려울 수 있다. 그래서 뜬공을 잡을 때는 최대한 팔을 넓게 벌려서 가까이 오면 팔에 닿게 해서 부상을 최소화해야 한다. 그리고 주변의 선수들이 크게 소리쳐주는 것도 매우 중요하다.


## | 4 | 심리적 부상

잘은 모르겠지만, 이런 부상을 트라우마trauma라고 한다고 한다. 큰 경기에서 실수를 하게 되면 이런 증상이 똑같은 상황에서 재발된다. 축구에서는 승부차기에서의 실축이 대표적이다. 야구 역시 멘탈 게임이기에 마찬가지이다. 만루만 되면 못 치는 타자가 있고, 펜스에 맞는 타구를 몹시도 두려워하는 외야수도 있다. 또 어떤 선수가 나오면 못 던지거나 못 치는 경우도 있고, 어떤 구장에만 가면 물리적 부상을 당하는 심리적 부상도 있다.

롯데 자이언츠의 에이스였던 염종석 선수는 고교 시절부터 번트 수비에 대한 트라우마가 있었다. 번트를 잡은 뒤 가까운 거리에도 공을 제대로 던지지 못하는 일도 있었다. 선배인 김상진 투수도 비슷한 트라우마가 있었다. 런다운 플레이 때 어처구니없는 곳으로 공을 던지기도 했다.

이런 트라우마는 주로 과거의 실수에 대한 자괴감 때문이라고 한다. 이를 방지하려면 주변에서 실수에 대한 질책을 삼가야 할 것이고, 스스로도 별일 아니라고 넘겨버리는 둔감력을 발휘하는 것이 좋지 않을까?

미국에서는 심리 치료도 한다 하는데, 과연 효과가 있을지는 모르겠다. 우리나라에서 야구 선수가 이런 걸 받는다는 이야기는 아직 들어보지 못했다. 무엇보다 스스로 극복하려 노력하는 것이 필요할 것이다.

## | 5 | 긴급 사고

임수혁 선배님[46]. 고3 시절, 청소년 대표로 차출되었을 때 처음 뵈었다. 그때 대표 팀 주장이셨다. 이후 아시안 선수권 대회에서도 임수혁 선배님은 팀의 주장을 맡으셨다. 성격이 밝고 리더십이 뛰어나셨던 분이다.

2000년 4월 18일. 잠실구장. 왜 그런 일이 일어났는지를 안타까워하기보다는 왜 그런 일을 그렇게 밖에 대처하지 못했는지 한탄하고 싶다. 알다시피 당시엔 경기장의 응급 체계가 제대로 갖춰지지 않았었다. 선배님이 쓰러지자 1루수였던 우즈가 뛰어왔고 선수들이 모여들었다. 그러나 벤치에서 나온 사람들이 꼼짝없이 누워 있는 선배님의 헬멧을 벗기고 덕아웃으로 옮긴 게 응급

임수혁 선배와. 1993년 국가대표로 호주에 갔었을 때 찍은 사진이다. 왼쪽부터 고 임수혁 선배님, 나, 유지현 현 LG 트윈스 코치, 박찬호 선배.

조치의 전부였다.

　야구를 하면서 자랐고, 야구를 사랑했고, 야구장에서 쓰러진 영원한 야구인에게 우리는 무엇을 해드려야 할지 곰곰이 생각해 봐야 할 것이다. 우리는 선배님 덕에 그나마 안전한 야구를 할 수 있게 된 것이 아닌지.

　그런데 여전히 사회인 야구에서 구급차는 물론이고 심폐소생술이나 긴급 의술을 수행할 인력이 없다는 것은 큰 문제이다. 40대 이상의 선수들, 특히 성인병을 가지고 있는 분들이나, 전날의 과음과 업무로 인한 피로가 누적되어 있는 분들이 오랫동안 수비를 하게 되면 큰 문제가 생길 수도 있다. 일차적으로는 본인 각자가 챙겨야 할 부분이기도 하지만, 동료들이 서로서로 컨디션 체크를 해주는 것도 필요하다.

## : 필 코치의 스퀴즈 퀴즈-3

**다음 중 대타나 대주자로 기용된 선수가 다음 타석에서도 나올 수 있는 요건이 아닌 것은?**

① 9회 말에 대주자로 나온 경우

② 지명 타자 대신에 대타로 나온 경우

③ 지명 타자 대신에 나왔다가 수비 포지션으로 옮긴 경우

④ 지명 타자는 그대로 있고 수비수 대타로 나왔다가 투수가 될 때

⑤ 수비수의 타순에서 대타로 나올 때나 주자로 나왔을 때 대주자로 교체될 때

 **정답은 351쪽에서 확인!**

**4장**

# 선수로
# 야구 100배 즐기기

얼마 전에 국회의원들이 사회인 야구팀을 만들었다는 기사를 접했다. 팀 명은 '이구동성異口同聲'. 비록 여당과 야당으로 소속과 입장은 다르지만, 야구에서만은 같은 팀으로 같은 소리를 내자고 지은 이름이라고 한다. 그 이름과 취지야 어쨌든 국회에 야구팀이 생겼다는 사실만으로 야구가 단순한 체력 단련을 위한 운동을 넘어서 다양한 사람들이 즐기는 하나의 문화로 자리 잡아 가고 있다는 느낌에 야구인의 한 사람으로써 기분이 좋았다.

**초중고교 야구가 프로 야구의 기반이고 프로 야구가 한국 야구의 현주소라고 한다면 사회인 야구는 수준 높은 야구 문화를 만들어 나가게 해주는 밑바탕이다.** 그래서 비록 잡초처럼 아무런 체계 없이 자라고 있지만, 중요하게 여기고 가꿔나가야 할 부분이라고 생각한다.

야구는 축구처럼 '공 하나만 있으면 할 수 있는' 운동도 아니고, 혼자서 즐길 수 있는 운동도 아니기 때문에 각자의 포지션을 정해 팀을 이뤄야 하고, 소속된 자신의 팀을 중심으로 실제 경기를 치르며 즐거움을 찾아가야 한다. 이를 위해 알아두어야 할 몇몇 사항들을 정리했다. 더불어 '야구는 기록 경기'라는 말이 있듯이 자신 만의 기록을 만들어가는 것 역시 야구의 재미 중 하나다. 이를 위해 기본적으로 알아두어야 할 기록의 방법도 알려 드리려 한다.

# 사회인 야구팀의 구분

리그가 구분되어 있는 이유는 비슷한 실력의 팀들이 팽팽한 경기를 벌이면서 야구의 참맛을 즐기라는 것이다. 리그의 높낮이보다는 선수들의 집중도와 그에 따른 경기의 내용이 중요하다. 때로는 메이저리그보다 우리 고교 야구가 더 흥미진진할 때가 있다. 매 경기마다 선수들이 최선을 다하는 팀이 가장 잘하는 팀이다.

사회인 야구팀을 구분하는 방법은 여러 가지가 있을 수 있겠지만, 흔히 경기를 하는 리그로 1부에서 4부까지 구분한다. 미국 마이너리그 야구가 루키, 싱글 A, 더블 A, 트리플 A로 구분 되는 것과 같다. 그리고 팀 내에 선수 출신이 몇 명이냐에 따라 해당되는 리그에서 경기를 할 수 있다. 여기서 선수 출신이란 최소한 고등학교 때 전국 대회에 참가해 야구 협회에 등록된 사람들로서 40세 이하를 말한다. 보통 '선출'이라 한다.

1부 리그 : 선수 출신 5명
2부 리그 : 선수 출신 2명
3부 리그 : 선수 출신 1명
4부 리그 : 선수 출신 0명
(단, 선수 출신은 투수 지명 불가)

그러나 선수 출신의 수는 모든 팀의 합의하에 정해진 것이 아니라서 개별 리그마다 제한 규정이 다르다. 그래서 앞의 규정보다 더 많은 선출을 보유할 수도 있고, 더 적은 선출만 참가할 수도 있다. 그리고 선수 출신의 유무를 떠나서 자신만 있다면 상위 리그에 지원할 수도 있다. 가령 우리 연예인팀에는 선수 출신이 한명도 없다. 그러나 1부 리그에 참가해서 경기를 할 수도 있는 것이다. 하지만 그 반대는 불가능하다.

간혹 리그에서 우승을 노리는 팀들은 선수 출신을 일반 선수로 속여서 참가시키거나 중학교 때까지 선수로 활동한 사람을 끼

워넣기도 하는 등의 편법을 쓰기도 한다. 특히 선수 출신을 투수로 쓰게 되면 타자들은 거의 제대로 공을 만져보지도 못 한 채 게임을 잃게 된다.

팀이 처음 창단되고 선수 출신이 없다면 무조건 4부 리그라고 생각하면 된다. 꾸준히 연습하고 친선 경기를 통해 실력을 쌓아나가면 1~2년 안에 승급할 수도 있고, 선수 출신을 영입하면 갑자기 두세 계단을 껑충 뛰어오를 수 있겠지만, 사회인 야구단의 진정한 모습은 아닌 것 같다.

3부 리그는 지금 내가 맡고 있는 연예인 야구팀의 수준이다. 우리 팀은 선수 출신이 없지만, 사회인 야구를 꽤 오랫동안 해온

선수 출신은 티가 나기 마련!

선수가 많다. '구력'이라는 말을 했던 것 같은데, 실력보다는 경기 경험과 구력이 좋으면 3부 리그까지 무난히 오를 수 있다. 실제 우리나라 야구팀 중에서 3부 리그에 해당하는 팀이 가장 많다.

1부와 2부 리그는 직장인 야구팀이나 스포츠 관련 기업체 팀이 주로 많다. 과거의 실업팀과는 좀 다르지만, 회사가 스폰서 역할을 하고 직원들로 구성되어 있어 탄탄한 조직력을 갖추고 있다. 뿐만 아니라 프로 야구 출신 선수를 감독이나 코치로 영입해서 체계적인 훈련을 받을 수 있다. 스포츠 관련 기업체 팀이 직장인 야구팀과 다른 점은 리그를 직접 운영하는 주체가 스포츠 관련 기업인 경우가 많다는 점이다. 그러나 이러한 조직의 특성이나 측면 지원보다는 선수 출신을 보유하고 있다는 점이 가장 큰 특징이다. 선수 출신이 2명일 경우 대개 이들은 배터리다. 3명이면 유격수, 4명이면 1루수까지 해당된다. 5명이면 3루수까지의 내야를 대부분 선수 출신으로 채울 수 있다.

# 야구팀 가입 또는 창단

들어갈 것이냐 만들 것이냐. 처음엔 보통 들어갔다가 나오면서 만든다. 어쨌든 새로 들어가든 만들든 중요한 것은 꾸준히 출전하고 꾸준히 이어나가는 것이다.

이젠 우리 사회인 야구팀도 오랜 역사를 가질 필요가 있다. 아버지가 아들에게 등 번호를 물려주고, 아들이 없으면 딸에게, 딸은 또 그 아들에게, 아들이 없으면 또 딸에게, 그 딸은 다시 아들에게, 아들이 없으면 또 딸에게…… 딸, 딸, 딸……

그러다가 여성 야구팀으로 변해도 좋다.

보통은 지인을 통해서 야구팀에 가입하게 된다. 아무래도 생판 모르는 사람들과 쉽게 친해지기 어렵기 때문에 누군가의 소개가 필요하다. 물론 그렇지 않은 경우도 있다. 보통 연말 연초에 리그 사이트나 유명한 동호회 카페 등을 통해서 팀원 모집 광고를 한다. 이걸 보고 들어오는 사람들도 간혹 있다고 한다. 지인도 없고 아는 팀도 없는데 야구를 하고 싶다면 그런 방법도 나쁘지 않다. 대신 부득이하게 입단 테스트를 받아야 할 것이다. 가령 1부 리그 팀에 4부 리그 수준의 선수가 들어오는 것은 무리이기 때문이다. 반대로 가입하는 입장에서도 팀을 냉정하게 평가해볼 필요가 있다. 자신과 잘 맞는 분위기인지. 실력이 비슷한지. 포지션이 겹치는 사람은 있는지 없는지. 그래서 출전 기회를 얻을 수 있을지 없을지 등등……

그렇지 않으면 몇 번 하다가 나가야 하는 경우가 생긴다. 절이 싫으면 중이 떠난다. 유니폼은 그대로 입은 채. 내라고 한 돈도 다 낸 채. 그러니 섣불리 사인을 하지 말고 찬찬히 살펴보고, 인터넷을 통해서 정보도 수집해보고 난 뒤에 결정하는 게 좋다.

팀에 가입이 되면, 우선 돈을 내야 한다. 한 달에 약 5만원에서 10만 원 정도로 일 년에 50만원에서 100만원이 된다. 첫 달에는 유니폼에 공동 장비 비용까지 해서 상당히 부담되는 액수가 든다. 친선 경기를 하게 되면 추가적으로 회비를 걷는 일도 생기니 솔직히 말해서 비싼 운동이긴 하다. 그래도 열심히 빠지지 않고 나오면 돈과 비교할 수 없는 쾌감을 얻을 수 있으니 회비낼 때 너무 억울해하지 마시라.

이런 과정이 마음에 들지 않는다면 새로운 팀을 창단하는 것도 나쁘지 않다. 실제로 2008년 베이징 올림픽 금메달과 월드 베이스볼 클래식 준우승, 그리고 우리 연예인 야구팀 영향으로 많은 야구팀이 생겼다. 주로 사회인 야구 선수의 경험이 있는 사람이 주축이 되어 가까운 친구나 선후배 9명만 포섭하면 팀을 이룰 수 있다. 물론 리그에 참가해서 경기를 뛴다면 그 이상의 팀원이 필요한 건 사실이다. 인터넷 카페나 블로그를 만들어 팀 홍보를 하고 팀원을 모집하는 것도 한 방법이다.

팀 창단은 법인 설립의 방식이 아니라서 법적인 절차는 필요 없다. 전혀. 다만 처음에 돈이 좀 든다. 유니폼 맞추고, 팀 장비를 구입하면 최소 100만 원 이상이 든다. 여기에 운동장 대여, 레슨비를 합하면 드는 돈이 더 많아진다. 리그 참가비는 대개 200~250만원이지만 이보다 비싸거나 더 싼 경우도 있다. 이 모든 비용은 회비로 충당하기 때문에 팀원이 적으면 적을수록 개인의 부담은 커진다.

# 리그

건강한 땀들이 야구장을 주말마다 적신다.
리그는 치열하기보다는 뜨겁다.
경쟁은 치열하지만 애정은 뜨겁지 않은가.
또한 리그가 치러지는 수개월동안 팀들은
팀들을 사귄다. 선수들도 선수들을 사귀고
배운다. 경쟁의 장場인 동시에 친선과 교류,
그리고 가르침의 장이다.

사회인 야구 리그는 전국적으로 약 150개 정도가 있다. 여기에 지역별 관공서 리그를 합친다면 200여개 정도가 된다. 4부 리그는 주로 신생팀들이 모여 만든 순수 리그다. 저렴한 리그 참가비에 고만고만한 실력들이라서 나름의 재미가 있지만, 경기장 사정이 불안해서 진행이 매끄럽지 못하다. 꽤 유명하다는 리그는 2~3부에 집중되어 있다. 그러나 서울의 유명 리그인 퍼펙트, 쥬신, 써니, 서울, 천호, 우신 등은 워낙 많은 팀들이 참가해 자연적으로 1부 리그와 루키 리그가 존재한다.

리그의 주체는 다양하다. 관공서 리그는 당연히 관공서이지만, 일반 리그의 경우에는 스포츠 관련 기업체나 음료, 주류 회사의 스폰서십을 받아서 운영하는 '~ 배'와 지자체 단체장의 깃발을 걸고 하는 '~시장 기' 같은 것들이 있고 종교 단체에서 운영하는 리그도 있다.

리그 신청은 연말연초에 받고 리그 시작은 3월이나 4월부터이다. 경기는 일 년에 12번에서 16번 정도 하니까 한 달에 두 번 꼴이다. 토요 리그와 일요 리그가 구분되어 있어 하루는 연습하고 하루는 시합하는 방식이다.

어떤 리그에 참가할까를 결정하기 위해서는 구체적인 정보가 필요하다. 리그마다 규정이 각각 다르기 때문에 팀에 유리한 조건에 해당하는 리그를 찾아야 한다. 비싼 리그 참가비를 내고 만족스럽지 못한 성적을 거둔다면 팀이 흔들릴 수도 있다.

리그에 대한 정보는 대부분 인터넷에서 얻을 수 있고 신청도 인터넷으로 할 수 있다. 유명한 스포츠 관련 업체 리그들은 자체

만신창이 야구단.

의 홈페이지가 따로 있어서 곧바로 들어갈 수 있지만, 그것도 잘
모른다면 게임원clubone.kr과 같은 사이트에서 정보를 얻을 수 있
다. 이 사이트는 사회인 야구의 네이버 혹은 다음이라 할 만한 포
털이다. 이곳에는 전국 9천 개의 야구팀 정보가 모두 있고, 거의
모든 리그에 대한 소개가 수록되어 있다. 베이스볼 코리아baseball-
korea.com라는 사이트도 꽤 유명하다. 오로지 사회인 야구만을 위
한 사이트는 아니지만, 상당히 많은 팀들과 리그들이 정보를 게시
하고 있다.

　내가 지금 연예인팀 감독을 맡고 있으니 연예인 리그에 대해
서 잠깐 설명하겠다. 그런데 연예인팀에 연예인이 별로 없다. 그
래서 리그에서는 최소한 연예인이 5명은 뛰어야 한다는 조건을
내걸 정도이다. 그리고 투수는 반드시 연예인이어야 한다. 여기서
'연예인'이라 하면 얼굴만 봐도 '아! 저 분'할 정도는 돼야 한다.

　연예인 야구팀 중에는 '아! 저 분' 이 아니라 그냥 바라만 봐도

'아!' 하고 쓰러질 팀도 있다. 최고의 얼굴 드림팀이라 불리우는 '플레이 보이즈'가 그 경우이다. 강동원, 공유, 공형진, 권상우, 김승우, 장동건, 정우성, 조인성, 주진모, 지진희, 황정민……(인기 순이 아니라 가나다 순이다) 저절로 여성 팬들이 줄을 서는 프린스 구단이다. 서로 친선 경기를 갖자고 난리다. 심지어 10억을 제의 하기도 했다는데 상업적으로 활용되는 게 싫어서 거절했다고 한 다. 그것도 그렇지만 이 왕자님들이 한자리에 모이는 진풍경을 볼 수 있고 게다가 야구까지 하는데 출연료로 계산한데도 10억은 부 족하지 않을까?

이런 호화 연예인팀이 있는가 하면, 청각장애인들로 구성된 야구팀과 리그도 있다. 리그의 경우 팀이 몇 개 되지 않아 활발한 활동은 없으나 실력은 꽤 높다. 모 CF 카피에서처럼 '소리 없이

기왕이면 다홍치마?

강한' 팀들이다. 그중 충주 성심학교의 성심야구부와 우리 연예인 팀이 일전을 벌인 적이 있었다. 물론 우리가 졌다. 이때 추추 트레인 추신수 선수가 성심야구부의 감독 겸 선수로 뛰었다. 처음에는 경기 지도만 부탁했는데, 추신수 선수는 굳이 자신을 낮추면서 선수로 함께 뛰길 원했다. "제가 아는 게 없는데 뭘 가르치겠습니까." 그리고 출연료 전액을 기부했다. 실력만 빅 리거가 아니라 마음도 빅 리거였다.

청각장애인은 듣고 말하는 것만 문제가 있을 뿐이지 다른 신체의 결함이 없기 때문에 일반인들과 경기를 펼쳐도 큰 문제는 없다. 솔직히 리그를 따로 만들 필요도 없고 팀도 굳이 따로 구성할 필요가 없다. 장애인이란 말은 일반인과 편의적으로 구분하기 위해 만들어진 것이라 생각한다. 조금 불편할 뿐이지 많이 다르지 않다. 야구는 말로 하는 것이 아니다. 손과 발로 하는 것이니 조금만 배려한다면 함께 야구를 즐길 수 있다.

이외에도 미국으로 전지 훈련을 가면 만날 수 있었던 재외 한인 팀의 조촐한 리그, 정말 궁금한 그리고 구경하고픈 여성 리그도 있다. 그리고 2010년부터 시작한 모 온라인 마켓의 전국 리그도 사회인 야구팀들에게 군침을 돌게 했다. 1등 상금이 무려 300만원이었다. 전국 128개 팀의 참가. 게다가 100% 비선출의 순수한 경쟁. 그러나 문제는 역시 이동이었다. 그래서인지 우승팀은 교통의 중심인 충남 소재의 야구팀이었다. 우리 팀도 KTX를 타고 전국의 팀과 경기를 하는 일명 'KTX 리그'를 벌이고 있지만, 버스로 이동한다면 여러모로 어려운 일정임에 틀림없다.

# 기록
# 만들기

부끄럽게도 프로 야구 시절의 내 기록은
고스란히 KBO에 남아 있다. 언제 어디서
몇 번째 공을 어떻게 던졌는지까지도
다 나와 있다. 기록은 참 무섭다.
그러나 무서운 선생님의 회초리처럼 정신을
버쩍 들게 하는 명약이기도 하다. 못했으니
잘 할 수 있는 것이다. 반면 좋은 기록은
사람을 느슨하게 만든다. 칭찬은 고래를
춤추게도 하지만, 술고래로 만들 수도 있다.

"야구는 기록의 경기다." 참 많이 듣는 말이지만 사회인 야구에서의 기록이란 그리 쉬운 일이 아니다. 북만 치는 것도 어려운데, 장구까지 쳐야 하는 셈인 것이다. 그래서 리그에서는 비용을 치르고 모셔온 공식 기록원이 기록지에 혹은 컴퓨터에 경기의 모든 내용을 기록해준다. 그러나 친선 경기나 소규모 리그에서는 팀 내에서 직접 기록을 맡아서 한다. 한번은 상대 팀의 여성 한 분이 감독, 매니저, 응원단장, 그리고 기록원까지 네 가지 일을 모두 수행하는 '아름다운 모습'을 보고 '우리 팀은 왜……' 하며 우울해하기도 했다.

사실 기록은 일종의 새로운 언어이다. 모르면 읽기 어렵고, 쓰기는 더더욱 어렵다. 그래서 KBO에서 기록지 작성에 대한 교육을 하기도 했었는데, 요새는 기록지보다 컴퓨터 프로그램을 활용하는 것이 대세다. 프로그램을 통해서라면 누구나 쉽게 경기 기록을 만들 수 있다. 내가 아는 프로그램은 딱 하나인데, 우리나라의 벤처 기업에서 개발한 EZ SCORE BOOK[47]이라는 소프트웨어이다.

## | 1 | 경기 기록하기

기록지에 직접 기입하는 방법도 있지만, 여기서는 위에서 말한 프로그램을 이용한 방법을 소개하도록 하겠다. 어차피 기호로 표현되는 것은 같으나, 입력하기가 훨씬 쉽다. 아래는 내가 가상으로 게임 기록을 해본 것이다.

| 수비 | 후공 | 1 | | |
|---|---|---|---|---|
| 7 | 한민관 | ∅∅○ | **I** | K |
| 5 | 김창열 | ○○二▲△∂ | (四) ● (五) | S² 7*8 |
| 3 | 김성수 | ○∅/三二 | (六) ● (四) (七) | B |

| 수비 | 후공 | 1 | | |
|---|---|---|---|---|
| 1 | 오지호 | ○二二 | (七) ● (六) | D |
| 4 | 동호 | ○○○ | **II** | F |
| 6 | 탁재훈 | ∂ | ● (七) | |

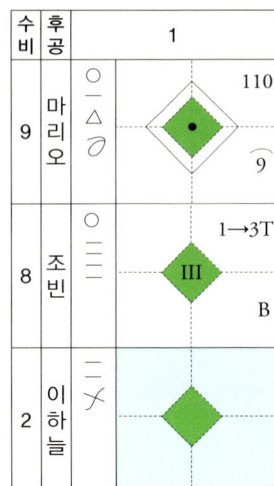

| 수비 | 후공 | 1 | |
|---|---|---|---|
| 9 | 마리오 | ○二△∂ | 110 ● 9 |
| 8 | 조빈 | ○二二 | 1→3T **III** B |
| 2 | 이하늘 | 二二〆 | ● |

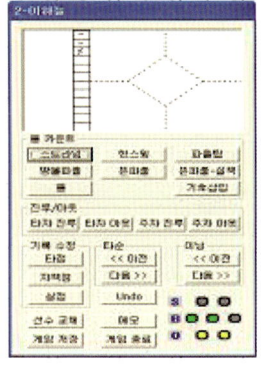

기록지(부분만 따로 떼서 강조한 것이다).

여기에서 중요한 메뉴는 모두 아래쪽에 보이는 창에 있다. 선수들의 타석에서 볼카운트와 타격, 주자의 움직임들을 선택해서 기록할 수 있다. 현재의 상황은 1회 공격이 이하늘 선수의 스트라이크 아웃으로 막 끝났음을 기록한 상황이다.

1번 타자부터 살펴보면 한민관 선수는 헛스윙(ø) 두 번에 스트라이크(o) 한 번으로 스트라이크 아웃(K)되어 초록색 다이아몬드 안에 원 아웃(Ⅰ)으로 표시되었다. 별로 어려울 게 없다.

2번 타자 김창렬 선수는 1루타를 쳤다. 타구 방향은 좌익수(7) 과 중견수(8)의 사이(7＊8). 타구 형태는 라이너 성(–). 볼카운트는 투 스트라이크 투 볼 이후 땅볼 파울(▲)과 뜬 파울(△)을 두 번 쳤 다가 안타(⒜를 뽑아낸 것이다. 그런데 다음 타자 김성수 선수 타 석 때 투 스트라이크 상황에서 2루로 도루(S²)를 성공했다. 그러나 괜한 도루였다. 타석의 김성수 선수는 볼넷(B)으로 1루를 채웠으 니 말이다. 게다가 4번 타자(四) 오지호 선수도 몸에 맞는 볼(D)로 1루로, 김성수 선수는 2루, 김창렬 선수는 3루로 진루해서 만루가 되었다.

5번 타자 동호는 투 스트라이크 노 볼에서 타격(⒜을 했는데 3 루 주자를 홈으로 들어오도록 하는 희생 플라이(ㅁ)였다. 역시 소 년가장답게 밥벌이를 한 셈. 1타점을 올렸지만 플라이아웃(F)으로 기록된다. 한편 홈으로 들어온 김창렬 선수의 박스에는 5번 타자 (五)의 도움으로 홈을 득점한 것으로 기록된다.

6번 타자 탁재훈 선수. 초구를 노려 때렸다. 1루(3) 방향으로 날아가서 아웃될 줄 알았으나, 1루수 실책으로 내야 안타(N) 기 록. 1루와 2루에 있던 주자는 각각 2, 3루로 진루했다. 다시 만루.

7번 타자는 거포 마리오 선수. 명불허전이라고 한방 크게 때 린다. 호~옴런(◇). 와우! 비거리 110미터. 우익수(9) 방향으로 날 아갔다.

다음 타석은 조빈 선수. 홈런을 맞은 투수는 볼넷(B)을 허용하 고 만다. 다음은 이빨 빠진 사자 이하늘 선수. 투 볼 상황에서 조빈 선수가 어이없게도 투수의 1루 견제(1→3T)로 아웃되고 만다. 물론 이하늘 선수는 다음 회에 첫번째 타자로 타석에 들어오게 된다. 그리고 볼카운트는 이어지지 않는다.

이렇게 특이한 문자를 정해진 방법에 따라 활용하면 경기 영상을 보지 않고도 어떤 내용으로 경기가 진행되는지 알 수 있다. 여기서는 공격만 설명했지만, 이에 따른 수비의 실책이나 자살刺殺, 보살保殺, 그리고 투수의 자책점도 알 수 있게 된다.

기록지에 직접 기입해보려 한다면 위에서 간간이 소개한 기호를 포함한 아래의 모든 기록 기호를 참고하도록 하자.

| 수비의 위치와 기호 | |
|---|---|
| 투수 | 1 |
| 포수 | 2 |
| 1루수 | 3 |
| 2루수 | 4 |
| 3루수 | 5 |
| 유격수 | 6 |
| 좌익수 | 7 |
| 중견수 | 8 |
| 우익수 | 9 |

| 타자의 기호 | |
|---|---|
| ― | 볼 |
| ○ | 스트라이크 |
| △ | 파울 |
| ● | 득점 |
| Ⅰ.Ⅱ.Ⅲ | 아웃 수 |
| ⸸ | 잔루 |
| ⊖ | 스윙 |

| 타자 아웃의 기호 | |
|---|---|
| K | 스트라이크 아웃 |
| F | 플라이 아웃 |
| f | 파울플라이 아웃 |
| ⊓ | 희생 번트 |
| □ | 희생 플라이 |
| T | 태그아웃 |
| I | 더블플라이 |

| 진루의 기호 | |
|---|---|
| ╱ | 안타 |
| ◁ | 내야 안타 |
| ◁ | 번트 안타 |
| ＞ | 2루타 |
| ╱╲ | 3루타 |
| ◇ | 홈런 |
| E | 실책(에러) |
| D | 사구(데드볼) |
| B | 사사구(포볼) |

| 기타 기호 | |
|---|---|
| 打(타) | 대타 |
| DH | 지명 타자 |
| 走(주) | 대주자 |
| ⑧ | 타격 |
| ∧ | 플라이 |
| ∨ | 땅볼 |
| S | 도루 |

기록지 기호.

# | 2 | 개인 기록

자, 이제 경기 기록에 따른 개인 기록을 뽑아볼 차례이다. 위에서 소개한 프로그램은 자동으로 개인의 기록을 깔끔한 표로 만들어 준다. 아래와 같이.

| 이름 | 수비 | 타율 | 출루율 | 장타율 | 득점 | 타점 | 타석 | 타수 | 안타 | 2루타 | 3루타 | 홈런 | 도루 | 희번 | 희플 | 4구 | 사구 | 삼진 | 실책 | 자살 | 보살 | 수비율 | 포일 |
|---|---|---|---|---|---|---|---|---|---|---|---|---|---|---|---|---|---|---|---|---|---|---|---|
| 한민관 | 7 | 0.333 | 0.333 | 0.333 | 1 | 1 | 3 | 3 | 1 | 0 | 0 | 0 | 0 | 0 | 0 | 0 | 0 | 2 | 0 | 0 | 0 | 0.000 | 0 |
| 김창렬 | 5 | 0.500 | 0.667 | 0.500 | 2 | 0 | 3 | 2 | 1 | 0 | 0 | 0 | 1 | 0 | 0 | 0 | 1 | 1 | 1 | 0 | 0 | 0.000 | 0 |
| 김성수 | 3 | 1.000 | 1.000 | 1.500 | 3 | 0 | 3 | 2 | 2 | 1 | 0 | 0 | 0 | 0 | 0 | 1 | 0 | 0 | 0 | 14 | 0 | 1.000 | 0 |
| 오지호 | 1 | 1.000 | 1.000 | 2.500 | 2 | 4 | 3 | 2 | 2 | 0 | 0 | 1 | 0 | 0 | 0 | 0 | 1 | 0 | 0 | 0 | 0 | 0.000 | 0 |
| 동호 | 4 | 1.000 | 1.000 | 1.500 | 2 | 1 | 3 | 2 | 2 | 1 | 0 | 0 | 0 | 1 | 0 | 0 | 0 | 0 | 0 | 0 | 7 | 1.000 | 0 |
| 탁재훈 | 6 | 1.000 | 1.000 | 1.333 | 3 | 0 | 3 | 3 | 3 | 1 | 0 | 0 | 0 | 0 | 0 | 0 | 0 | 0 | 0 | 0 | 7 | 1.000 | 0 |
| 마리오 | 9 | 1.000 | 1.000 | 4.000 | 3 | 7 | 3 | 2 | 2 | 0 | 0 | 2 | 0 | 0 | 0 | 1 | 0 | 0 | 0 | 0 | 0 | 0.000 | 0 |
| 조빈 | 8 | 0.500 | 0.667 | 0.500 | 1 | 2 | 3 | 2 | 1 | 0 | 0 | 0 | 0 | 0 | 0 | 1 | 0 | 1 | 0 | 1 | 0 | 1.000 | 0 |
| 이하늘 | 2 | 0.667 | 0.667 | 2.333 | 2 | 3 | 3 | 3 | 2 | 0 | 1 | 1 | 0 | 0 | 0 | 0 | 0 | 0 | 0 | 0 | 0 | 0.000 | 4 |

타율 기록.

위의 1회말 공격에 2회를 덧붙여 계속 경기를 진행했다고 가정하고 역시 가상으로 개인 기록을 뽑아본 것이다. 여기 메뉴에는 아직까지 설명하지 않은 낯선 내용들도 있을 것이다. 하나씩 살펴보자.

먼저, 4구와 사구를 구분해야 한다. 전자는 볼넷이고 후자는 사구死球다. 즉 데드 볼. 그 옆으로 세 칸 더 가면 자살刺殺이 나오는데 아시다시피 스스로 아웃되는 것이 아니라 수비수로서 타구를 직접 처리(플라이 볼, 파울플라이)하거나 송구나 캐치로 직접 아웃 카운트를 잡아냈다는 기록이다. 그래서 1루수들은 자살의 기록이 매우 많다. 위에서 보면 1루수인 김성수 선수가 자살이 무려 14개 이다. 보살保殺은 아웃을 시키는데 도움을 준 것이니까 어시스트라 고 해도 되겠다. 포일捕逸은 투수의 폭투가 아니라 포수의 공 빠트 림, 패스트볼passed을 말한다. 그래서 포일 기록은 포수인 이하늘 선수 밖에 없다.

그러나 가장 중요한 것은 타율과 출루율이다. 선수를 평가하 는데 이보다 중요한 요소는 없다. 위에서 보면 3할이 가장 저조한 타율이고 10할이 5명이나 된다. 그러나 이것은 단순히 예로 제시 하기 위해 가정을 해서 나온 결과일 뿐이지 사실은 아니다.

타율 계산은 개인적으로도 할 수 있다. 자기가 오늘 경기에서 몇 번 안타를 쳤는지 기억하지 못하는 사람은 아마 없을 것이다. 안타를 타수로 나누면 된다. 위의 한민관 선수를 예로 들어보자. 타수는 3번인데 안타는 1번, 그러니까 1/3. 3할3푼3리가 되는 것 이다. 여기서 한 가지 헷갈리는 개념이 있는데, 바로 '타석'과 '타 수'의 구분이다. 타석은 볼넷이나 사구로 나간 횟수까지 모두 치 는 그야말로 타석에 선수가 들어온 횟수를 말하는 것이고, 타수는 그것을 빼고 오로지 타자가 타격을 한 횟수를 말한다.

다음은 출루율이다. 이것은 좀 복잡하다. 이번엔 김창렬 선수 의 기록으로 따져보자. 먼저, 안타, 볼넷, 사구를 모두 더한다. 안 타(1)+사구(1)이니까 2가 된다. 그리고 이번엔 타수(2)+볼넷(0)+사구(1)+희생 플라이(0)를 모두 더한다. 합은 3. 이제 첫번째 구한 값에 두번째 구한 값을 나눈다. 2÷3=0.667이다. 이때 4구, 사구, 희생 플라이만 계산에 들어간다는 것을 명심해야 한다. 희생 번트라든지, 낫 아웃 상황에서 1루 세이프나 야수의 선택으로 살아남은 경우는 절대 포함하지 않는다.

그 다음으로 중요한 것이 장타율이다. 1루타 이상을 쳤을 때 타자가 밟고 간 베이스의 수에다가 타수를 나누면 된다. 완전 간단하다. 이번엔 홈런을 두 방이나 친 마리오로 예를 들어보자. 홈런 두 방이니까 총 8번 베이스를 밟았다. 타수는 2로, 장타율이 무려 4나 된다. 더이상 올라갈 수 없는 장타율이 되는 셈이다. 그런데 요새는 OPS라는 기록도 많이 따진다. 장타율+출루율. 마리오의 OPS는 5가 된다. 역시 가장 높은 수이다. 진짜 시합에서도 이렇게 해주면 얼마나 좋을까. 마리오! 여기에 반에 반에 반만 해달란 마리오!

이번에는 투수의 기록을 살펴보자.

| 이름 | 승 | 패 | 세이브 | 홀드 | 이닝수 | 실점 | 자책점 | 방어율 | 승률 | 피타석 | 피타수 | 피안타 | 2루타 | 3루타 | 피홈런 | 희번 | 희플 | 4구 | 사구 | 삼진 | 폭투 | 실책 |
|---|---|---|---|---|---|---|---|---|---|---|---|---|---|---|---|---|---|---|---|---|---|---|
| 오지호 | 1 | 0 | 0 | 0 | 3 | 6 | 3 | 9.000 | 1.000 | 12 | 9 | 7 | 2 | 0 | 1 | 0 | 0 | 2 | 1 | 1 | 0 | 0 |

투구 기록.

이 기록도 역시 임의로 만든 것이다. 투수 기록에 중요한 것은 역시 방어율ERA이다. 낮을수록 좋지만 오지호 투수는 방어율이 무려 9이다. 계산 방법은 자책점(3)×9(전체이닝)÷던진 이닝(3)=9이

사회인 야구인가, 프로 야구인가? 사회인 야구에서도 이런 플레이를 볼 수 있는 날이 오길……

다. 문제는 실점을 했을 때 이것이 투수의 자책점인지, 비자책점인지 구분하기가 매우 까다롭다는 것인데, 폭투가 없음에도 불구하고 오지호 투수의 자책점이 높은 이유는 홈런을 맞았기 때문이다.

보통 선발 투수가 잘 던지는 날엔 6회까지 3점 이하의 자책점을 허용한다. 퀄리티 스타트는 여기서 나온 개념이다. 그러나 방어율로 계산하면 $3 \times 9 \div 6 = 4.5$이다. 방어율로 보면 그리 좋은 것은 아니다. 어디까지나 팀의 입장에서 승리의 한 요소로 판단하는 개념일 뿐이다.

우리나라 최고의 투수, 선동열 선수의 방어율은 통산 1.20이었다. 최고로 좋았던 시즌에는 0.99였다. 9이닝까지 1점 정도 밖에 허용하지 않았다는 건데, 누가 이 기록을 깰 수 있을지…… 투수 출신인 나로서도 거의 불가능하다는 생각이다.

투수의 기록 중에는 방어율 말고도 승수가 매우 중요하다. 승수는 개인의 기록이기도 하지만 타자들과 수비수들의 공조와 협조가 있어야 얻을 수 있는 성적이기 때문에 운도 따라야 한다.

마지막으로 최근 TV에서 자주 따지는 'WHIP'를 빼놓을 수 없다. 위에서는 나타나 있지 않지만 계산은 간단하다. 이닝 당 볼넷, 사구와 피안타수이다. 오지호 투수의 경우 피안타(7)+볼넷(2)+사구(1)÷이닝(3)=3.33이다. 참고로 선동열 선수의 WHIP는 0.80이다. 와우!

사실 사회인 야구에서는 타율이 매우 높고, 그래서 투수들의 방어율도 높을 수밖에 없다. 현실적으로 받아들여야 할 것이다. 괜히 메이저리그나 한국 프로 야구의 방어율과 비교해서 절망할까 싶은 걱정에서 드리는 말이니 비선출 투수들이여 힘내시라.

# '꽃남에서 야구남으로' 김 준

**F4 김준에서 야구 선수 김준으로의 변신 소감은?**

아무래도 '꽃보다 남자'일 때는 여자 팬이 많았는데 지금은 남자 팬이 더 많아졌습니다. 특히 아저씨들이 저를 알아보시고 조언을 많이 해주세요. "타격이 안 좋아졌으니까 감각을 다시 찾으라"느니 "플라이 볼을 잘 잡아라" 등등 야구에 관련된 이야기를 많이 듣습니다. 그래서 이제는 꽃남이 아니라 야구 선수 김준으로 바뀐 것 같아요. 조금은 연약한 남자에서 터프한 운동 선수로서의 이미지 변신을 야구가 도와준 것 같아서 야구에게 고맙습니다.

**외모가 재산인 연기자인데 야구하다가 부상당하면 문제가 될 거라는 걱정은?**

글쎄요. 물론 외모가 중요한 것도 사실인데, 저는 야구를 하면서 좀더 강한 체력을 얻었고 예전에 갖지 못했던 부지런함을 가질 수 있게 된 것 같아서 더 좋습니다. 많이 게을렀었거든요. 사회인 야구하시는 분들도 동감하는 부분이겠지만, 계속 하다보니까 그냥 자연스럽게 야구장에 나오게 되고 또 야구에 집중하게 되고, 이것저것 스케줄 피해서 운동도 하게 된 것 같아요. 하지만 부상을 당하면 당연히 문제겠죠. 반드시 경기 전에 스트레칭을 충분히 하고 무리한 동작은 피하려고 합니다.

● 현재(2010년 8월) 본인의 타율을 아는지?

글쎄요. 올해 초에 1할도 안됐었다는 건 알고 있습니다. 거의 바닥이어서 타율 계산하기가 싫었죠. 시험 못 본 애들이 채점하기 싫어하는 것처럼 말이죠. 지금은 아무래도 그때보다는 높을 것 같습니다. 안타를 계속 치고 있으니까 10할이겠죠.

● 최근 6연타석 안타를 기록하고 있다. 급상승한 타격감의 비결이 있다면?

정확히 말하면 두 경기 6연타석 안타입니다. 타격감 상승의 비결이라면…… 솔직히 비결이라고 할 만한 것은 없지만, 어느 순간 안정된 타격 자세를 잡게 된 것 같습니다. 예전에는 중심이 앞으로 쏠리는 자세였습니다. 그런데 이제는 뒷발에 중심을 두고 조금 기다리는 듯한 자세를 가지게 되었습니다. 이 자세가 공을 끝까지 보고 배트에 정확하게 맞추는데 도움이 된 것 같습니다.

● 개인의 타격 기록이 어떤 도움을 주는지?

사실 기록에 신경을 쓰는 것 보다는 매 경기 매 타석 성실하게 임한다는 것이 제 모토입니다. 물론 최근에 기록이 좋아진 것은 사실입니다. 그러나 언젠가 떨어질 때도 오겠죠. 거의 모든 것이 바닥과 천장을 치면서 오르락내리락하잖아요. 나쁜 기록은 좋은 기록을 만들게 하는데 도움이 되고 좋은 기록도 더 좋은 기록을 만들도록 해주는 것 같습니다.

⚾ 마지막으로 야구를 사랑하는 분들에게 하고 싶은 말은?

주변을 보면 야구를 보는 걸 좋아하는 분들이 더 많은 것 같아요. 저 자신도 그랬구요. 그것도 좋지만 여건이 되신다면 한 번 직접 야구 선수가 되어 보는 것도 어떻겠냐는 제안을 드려보고 싶어요. 현재 사회인 야구 선수이시라면 더 부지런히 그라운드를 밟으시라고 말씀드리고 싶습니다.

# 리그
## 스텝 업

소속된 리그에서 좋은 성적을 거두었고,
선수들의 기록이 날로 향상되고 있다면
다음 해 리그를 한 단계 끌어올리기 위한
준비를 해야 할 것이다. 프로도 마찬가지다.
신생 팀이 착실히 훈련해서 다음 해에 순위를
끌어올리고 포스트시즌까지 가기 위해서는
거기에 맞는 철저한 준비가 필요한 것이다.
겨울에 흘린 땀이 이듬해 가을의 열매를
탐스럽게 한다.

# | 1 | 기록 분석

'천재는 자신을 잘 아는 사람'이라는 말이 있다. 자신의 강점과 약점을 잘 파악하고 이를 잘 이용하는 팀이 좋은 성적을 낼 수 있다는 것은 거의 진리에 가깝다. 사회인 야구 시합에서 종종 느낄 수 있는 점은 약점을 드러내면서 강점이 묻혀버리는 플레이가 결국 패배를 가져온다는 것이다. 물론 우리 팀도 그랬다. 워낙 약점투성이라고 생각했던 나머지, 우리가 가지고 있었던 강점을 발견조차 하지 못했던 것이다.

앞서 기록 만들기를 해봤지만, 이런 경기 기록과 개인 기록이 쌓이고 쌓이면 팀 전체로 보았을 때 꽤나 방대한 자료가 된다. 이걸 그냥 놔두면 무용지물이지만 철저하게 분석하면 앞으로 어떻게 해야 할지 방법을 알려주는 지침서가 된다.

먼저 팀의 기록에서 봐야 할 것은 타율이다. 타율에서도 장타율은 구분해서 봐야 하고, 주자가 있을 때의 타율(클러치 타율)도 반드시 따져야 할 것이다. 팀 전체의 타율은 높은데, 득점율이 낮다면 이는 주루에 문제가 있다고 봐야 한다. 또는 타점이 낮은, 즉 클러치 타율이 낮은 선수가 많다는 분석을 할 수 있다.

두번째는 수비율 분석이다. 사회인 야구이다 보니 실책이 가장 큰 문제이다. 실책 중에서도 가장 경계해야 할 것은 악송구다. 타구 수비야 어쩔 수 없다고 하지만 악송구는 흐름을 완전히 끊어놓는다.

그리고 투수라는 영원한 난제가 있다. 피안타보다는 볼넷과 사구, 폭투에 집중해야 할 것이다. 선수마다 볼넷이나 폭투가 자주 나오기 시작하는 상황을 찾아내야 한다. 홈런과 같은 큰 타구를 맞은 뒤라든지 만루 상황, 또는 도루를 허용한 다음 같이 심리적으로 흔들릴 수 있는 상황을 분석해서 이것을 극복하는 시뮬레이션 훈련도 시도해볼 만하다.

개인적인 분석도 마찬가지이다. 스스로 어느 정도 문제점을 분석해놓아야 전문 코치의 코칭도 수월하게 받을 수 있다. 몸이 아프다고 무턱대고 아무 병원에나 갈 수는 없는 것이다. 배가 아프면 내과, 귀가 아프면 이비인후과, 다리가 아프면 외과로 가야 한다. 스스로 어디가 문제인지 모르면 어떤 코치에게 어떤 코칭을 받아야 할지도 모르는 것이다. 게다가 코치의 입장에서도 생판 처음 보는 선수의 문제점을 단시간 안에 발견하기 어렵다. 결국 처방 훈련은 점점 더 멀어질 뿐, '비싼 돈 내고 강습을 받아도 나중에는 제자리걸음'이라는 말을 하게 되는 원인이 바로 이것이다.

# '야구계의 명의名醫' 허 준

⚾ 게임 해설가에서 야구 해설가로 돌변한 계기는? 게임 해설과 야구 해설, 뭐가 다른가?

저는 워낙 방송을 사랑하는 사람이다 보니까 어떤 섭외가 들어와도 할 수 있어요. 이 프로그램도 섭외가 들어와서 했다고는 하지만, 사실 저는 원래 야구 마니아입니다. 제가 게임 해설을 했고 여기서도 해설을 주로 하고 있기 때문에 야구와 관련이 없다고 생각하시는 분들도 많은데, 저도 사회인 야구 13년차입니다. 지금도 하고 있구요. 결론적으로 야구 해설가로 돌변한 계기는 제가 워낙 야구를 좋아하는 사람이기 때문입니다.

사실 요새는 컴퓨터 야구 게임도 많고 그런데요. 게임은 어디까지나 가상이죠. 그래서 "이건 말도 안 된다"고 소리칠 수 있지만, 현실은 시궁창이잖아요. 마찬가지로 야구라는 현실은 다릅니다. 말이 안 되는 게 눈앞에 펼쳐지는 경우가 많아요. 공식도 없고 패턴도 없어요. 예측할 수 없는 상황을 해설하는 긴장감이 더 높다고 생각합니다.

⚾ 경기 때마다 야구 기록도 하는데 언제 배웠나?

아무래도 해설가다보니 이전의 기록도 필요하고 해서 기록지를 쓰게 됐습니다. 야구 기록지는 나름대로 기호가 있고 방식이

허준.

독특해서 그리 쉬운 건 아니에요. 그렇다고 제 자랑은 아니구요. 우연치 않은 기회에 배우게 되었습니다. 아까 말씀드린 것처럼 대학교 때 야구부 선수였거든요. 그런데 주전이 아니라서 벤치에 있었는데 선배들이 자리만 지키지 말고 기록이라도 하라고 가르쳐줬어요. 전문적으로 배운 게 아니라서 사실 좀 서투른데 지금은 아주 잘 써먹습니다.

⚾ 관객으로서 사회인 야구를 어떻게 즐겨야 한다고 생각하는가?

사회인 야구 경기를 보기 위해서는 모든 준비를 해야 한다고 생각해요. 사실 야구를 위해서 야구를 보러간다고 하기보다는 즐거운 시간을 보내기 위해 야구장에 가야 한다고 생각합니다. 그래서 일단 도시락, 바비큐도 좋구요. 시원한 음료수나 맥주도 몇 캔 싸가고, 입가심으로 수박, 복숭아……(대부분 음식이네요) 그렇죠. 그냥 한강 둔치에 놀러왔다고 생각하면 될 것 같아요. 사실 사회인 야구가 대부분 늦은 시간에 열리거든요. 요새처럼 더울 때는 딱 좋죠.

대신, 문제는 야구장 시설인데…… 빨리 공원처럼 편하게 관람할 수 있는 야구장을 사회인 야구팀들도 쓸 수 있는 날이 올 수 있기를 바랄뿐이죠.

● 사회인 야구가 발전하기 위해서는 어떤 노력이 필요하다고 생각하는지?

일단은 기본적으로 정말 많은 사회인 야구팀이 있는데도 불구하고 통합된 시스템이 없다보니 문제가 많은 것 같습니다. 꼭 어느 누군가가 나서서 한다기보다는 리그 간의 통합이나 지역 팀들이 함께하는 커뮤니티가 필요하다고 생각해요.

● 마지막으로 허준에게 나비넥타이란? 『동의보감』이란?

변신을 하기 위한 저만의 비장의 무기라고나 할까요. 나비가 원래 변신을 의미하잖아요. 애벌레에서 나비로 아름답게 변하는 거죠. 그리고 훨훨 날아가는. 어쨌든 좋은 의미인 것 같아요. 그리고 이경필 코치님도 해설하실 때 나비넥타이 매시잖아요. 나비넥타이가 해설가의 전형적인 모습인 것 같아요.

『동의보감』이란, 딱히 노력하지 않아도 저의 인지도를 높여주는 고마운 책? 물론 그 뿐만은 아니죠. 저도 허준과 같은 명의처럼 야구 해설을 할 때 문제점과 좋은 점의 맥을 정확히 짚어서 설명하고 처방하는 해설가가 되어야겠다고 생각합니다. 사실 여기 출연자들 모두 스스로를 야구 선수라고 생각하고 있거든요. 시청자들도 그렇게 생각하고 있구요. 저 역시 제가 야구 해설가라고 생각합니다.

## |2| 스카우트를 통한 전력 강화

　　현재의 멤버로 도저히 원하는 전력을 얻을 수 없다면 새로운 선수를 영입해야 한다. 그러나 이때도 구체적이어야 한다. 그냥 '야구 잘하는 선수 아무나……'와 같은 식은 안 된다. 블로그나 카페에 포지션과 경력, 실력, 스타일, 팀 내 역할 등에 대해 상세하게 설명해줘야 한다. 팀이 해체되어 갈 곳을 찾고 있다든지 절이 싫어 나온 스님 같은 상황이 의외로 꽤 있다. 리그가 끝나는 시점부터 꾸준히 홍보한다면 대어를 건질 수도 있을 것이다.

〈선출의 탄생〉? 아름다움의 비밀은 실력.

더 효과적인 방법도 있다. 선출을 지인의 소개로 영입한다든지 경기를 해본 상대 팀 선수를 모셔오는 경우이다. 그러나 후자는 그리 쉽지 않다. 혹 포지션 경쟁으로 떠날 생각이 있었다면 모르겠지만, 정으로 연결된 관계를 끊고 선뜻 보따리를 싸기란 어렵다. 나는 선수가 아니었지만, 처음 맡았던 팀에서 현재의 팀으로 영입된 것이나 마찬가지이다. 그때 우리 팀이 바라던 것은 앞서 말한 것처럼 피칭머신, 그러니까 투수 출신인 코치가 계속 공을 던져주기 원했던 것이다. 어쨌든 내가 스카우트된 경로는 역시 지인이다.

## | 3 | 친선 경기

가을이 가고 야구 시즌이 지나가면 운동장 대여도 좀 쉬워진다. 물론 야구를 할 수 있을 만한 날씨는 아니다. 그럼에도 불구하고 내년 시즌의 리그 스텝 업을 꿈꾼다면 오리털 파카를 입고라도 훈련을 해줘야 한다.

여기에서 한 보 더 나아간다면, 전력이 한 단계 위인 팀들과 친선 경기도 추진해봐야 한다. 다음 해 들어갈 리그의 수준을 미리 맛봐야 하지 않겠는가. 그러나 친선 경기가 그리 쉬운 것은 아니다. 운동장도 그렇지만, 개인 스케줄과 팀원들의 의견이 일치를 봐야 하기 때문이다. 그래서 사실 친선 경기는 리그 중에 더 많이 한다.

연예인팀 간의 친선 경기. '만신창이'와 '조마조마' 간의
대결이었다.

친선 경기는 말 그대로 승부보다는 팀 간의 관계 도모이다. 그러나 관계를 도모하려고 그 비싼 운동장을 대여할 필요는 없다. 친선 경기에서는 전력 점검과 작전, 그리고 연습한 부분을 적용해보는 기회로 삼는 것이 좋다. 선수들 각자도 자신의 문제를 해결해나가는 계기로 여겨야 한다. 따라서 훈련 후 치르는 친선 경기의 기록은 매우 중요하다. 처방이 제대로 효과를 발휘하는지를 확인할 수 있기 때문이다. 만약에 약발이 들지 않는다면 다른 방법을 강구해야 할 것이다.

친선 경기에서 승부의 결과는 뒷전이라고 하지만, 한 수 높은 팀과의 경기에서 승리는 매우 중요하다. 팀의 전력이 한 단계 업그레이드되고 있다는 증거이며, 팀원들이 그만큼 유기적으로 야구를 하고 있다는 확실한 증명이기 때문이다.

# 사회인
# 야구의
# 문제점

사회인 야구가 부흥기를 맞고 있다.
전국적으로 매년 수많은 팀이 꾸준히 늘고
있고 야구에 대한 열정과 열기도 전과 다르게
높아지고 있다. 하지만 아직까지 우리 사회인
야구는 해결해야 할 많은 문제점을 안고 있다.
나에게 항상 좋은 정보를 주시는 사회인
야구 선수인 트위터 유저 100분에게
사회인 야구의 가장 큰 문제점에 대한
생각을 물어보았다.

## | 1 | 부족한 야구장

가장 많은 분들이 이 문제를 지적했다. 사실 사회인 야구를 하지 않는 분들도 알만한 문제일 것이다. 도대체 우리나라에 야구장은 몇 개나 될까. 앞서 팀은 9천여 개가 된다고 했는데, 이들 모두가 매주 운동을 할 수 있기나 한 걸까?

어쩌면 리그에 참가하는 이유 중에는 야구장을 쉽게 빌릴 수 없다는 것도 포함될 것이다. 한마디로 하늘의 별따기이다. 팀 간의 연습은 고사하고 친선 경기를 치르기도 어렵다. 이런 연유로 경기장 흙이라도 밟기 위해 비싼 돈을 내고 리그에 참가하는 것이다. 우리 연예인 야구팀도 야구장 대여 문제 때문에 항상 고민이다.

야구장이 턱없이 부족한 것도 사실이지만, 사회인 야구는 토요일과 일요일만 쓰기 때문에 신청이 몰릴 수밖에 없다. 이에 비해 주중에는 텅텅 빈다. 한때 개인적으로 야구장 건립을 검토해본 적이 있었는데, 결국 이 주말 몰림 현상을 해결하지 못해서 접고 말았다. 내 생각에는 지자체의 협조가 있어야 한다. 주중에는 문화 행사나 다른 운동을 할 수 있는 경기장과 같이 다목적으로 사용할 수 있는 방법을 모색해야 할 것이다.

그나마 희망적인 것은 돔구장 건립이 점점 현실화되고 있다는 것이다. 아마 야구의 메카였던 동대문 야구장이 헐리면서 지난해부터 서울 고척동의 돔 야구장 건설이 시작되었다. 처음에는 '하프 돔'으로 짓는다고 했다가 월드 베이스볼 클래식 준우승에 걸맞게 '풀 돔'으로 바뀌었다. 신월 야구장에서 경기가 있을 때면 일부

러 공사 현장 근처로 돌아오는데 돔구
장에서 경기를 할 날을 기다리며 설레
곤 한다. 돔구장은 서울 말고도 안산,
대구, 광주, 부산 등에서 건설 계획을
세우고 있다. 그러나 비용의 문제가
있다. 또한 효율적인 운영 역시도 중
요한 문제다. 어쨌든 우리 사회인 야

서울 고척 돔구장 조감도(사진 출처 : 서울시).

구가 돔구장 건립에 일조하는 방법이라면 그건 지금의 야구 붐이
꾸준히 유지되도록 열심히 야구를 즐기는 것 아닐까.


## | 2 | 경쟁 위주의 야구

　비싼 리그 비용을 냈으니, 좋은 성적을 내야 하는 것은 당연하
다. 관록이 있는 팀이라면 우승도 노린다. 그런데 사회인 야구팀
이 성적에만 치우치다보면 본연의 순수한 목적이 사라지게 된다.
쉽게 말해 '잘하는 선수들'만을 위한 야구가 되어 버린다는 것이
다. 리그의 문제점이자 사회인 야구팀의 문제이다. 이기기 위해서
는 '잘하는 선수' 위주로 주전을 구성한다. 못하는 선수는 벤치에
서 쳐다만 보고 있어야 한다. 똑같은 회비를 내고 뭐하는 짓인
가…… 고민하다가 뜻이 맞는 사람들끼리 팀을 나가는 경우도 있
다. 팀이 늘어나는 이유가 바로 여기에 있다. 나와서 새로운 팀을
만들기 때문이다.

또한 리그 우승을 위해 중학교 선수 출신을 쓰는 경우가 있다. 솔직히 우리 야구 선수들은 신발끈 매는 것만 봐도 그 선수가 선출인지 아닌지를 알 수 있다. 한 번은 아무리 봐도 선출인 것 같아서 상대 팀에게 컴플레인을 한 적이 있었다. 그쪽 감독은 그 선수가 테니스 선수였다고 둘러댔지만, 그 선수 자신은 내 눈을 똑바로 쳐다보지 못했던 걸 보면 나를 아는 야구 선수였음이 틀림없었다. 사실 이런 일이 비일비재한 이유는 리그에서 반드시 우승하겠다는 욕심 때문이다. 몇몇 리그에서는 야구를 즐기는 '엔조이 야구'가 아니라 '전쟁 야구'가 되고 있다는 이야기를 심심치 않게 듣는다.

이 문제는 앞의 야구장 문제와도 관련 있다고 생각한다. 야구장이 부족하다보니 팀들은 리그에 참가하게 되고, 비싼 리그비를 들여 참가하다보니 꼭 이겨야겠다는 욕심을 내게 되는 것이다. 그래서 순수한 목적으로 출발했던 팀이 실력으로 선수의 서열을 매기는 경쟁 구도를 만들어 갈 수밖에 없는 것이다.


## | 3 | 오심


심판의 문제는 아무래도 판정의 문제이다. 프로 야구나 국제 대회에서도 판정은 늘 문제가 된다. 특히 애매한 경우의 판정은 입장이 다른 한 편은 판정에 불만을 품을 수밖에 없고, 한 점이 소중한 상황에서는 더욱 그렇다. 그러나 사회인 야구에서 정말 문제가 되는 상황은 따로 있다. 사회인 야구 심판 중에는 오랜 경험이 없이 단기 연수만으로 자격증을 취득한 분들이 제법 있다. 그래서 때때로 규칙을 제대로 모르거나 전혀 납득하기 어려운 판정을 하는 경우도 있다. 또 심판의 권위를 포기하고 팀들의 주장에 이랬다저랬다 흔들리는 심판도 있다.

사회인 야구 심판을 보는 분들 중에는 투잡으로 활동하는 경우가 많다. 경기당 3~4만원이니까 하루에 세 경기만 소화해도 적지 않은 수입인 것이다. 하지만 투잡이 문제가 되는 것은 아니다. 문제는 부업으로 생각하다보니 경기에 집중하지 못한다는 것이다. 심판이 딴 생각을 하면서 플레이를 보면 오심이 나오게 마련이다.

한편으론 이렇게 심판이 오심을 하게 되는 경우 선수들이 심판에게 심하게 대하는 것도 문제다. 나이 어린 선수들에게 모욕을 입으면 더이상 심판을 보기 싫어지는 것은 사람이기에 당연할 수 있다. 그러다보니 경기 도중에 마스크를 벗고 가버리는 심판도 간혹 있다. 오심도 경기의 일부라고 생각하는 것이 현재의 사회인 야구의 상황에서는 가장 속편한 해결법이지 싶다. 일주일의 스트레스를 날려버리려고 야구장에 왔는데 오히려 스트레스를 더 받아가는 것은 피해야 하지 않을까?

## | 4 | 열악한 응급 처치

앞서 부상에 대해 말했을 때도 강조했던 사항이다. 사회인 야구에 있어서 부상의 주요 근원지는 베이스다. 슬라이딩을 하는 주자와 수비수의 충돌로 인한 부상이 대부분이다. 주자의 슬라이딩을 뭐라 하는 것보다는 수비수가 제대로 자세를 잡아 피하는 것이 부상 방지에 더 효과적이다. 물론 슬라이딩을 하다가 다치는 경우 대개는 자세가 나빠서이지만 운동장 상태가 좋지 않은 이유도 크다.

부상 자체도 문제지만, 그에 대한 응급 처치를 지적한 트위터 유저도 많았다. 병원에서 자주 하는 말인 "응급 처치만 잘했어도……"를 듣고 나면 부상 직후의 조치가 후회스럽기 마련이다. 저렴한 우리 사회인 야구 현실에 '응급 의료 조치'라는 말이 왠지 격에 맞지 않다고 생각할 분도 계시겠지만 가장 시급히 마련해야 할 부분이다.


## | 5 | 가족과 함께 즐길 수 있는 여건 미비


'야구의 적은 마누라'라고 용감하게 말한 분도 있었다. 야구의 적은 마누라라…… 그렇다면 마누라의 입장에서는 야구가 적이겠다. 축구든 골프든 가족과 함께 할 수 없는 운동은 대부분 아내의 반대에 부딪힐 수밖에 없다. 가족이 우선인데 가족보다 야구가 우선이 된다면 이 세상 어느 아내가 좋아할까. 그럼에도 불구하고 적지 않은 분들이 주말마다 깨끗한 유니폼을 입고 도시락까지 싸 들고 야구장에 오는 것을 보면 이 문제에 대한 해결 방법이 없지는 않은 것 같다.

개인적으로는 야구로 얻어지는 강한 체력이 그 해결책이 될 것 같다. 야구는 하체의 힘이 중심이 되는 운동이다. 자연스럽게 스쿼트 동작을 반복하기 때문에 하체 근육이 강화된다. 이 정도까지 이야기하면 무슨 뜻인지 느낌이 팍 오지 않는가? 모 건강식품 광고에서처럼 '참 좋은데 어떻게 말할 방법이 없고', 뭐라고 콕 찝어 말하기도 그렇고 그렇다. 어쨌든 야구에 반대하는 아내에게 이것만큼 좋은 방법은 없지 않을까.

그 외 문제점으로는 "연습 시설이 부족하다" "코치가 있었으면 좋겠다" 등등…… 종합해보면 기본 훈련을 하기 어렵다는 점을

사랑받는 남편이 되는 방법, 참 쉽죠잉~.

지적했다. 실내 연습장이 있기는 하지만 많이 부족하다. 비용이 꽤 비싼 편이다 보니 훈련은 뒤로 하고 리그 시합이 곧 훈련이 되는 경우가 허다하다.

기타 의견으로 "좋은 야구 책이 있었으면 좋겠다" "여성 야구 팀이 있었으면 좋겠다" "돔구장에서 야구하고 싶네요" "유니폼이 안 어울려요" 등이 있었다. 마지막의 유니폼이 안 어울린다는 문제에 대한 개인적인 해답은 "자주 입고 다녀라"이다. 자주 입고 다니다보면 언젠가는 어울리게 된다. 이등병보다 병장이 군복 맵시가 더 나는 이유가 뭐겠는가?

## : 필 코치의 스퀴즈 퀴즈-4

**다음 중 수비수의 실책으로 볼 수 있는 경우는?**

① 타구가 심한 불규칙 바운드여서 놓친 경우

② 완벽히 송구했으나 더블 플레이를 실패했을 경우

③ 타구에 늦게 대처했지만 머뭇거림은 없었을 경우

④ 평범한 플라이 볼을 야수 간의 사인 미스로 놓친 경우

⑤ 슬라이딩을 하면서 공을 따라가 캐치에 성공했으나 다음 송구 동작

　을 못 한 경우

 정답은 352쪽에서 확인!

# 5장

# 관객으로
# 야구 100배 즐기기

영원한 선수는 없다. 아니, 정확하게 말하면 극히 드물다. 경기장에서 인생을 마친 경우가 아니라면 모든 선수는 언젠가 관객이 된다. 또는 선수와 관객을 번갈아 넘나들어야 한다. 우리는 지금까지 직접 제 몸으로 야구를 즐기는 방법에 대해 말해왔지만, 이제는 보면서 즐기는 방법을 이야기할 때가 왔다. 즉 관객으로 야구를 즐기는 방법!

대부분의 관객들은 야구를 보는 데 특별한 방법이 있겠냐고 반문할 것이다. 그저 야구장 입장 티켓과 캔 맥주, 그리고 치킨 한 마리 정도? 열성팬이라면 유니폼과 독특한 문구의 피켓, 치어리더를 보며 따라 부르는 응원가 정도? 만약에 집에서 TV로 야구를 본다면 쌩쌩한 두 눈으로 채널을 사수하는 정도?

"아는 만큼 보이고 보이는 만큼 사랑하게 된다"는 말이 있는데, 이는 야구에서도 그대로 적용된다. 물론 기본적인 룰을 말하는 것이 아니다.

**좀더 상황적인 내용과 선수에 대해 알게 된다면 겉으로 드러나지 않은 승패의 원인을 파악해 쏠쏠한 재미를 느낄 수 있다. 때로는 해설가가 된 것처럼 상황을 해석하고 분석하는 수준 높은 관객으로 야구를 즐길 수 있게 될 것이다.**

# 야구
# 관객으로서
# 갖춰야 할
# 기본 지식

야구를 몰라도 야구장에 가서 응원을
할 수 있다. 응원단장의 외침과 주변 사람들의
동작을 보면서 그냥 따라하기만 하면 된다.
때로는 응원단 카메라에 잡혀서 여자 친구와
키스를 감행해야 하는 재미도 느낄 수 있을
것이다. 그러나 야구를 알게 되면,
즉 기본 지식을 갖추게 되면 차원이 다른
야구를 즐길 수 있다. 여친과 뽀뽀를 안 해도,
소맥을 안 마셔도 더 짜릿하고 황홀한 야구에
빠져들 수 있다. 한마디로 야구라는 새로운
세상에 발을 들여놓게 되는 것이다.

전광판.

　위의 그림은 어디까지나 전광판 보는 법을 설명하기 위해 예로 든 것이지만, 그냥 지나칠 수 없다. 1982년 올스타전은 3차전까지 치러졌는데, 위의 명단은 팬들의 인기 투표로 선정된 것이고 감독이 별도로 추천한 선수도 물론 있었다. 동군(롯데, 삼성, OB), 서군(해태, MBC, 삼미)으로 나뉘었는데, 그해 MVP는 롯데의 김용희 선수였고 상품은 새한자동차에서 나온 특급 세단 '맵시'였다. 자동차 보닛 위에 상장을 들고 앉은 거구 김용희 선수가 좋아서 입이 찢어져라 웃던 장면이 어렴풋하게 기억난다. 그리고 한 가지 더 기억나는 것은 1, 2, 3차전의 시구를 했던 사람으로 당시 최고의 탤런트였던 정윤희 씨, 정애리 씨, 이경진 씨가 던졌다.

　다시 전광판으로 돌아와서 살펴보면, 먼저 동군이 위에 있고 서군이 아래에 있다. 즉 공격을 동군이 먼저 한다는 의미다. 물론 올스타전이 아니라면 원정팀이 상단에 위치해서 초 공격, 홈팀이 하단으로 말 공격이 되겠다. 1, 2, 3, ……은 이닝 표시이며 그 아래 숫자는 각 이닝에 얻은 점수이다. 설마 이것도 모르는 분은 없겠지만, 그래도 혹시나 해서 말씀드리는 것이다.

그 아래로 내려오면 좌측과 우측에 선수 명단이 주욱 나와 있는데, 양 가장자리의 번호는 타순과 투수의 표시이며, 그 안쪽의 번호는 수비 위치를 의미한다.

| 1 | 2 | 3 | 4 | 5 | 6 | 7 | 8 | 9 | D |
|---|---|---|---|---|---|---|---|---|---|
| 투수 | 포수 | 1루수 | 2루수 | 3루수 | 유격수 | 좌익수 | 중견수 | 우익수 | 지명타자 |

수비수 번호.

노파심에서 말하지만 선수의 등번호는 표시하지 않는다. 단 LG의 이병규 선수처럼 이름이 같은 선수가 타순에 올라와 있을 때는 등번호를 써서 구분하기도 한다.

그럼 이제는 선수들 명단 사이의 내용들로 옮겨가보자. 먼저 R, H, E, B가 있는데, R Runs은 위의 이닝별 취득 점수를 합한 것이다. 그래서 전광판에 따라서 이 내용이 이닝 우측에 표시되기도 한다. H hits는 안타다. 물론 홈런도 포함하고 있다. E는 에러 Error, B는 사구 Base on Balls를 말하는데 역시 몸에 맞는 볼 포함이다. 이 네 가지 기록이 그날의 경기 내용을 말해주는 가장 대표적인 숫자다.

그 아래 좌측은 심판들의 명단이다. CH Chief는 주심, I, II, III은 1루, 2루, 3루심이다. 그 아래 LF Left Field는 좌선심, RF Right Field

는 우선심인데, 한국시리즈와 같은 큰 경기에만 등장한다. 단, 예비 심판 한 분이 계시기는 하지만, 심판 대기실에 있다가 출장 중인 심판에게 부상이나 여타 문제가 있을 때 교체된다.

바로 옆은 볼과 아웃카운트이다. S는 스트라이크, B는 볼, O는 아웃. 문제는 그 옆의 알파벳인데, 현재 타자의 타구 판정 표시이다. H는 안타, E는 에러, 그리고 FC fielder's choice는 '야수의 선택'인데 1루에서 아웃될 타이밍이었지만, 선행 주자를 대신 아웃시켜서 1루에 진루했다는 의미이다. '선행 주자 보내기'에 실패하고 그 덕에 타자만 살아남은 타구를 이렇게 기록한다.

그 아래에는 타석에 든 타자의 기록이다. HR은 홈런수, RB는 타점, AV는 타율이다. 그리고 투수가 던지는 공마다 스피드가 바로 아래에 표시된다. 단위는 시속 km/h인데 미국에서는 마일리지 단위인 mile/h로 표시된다.

전광판은 과거 아날로그 시절의 울퉁불퉁한 전구판에서 점차 디지털로 바뀌고 있어서 경기 장면을 다시 보여준다거나 광고를 보여주는 등 스크린 기능도 하고 있다. 오죽하면 야구장에서 월드컵 축구 경기도 시청하겠는가. 최고의 시설을 자랑하는 인천 문학 경기장에는 전광판이 두 개나 달려 있어서 외야에 앉아도 경기 기록을 어렵지 않게 볼 수 있다.

전광판 기록은 심판의 판단과 기록원이 작성한 기록지를 보고 구단에서 파견한 방송 요원이 바꿔주는데 여직원인 경우가 많다. 장내 방송도 겸하기 때문이다. 물론 안방 관객이라면 전광판 볼 일도 장내방송 들을 일도 없겠다.

마구마구
**인터뷰 7**

# '꿈의 구단주' 백 지 영

⚾ 지금 이 팀의 단장을 맡기 전에 어느 정도 야구에 관심이 있었는가?

솔직히 말해서 '플라이 아웃'이 뭔지도 몰랐어요. 정말 아무것도 몰랐습니다. 야구장에 가긴 갔었죠. 가서 응원도 하고 그랬지만 야구를 알아서 했던 것 아니에요. 그냥 치어리더 보면서 노래를 따라 부르고, 소리 지르는 게 좋았어요. 아마 저 말고도 많은 여성분들이 그럴 겁니다. 야구에 대해서 본격적으로 알게 된 시점은 이 프로그램을 하면서부터입니다.

⚾ 만약에 직접 야구를 한다면 해보고 싶은 포지션은?

투수예요. 그리고 사이판으로 전지훈련을 가서 '스트라이크

백지영.

많이 넣기' 시합을 했는데 제가 7회 연속 스트라이크를 던지기도 했어요. 물론 스피드는 좋지 않았지만요. 얼마 전에도 매니저와 던지기 연습을 했는데 제가 생각해도 제구가 좋았습니다.(옆에 있던 매니저 웃음) 그리고 투수의 매력은 와인드업 동작이에요. 여자에게도 아주 잘 어울리는 아름다운 동작이라고 생각해요.

⚾ 여자와 야구가 어울린다고 생각하는가? 어울린다면 어떤 점이?

어울리죠. 저는 야구가 다른 운동과 달리 섬세하고 꼼꼼하다는 점이 여성과 잘 맞는다고 생각해요. 가령 외야수가 플라이 볼을 잡을 때 낙하 지점을 찾는 것이라든지 투수와 포수가 주고받는 사인, 타자가 코치에게 받는 작전 사인 같은 것들은 다른 운동에서 찾아볼 수 없는 섬세함이라고 생각해요. 여자들은 단순하고 과격한 것보다는 이런 걸 더 좋아하거든요. 야구를 좀 아시는 여자분이라면 확실히 느끼실 거예요. 야구와 여자가 어울린다는 것을……

⚾ 야구 선수의 어떤 플레이와 동작을 좋아하는지? 반대로 싫어하는 부분은?

아까도 말했지만 투수의 와인드업 동작이 너무 좋아요. 우아

하고 화려하고 힘이 느껴져요. 그리고 타격 폼도 좋구요. 타구를 잡는 수비 동작도 멋있어요. 특별히 싫어하는 동작은 없어요. 그런데 재밌는 것은 우리 팀의 선수들을 보면 평소의 성격이 플레이할 때 그대로 묻어나온다는 거예요. 그리고 야구는 확실히 하체의 힘이 중요한 것 같아요. 우리 팀에도 하체가 부실하신 몇 분은 수비 폼이 엉성하고 어설퍼서 왠지 안쓰러운 생각까지 듭니다. 야구선수 여러분! 하체의 힘을 키웁시다!

⚾ 야구팀에서 홍일점인데 힘든 점은 없는지?

제가 여자라고 해서 특별히 배려하거나 불편해하는 것은 없습니다. 오히려 저를 엄마처럼 여기는 부분도 있어요. 챙겨주길 바라고 따뜻한 말 한마디로 다독거려주길 바라요. 저 역시 우리 팀 선수들에게 모성애를 분명히 느끼고 있죠. 사회인 야구팀에도 여자 스태프나 여자 선수가 한두 명 있는 것이 좋다고 생각해요. 나쁜 점보다는 좋은 점이 훨씬 많거든요.

⚾ 나중에 남편이 매주 야구를 한다고 야구장에 가겠다고 한다면 어떻게 할 건지?

우리 연예인팀에 넣는 것이 좋을 것 같아요. 그러면 제가 매주 따라가기도 편하죠. 야구를 가족이 함께 즐기면 더 좋지 않겠어요. 아이가 생기면 아이도 함께 야구장에 데리고 갈 겁니다. 그런데 그런 날이 언제 올까요?

## | 2 | 기록표 보는 법

4장에서 이미 경기 기록과 개인 기록을 작성하는 방법을 알아
보았다. 보는 것은 더 쉽다. 그리고 지금 소개하는 기록표는 일반
인들을 위한 것이라서 그리 어렵지 않다. 2006년에 있었던 제 1회
월드 베이스볼 클래식 2라운드 한일전 경기를 예로 살펴보자. 먼
저 메인 스코어 보드는 이렇다.

| 팀명 | 1회 | 2회 | 3회 | 4회 | 5회 | 6회 | 7회 | 8회 | 9회 | 합계 | 안타 | 사구 | 실책 | 홈런 |
|------|-----|-----|-----|-----|-----|-----|-----|-----|-----|------|------|------|------|------|
| 대한민국 | 0 | 0 | 0 | 0 | 0 | 0 | 0 | 2 | 0 | 2 | 3 | 4 | 0 | 0 |
| 일본 | 0 | 0 | 0 | 0 | 0 | 0 | 0 | 0 | 1 | 1 | 6 | 2 | 1 | 1 |

스코어 보드.

한국의 짜릿한 1점차 승이었다. 이닝 별 득점 상황을 보면 계
속 투수전으로 가다가 8회에서 우리나라가 귀중한 2점을 얻었고
일본은 그제서야 정신 차리고 분발했지만 1점을 따라오는데 그쳤
다. 기억나는 분들도 있겠지만, 9회에 일본의 니시오카 선수가 홈
런을 쳤을 때는 정말 아슬아슬했었다. 그리고 앞서 전광판 보는
법에서 배운 안타(H), 사구(B), 실책(E), 홈런(HR)이 나온다. 안타수
는 일본이 우리의 두 배이지만 득점을 못 했다는 것도 이 간단한
표에서 알 수 있다.

자, 그리고 다음은 우리나라 타선에 대한 기록이다.

| 대한민국 | | | 1회 | 2회 | 3회 | 4회 | 5회 | 6회 | 7회 | 8회 | 9회 | 타석 | 타수 | 안타 | 타점 | 통산타율 |
|---|---|---|---|---|---|---|---|---|---|---|---|---|---|---|---|---|
| 1 | 이병규 | LF | 2뜬공 | ····· | 1땅볼 | ····· | ····· | 우뜬공 | ····· | 중안타 | ····· | 4 | 4 | 1 | 0 | .182 |
| 2 | 이종범 | CF | 유땅볼 | ····· | 유땅볼 | ····· | 2땅볼 | ····· | ····· | 좌중2 | ····· | 4 | 4 | 1 | 2 | .429 |
| 3 | 이승엽 | 1B | 4구 | ····· | 유땅볼 | ····· | ····· | 우뜬공 | ····· | 유뜬공 | ····· | 4 | 3 | 0 | 0 | .400 |
| 4 | 최희섭 | DH | 3뜬공 | ····· | ····· | 3파뜬 | | | | | | 2 | 2 | 0 | 0 | .211 |
| 打 | 김태균 | 7 | | ····· | ····· | ····· | ····· | ····· | 4구 | ····· | ····· | 1 | 0 | 0 | 0 | .000 |
| 走 | 김재걸 | 指 | | ····· | ····· | ····· | ····· | ····· | ····· | ····· | ····· | 0 | 0 | 0 | 0 | .000 |
| 打 | 박용택 | 指 | | ····· | ····· | ····· | ····· | ····· | ····· | ····· | 좌뜬공 | 1 | 1 | 0 | 0 | .333 |
| 5 | 이진영 | RF | | 투땅볼 | ····· | 3땅볼 | ····· | ····· | 투희번 | 중뜬공 | ····· | 4 | 3 | 0 | 0 | .125 |
| 6 | 이범호 | 3B | | 삼진 | ····· | 좌뜬공 | ····· | ····· | 좌뜬공 | ····· | ····· | 3 | 3 | 0 | 0 | .200 |
| 三 | 정성훈 | 7.5 | | ····· | ····· | ····· | ····· | ····· | ····· | ····· | 3땅볼 | 1 | 1 | 0 | 0 | .000 |
| 7 | 박진만 | SS | | 4구 | ····· | ····· | 삼진 | ····· | 1파뜬 | ····· | ····· | 3 | 2 | 0 | 0 | .158 |
| 8 | 조인성 | C | | 우안타 | ····· | ····· | 투땅볼 | ····· | ····· | 3땅볼 | ····· | 3 | 3 | 1 | 0 | .286 |
| 9 | 김민재 | 2B | | 삼진 | ····· | ····· | 유땅볼 | ····· | ····· | 4구 | ····· | 3 | 2 | 0 | 0 | .375 |
| | | | | | | | | | | | | 33 | 28 | 3 | 2 | .262 |

월드 베이스볼 클래식 타선 기록.

　우선 선수들의 번호에서 한문이 몇 개 있는데, '打'는 대타를 뜻한다. 위에서는 김태균 선수와 박용택 선수가 대타로 기용됐는데, 기록을 보면 김태균 선수는 7회에 최희섭 지명 타자 대신 들어갔다. 박용택 선수는 그 다음에 같은 타순에 대타로 들어간 것을 알 수 있다. '走'는 대주자이다. 김재걸 선수는 7회 대타 김태균 선수가 4구로 나갔을 때 교체된 것이다. 마지막으로 '三'은 3루수로 교체된 상황을 표시한 것이다. 정성훈 선수는 9회에 이범호 선수 대신 3루수로 들어갔다.

　두번째로 타격은 위치를 수비수의 첫 글자를 따서 쓰고 그 뒤에 땅볼인지 뜬공인지를 구분한다. 그리고 1루타면 안타, 2루타부터는 장타니까 그냥 '2' '3'만 쓴다. 홈런은 홈런이다.

　결과가 병살이면 맨 뒤에 '병'이 붙는 불명예가 따라온다. 반대로 희생 타구는 중간에 '희'를 붙이는 명예를 안는다. 파울로 아웃되면 중간에 '파'가 붙는 불명예, 실책으로 내야 안타가 되면 '내안'이 붙는 행운이 있다. 어쨌든 조합의 방법은 단순하나 다양한 타구를 표현해낼 수 있다.

　위의 기록표에서 우리나라가 귀중한 2점을 번 8회를 살펴보자. 그 이전 7회에서 7번 박진만 선수 타석에서 이닝이 종료되었으니까, 8회의 공격 시작은 조인성 선수다. 그러나 3루 앞 땅볼로 진루하지 못한다. 그러나 다음 타순은 9번 김민재 선수였다. 뛰어난 선구안으로 볼넷을 얻어 1루로 간다. 타순은 다시 상위 타선으로 돌아가고 대한민국에 기회가 찾아온다. 기대에 부응하듯 1번 이병규 선수가 중전 1루타(중견수 앞)를 때려낸다. 아자 아자!! 김민재 선수는 2루까지 출루한다. 다음 타자는 바람의 아들 이종범 선수. 일본 야구를 잘 아는 선수답게 좌중간(좌익수와 중견수 사이) 2루타를 날린다. 발 빠른 두 주자 모두가 홈인하는 천금 같은 2타점 적시타였다. 아쉽게도 이종범 선수는 3루에서 아웃되었지만 한국이 2점을 얻어 승리에 한 발을 갖다 댔다.

　이번에는 투수진을 살펴보자.

　박찬호 선수가 선발로 나와 5이닝을 던졌다. 안타를 4개 맞았

| 대한민국 | | | 패 | 세 | 이닝 | 실점 | 자책 | 사구 | 타자 | 안타 | 삼진 | 투구 | 홈런 | 방어율 |
|---|---|---|---|---|---|---|---|---|---|---|---|---|---|---|
| 박찬호 | | | 0 | 3 | 5 | 0 | 0 | 0 | 17 | 4 | 3 | 66 | 0 | 0.00 |
| 전병두 | | 6.9 | 0 | 0 | $\frac{2}{3}$ | 0 | 0 | 1 | 3 | 0 | 0 | 28 | 0 | 0.00 |
| 김병현 | 승 | 6.3 | 0 | 0 | $1\frac{2}{3}$ | 0 | 0 | 1 | 6 | 0 | 2 | 22 | 0 | 0.00 |
| 구대성 | 홀 | 8.9 | 0 | 0 | 1 | 1 | 1 | 0 | 5 | 2 | 0 | 22 | 1 | 1.13 |
| 오승환 | 세 | 9.5 | 0 | 1 | $\frac{2}{3}$ | 0 | 0 | 0 | 2 | 0 | 2 | 10 | 0 | 0.00 |

투수 기록.

지만, 삼진도 3개나 잡는 호투였다. 덕분에 실점이 없어 방어율도 0이다. 다음 투수는 전병두 선수로 6회에 나와 $\frac{2}{3}$ 이닝을 소화했다. 즉 아웃카운트 2개를 잡은 것인데 상대한 타자는 3명이었다. 사구로 1명을 내보낸 것이다. 두 타자만 상대했지만 투구 수가 많은 걸 보면 좀 고전한 것 같다. 다음으로 나온 핵잠수함 김병현 선수가 $1+\frac{2}{3}$ 이닝을 막는다. 6명의 타자를 만나 사구 1개와 삼진 2개를 기록한다. 다음은 구대성 선수가 8회부터 등장한다. 그러나 9회부터 좀 흔들렸다. 홈런을 한 방 맞고 안타까지 허용해서 돌부처 오승환 투수를 마운드에 세운다. 아웃카운트가 2개만 남은 상황이다. 모두 삼진으로 묵직하게 봉쇄하고 대한민국에게 승리를 가져다주었다.

여기서 투수들의 이름 옆에 붙은 '승' '홀' '세'를 설명하자면 '승'은 말 그대로 승리 투수이다. 요건은 선발 투수의 경우 5회 이상 투구를 해야 한다. 박찬호 선수는 이에 해당된다. 그러나 두번째 요건은 팀이 리드하고 있어야 한다는 것이다. 5회까지 0대 0이었으니까 승리 투수에 해당되지 않는다. 그래서 구원 투수 중에 승리 투수를 찾아야 하는데, 리드 시점에 던졌던 투수인 김병현, 구대성, 오승환 선수가 모두 해당되지만, 투구수가 많은 선수가 차지한다. 22개로 김병현 선수와 구대성 선수의 투구수가 같다. 이때는 먼저 나온 선수, 그리고 잘 던진 선수가 '승'을 갖는다. 구대성 선수는 실점을 했기에 김병현 선수가 해당된다.

다음은 '홀'. 홀드<sub>hold</sub>다. 구대성 선수는 리드를 지키면서 경기가 종료되기 전 마운드에서 내려왔기 때문에 홀드이다. 한마디로 점수로 지켰다는 뜻이다.

'세'는 세이브다. 세이브는 마지막까지 리드를 지키면서 던진 투수에게 돌아가는 영광이다. 그러나 구체적으로 들어가면 좀 복잡하다. 규칙에 있는 내용을 옮겨보면 다음과 같다.

10.20 다음 3항을 다 이룩한 투수에게는 세이브의 기록이 주어진다.

① 자기편 팀이 승리를 얻은 경기를 마무리한 투수

② 승리 투수의 기록을 얻지 못한 투수

③ 다음의 각 항의 어느 것에 해당되는 투수

(a) 자기편 팀이 3점 이하의 리드를 하고 있을 때 출장하여 최저 1회(回) 투구하였을 경우

(b) 루상의 주자 또는 상대하는 타자 또는 그 다음 타자가 득점하면 동점이 되는 상황에서 출장하였을 경우

(c) 최저 3회(回) 이상 효과적인 투구를 하였을 경우. 세이브의 기록은 1경기 한 구원 투수에게 한하여 부여된다.

그런데 리드하고 있는 점수차가 4점, 5점이 되면 세이브 요건을 따지는 방법은 더욱 복잡해진다. 점수차와 루상의 주자에 따라 최소 투구 이닝을 계산해야 하기 때문이다. 만약 구원 투수가 점수를 지키지 못하고 역전을 당하면 경기의 최종 결과와 상관없이 '블론 세이브Blown Save'라고 한다. 만약 9회 말에 타자들이 분발해서 재역전을 시켰다면 세이브가 아니라 '승'을 얻는다. 석연치 않은 승리 투수가 되는 셈이다. 이 블론 세이브는 한국 야구의 공식 기록에 포함되지 않는다.

패전 투수는 이닝에 관계없이 점수가 뒤지고 있을 때 마운드를 내려온 이후, 자기 팀이 한 번도 동점을 이루거나 역전을 못하고 경기가 종료되었을 경우에 주어지는 불명예다. 위의 표에서 우리가 점수를 내서 리드를 시작한 시점에 던지고 있던 투수에게 주어진다.

참고로 완투와 완봉을 어떤 차이가 있는지 보자. 완투는 경기 종료까지 계속 혼자 던지는 것이기 때문에 이기면 '완투승'이고 지면 '완투패'이다. 완봉은 실점을 하지 않고 완투하는 것이기 때문에 '완봉패'라는 말은 없다.


## | 3 | 그 밖의 지식

### (1) 선발 라인업

요새는 인터넷 덕에 경기에 어떤 선수가 나올지 대략 알 수 있다. 주전 엔트리 명단을 구단 홈페이지에 항상 게시하고 있기 때문이다. 1군 등록 말소 현황도 볼 수 있고 군대 간 선수와 부상 때문에 재활중인 선수도 공개하고 있다.

그러나 당일 경기의 라인업은 경기 1시간 전 심판에게 전달되어 양 팀이 교환한다. 단 선발 투수는 정해진 시간은 없고 전날 경기가 종료될 때 바로 발표한다. 대개는 인터뷰할 때 기자가 물어보면 답해주는 방식이다. 이렇게 미리 선발 투수를 발표해줘야 상대 팀은 거기에 맞는 타순을 짤 수 있다. 따라서 선발 투수에 따른 타선도 눈여겨봐야 한다. 우투인 경우 좌타자, 좌투인 경우 우타자를 배치하는 것이 기본이지만 그것보다는 기록을 보고 그 투수에 강한 타율을 보이는 선수로 구성하고 그에 따라 작전도 달라진다.

선발 투수는 거의 5선발 체제로 로테이션을 하고 있다. 특별히 부상이나 문제가 없는 한 말이다. 그러나 프로 야구 초기에는 상대 팀의 선발을 보고 결정한다든지 연일 선발을 새로 짰다. 그뿐 아니라 투수진이 부족했던 시기라 완투한 뒤에 연속 등판하는 경우도 자주 볼 수 있었다. 그 대명사가 삼미 슈퍼스타즈의 너구리 장명부 투수다. 1983년 시즌의 그의 기록은 대단하면서도 한편으로는 안타깝다.

장명부.

시즌 최다 승 : 30승

시즌 최다 삼진 : 220개

시즌 최다 완봉 : 5회

여기까지는 빛나는 기록이다. 그러나 그 다음은

시즌 최다 선발 : 40 경기

시즌 최다 출장 : 60 경기

시즌 최다 이닝 : 1282 이닝

시즌 최다 완투 : 36 경기

우리에겐 이런 시절도 있었다!

이다. 거의 팀 경기의 반을 혼자 던졌다. 그래서 결국

시즌 최다 피안타 : 388개
시즌 최다 피홈런 : 19개
시즌 최다 실점 : 138점
시즌 최다 4구 : 106회

이다. 이 정도면 장명부 선수가 나오는 경기를 굳이 따로 찾을 필요도 없었다. 보기 싫어도 볼 수밖에 없는 출장 횟수 아닌가. 그냥 경기장에 가기만 하면 선발 혹은 구원으로 마운드에 오르는 진정한 슈퍼 투수 장명부 선수를 보게 되었던 것이다. 지금은 이런 경우가 없다. 아니 있어서도 안 될 것이다.

한편으로 그 시대에 또 다른 연승 투수의 영웅이 있다. 바로 박철순 투수이다. 사실 이 책을 쓰면서 꼭 찾아뵙고 싶었던 선배이기도 했다. 장명부 투수가 최다 승을 올리긴 했지만 프로 원년에 22연승을 기록한 투수로 아직까지 깨지지 않는 금자탑과 같은 기록을 보유하고 있는 선수인 박철순 투수는 남녀를 불문하고 가장 기억에 남는 투수로 거론된다.

얼마 전에 가진 선배님과의 술자리는 묵직했다. 딱히 묵힌 이야기를 끌어낼 수 있는 나이차도 아니었고, 야구라는 주제만 가지고 주저리주저리 떠들어댈 상황도 아니었다. 지병에 시달리셔서 예전의 외모도 세월을 따라 감춰졌지만, 야구에 대한 사랑은 여전하셨다. 부족한 나를 보고 시종일관 '위원님'이라고 존대하시며

이어나가시던 그 말씀 한마디 한마디를 통해 영웅은 역시 겸손해야 한다는 깨우침을 얻게 되었다.

박철순.

"프로 야구가 생기기 전에는 제 능력을 인정받고 싶어서 미국 마이너리그에 갔었죠. 나름 빠르다고 생각했는데 던지는 공마다 연습하듯이 쳐댔어요. 좌절은 그 뿐만이 아니었습니다. 돈벌이가 안 되서 시즌이 오프되면 인근 식당에서 감자도 굽고 은행에서 허드렛일도 했습니다. 스타가 종업원이 된 것이죠. 당시에 우리 야구와 미국 야구는 천지차이였습니다." 나는 지금의 몇 안 되는 메이저리거가 이분의 숨겨진 수모와 고통의 기반 위에서 성공할 수 있었다고 생각한다. 그리고 더더욱 한국 프로 야구는 이런 분의 뼈아픈 경험 위에 성장한 것이라 생각하며 다시금 통탄하지 않을 수 없었다. 박철순 선배는 마지막으로 사회인 야구에 대해서도 덧붙였다. "제 아들이 야구를 좋아해요. 지금 사회인 야구 선수이기도 하구요. 늦은 것 같지만 저도 언젠가 소박한 야구로 돌아와서 이분들을 지원하고 싶습니다. 저는 어차피 야구인이니까요."

백전 노장의 투수로 힘겹게 일궈낸 1995년 OB 베어스의 한국시리즈 우승을 최고의 날로 생각한다는 선배의 말을 들으면서 숙연하게 자리를 마감했다. 명예라는 것은 무엇인가. 다 타기 직전의 초가 마지막으로 내뿜었던 강렬한 열정의 빛을 잊지 않고 기억해주는 팬들이야말로 빛바랜 스타들에게는 여생의 큰 힘이 되지 않을까 생각해보았다.

## (2) 규칙 아닌 규칙

야구에도 분명 예의라는 것이 있다. 규칙 아닌 규칙은 바로 이런 예의에 해당되는 내용이다. 만약 이런 예의가 지켜지지 않으면 빈볼이나 벤치 클리어링이 일어날 수도 있다. 관객으로서 야구 규칙을 알면 재밌지만, 규칙 아닌 규칙을 알면 더 재밌다.

### ① 위대한 기록을 세우는데 찬물을 끼얹지 말 것.

투수가 어렵사리 노히트 노런을 거의 완성해나가고 있고 이제 9회말 마지막 타자를 상대하고 있다. 점수 차는 무려 8점. 뒤집을 가능성이 거의 없음에도 불구하고 느슨한 수비를 틈타 타자가 번트를 댄다. 1루 세이프. 투수는 똥 씹은 표정이다. 관중들은 야유를 쏟아 붓는다. 누구에게? 당연히 1루에 나가있는 주자에게. 한 마디로 예의 없다는 것이다. 거기에다 도루까지 한다면 자기 팀에서도 외면당할 가능성이 높다. 또한 다음 기회에 빈볼 1순위로 등극하게 된다.

한 가지 기억나는 일이 있다. 99년 시즌 때 일로 마산 구장에서 롯데와 일전을 벌이고 있었다. 꽤 큰 점수로 리드하고 있던 8회였는데 타석에 박정태 선수가 들어섰다. 바로 전 경기까지 31연속 안타라는 대 기록을 기록하고 있었다. 그러나 그날은 무안타였다.

네번째 타석. 승패에 관계없이 모든 관중, 모든 선수(우리 팀도 마찬가지)가 박정태 선수의 특이한 배트질에 집중하고 있는데, 딱 하면서 잘 맞은 타구가 날아갔다. 그런데 웬걸, 홍원기 선수의 슬라이딩 캐치로 아웃. 나중에 들었지만 홍원기 선배도 설마 글러브에 그 공이 들어올 줄은 몰랐단다. 어쨌든 그 불문율을 어긴 탓에 마산 구장을 쉽게 빠져나오지 못했다. 한참을 라커룸에 숨어 있다가 나와 보니 버스는 성난 롯데 팬들에 의해 완전히 걸레가 되어 있었다. 정말 무서운 단죄였다.

② 일방적인 게임일 때 더이상 득점을 내는 행동은 자제할 것.

앞에서도 한 번 이야기했지만, 충분히 벌만큼 벌었는데 더 벌겠다고 도루를 하거나 스퀴즈 번트를 대면 예의에 어긋난다.

③ 상대를 약 올리는 행동을 하지 말 것.

만루 홈런을 친 타자가 타석에 계속 서서 방방 뛰거나 방망이를 내려놓고 거만하게 폼을 들인다든지, 혹은 일부러 베이스를 천천히 돌면 다음 타석에서 빈볼을 맞을 확률이 높다. 반대로 삼진을 잡고 투수가 타자를 째려보며 어퍼컷을 날리는 동작을 한다든지 상대 덕아웃을 보고 기죽이는 표정을 지으면 안 된다.

④ 사인을 훔쳐보는 행위를 하지 말 것.

주자가 포수의 사인을 훔쳐보고 타자에게 전달하는 야비한 행위는 하지 말아야 한다. 어차피 주자의 눈에 보일 정도면 타자도 알고 있을 것이라 생각하면 된다.

마지막으로 같은 팀을 위해 지켜야 할 예의이다.

① 실수한 동료를 탓하지 말 것.
② 투구에 맞아서 아파도 절대 주무르지 말 것.
③ 그라운드에서 싸움이 벌어지면 모두 뛰쳐나갈 것.
④ 선배를 예의로 대할 것.

# 야구
## 관객으로
## 지켜야 할
# 기본 예절

선수에게 예절이 있으니 관중에게도 있겠다.
국제 대회에서의 야구 성적만큼 중요한 것이
관중들의 관전 문화라는 말이 있다.
야구가 꾸준히 튼실하게 발전하기 위해서는
우리 관객들이 스스로 수준을 끌어올려줘야
한다. 눈살을 찌푸리게 하는 장면이 더이상
카메라에 잡히지 않았으면 하는 바람에서
몇 가지 지적해보겠다.

## | 1 | 응원은 우리 팀 응원석에서

야구장을 찾는 관객이 가장 우선적으로 갖춰야 할 예의는 응원석부터 잘 찾아가는 것이라고 생각한다. 가끔 아주 가끔 상대편 내야 응원석에서 홀로 다른 색깔의 유니폼을 입고 계신 분들을 보셨을 것이다. 이런 분들은 경기가 과열되면 슬쩍 빠져주든지 수적 열세를 받아들이고 침묵해주셔야 하는데 불난 집 부채질 하듯 상대 팀이 실점하는데 좋다고 소리치면 큰일이다. 정 응원을 하고 싶다면 슬며시 빠져나가 외야쪽 어딘가로 가서 하는 것이 좋다.

사실 응원석은 티켓을 예매하거나 구입할 때 미리 알아두어야 할 기본 정보이다. 물론 티켓박스에 물어보면 다 가르쳐주지만, 사람이 많아 정신이 없으면 이런 실수를 할 수 있는 법이다. 기본적으로 홈팀은 오른쪽 1루 방향이고 원정팀은 왼쪽 3루 쪽이지만 잠실에서 두산과 LG가 경기를 할 땐 이 부분이 헷갈릴 수 있다. 그리고 목동 야구장은 완전 반대다. 원정팀 응원석이 1루 쪽이다. 어쨌든 미운 오리가 되지 않으려면 응원석을 잘 보고 표를 구입하기 바란다.


## | 2 | 응원석에서 딴짓하지 않기

두번째로는 응원석에서 응원을 하지 않는 사람들이다. 응원을 하지 않고 조용히 관람하자면 내야 상단 혹은 외야로 가는 것이

낮지 않을까. 특히 연인끼리 와서 응원은 뒷전이고 애정 행각이 앞전인 분들께서는 멀찌감치 떨어져 앉아주는 것이 예의겠다.

## | 3 | 공 잡을 때 부상 조심

날아오는 타구 잡으려고 목숨 걸지 말자. 타구 자체가 위험하다고 몇 번이고 강조했건만 사람들은 맨손으로 타구에 손을 내민다. 그뿐만이 아니다. 서로 가지려고 뒤엉켜 몸싸움도 서슴지 않는다. 정말 그럴 땐 하나 던져주고 싶을 정도다. 경기장이든 관람석이든 부상에 유의해야 한다. 즐겁게 놀러온 것이지 싸우고 다치려고 온 건 아니지 않는가.

야구장에서 이러는 거 아니야~.

## | 4 | 욕설과 오물 투척 금지

목동 구장처럼 관중석과 그라운드가 가까운 경우 관객이 조금만 크게 소리쳐도 무슨 말을 했는지 선수가 다 알아들을 수 있다. 욕설은 더 잘 들린다. 욕을 듣고 기분 좋은 사람은 없다. 아니 기분 나쁘지 않은 사람은 없다. 선수의 경기 집중에 큰 방해가 될 뿐만 아니라 옆에서 듣는 관객의 입장에서도 썩 좋지 않다.

오물 투척은 더더욱 문제가 된다. 내야에 그물을 쳐놓은 이유가 단지 타구로부터 관객을 보호하기 위한 것만은 아니다. 관객으로부터 선수를 보호하고 경기 진행을 방해받지 않기 위한 것이다. 주로 날아오는 오물로는 맥주 캔, 페트병, 귤, 닭다리, 족발 뼈, 심지어 거대한 쓰레기통까지…… 송구 능력도 대단해서 페어 지역까지 던지는 분들도 있다. 1997년 잠실 구장에서 김응룡 감독이 심판에게 항의하던 중 관중석에서 날아온 참외를 맞은 적도 있었다. 1999년 포스트시즌 7차전이 벌어진 대구 구장에서 펠릭스 호세 선수가 퇴장당한 사건도 애초에는 관중의 물병 투척으로 시작된 것이다. 홈런을 치고 들어오는 호세 선수에게 관중들이 물병을 던지기 시작했고 그중 하나가 하필 중요한 곳에 맞아 호세 선수의 화를 돋우었다. 이에 방망이를 관중석으로 던져 심판은 퇴장을 선언했지만, 분명 롯데 선수들이 '경기 거부'를 선언할 정도로 관중들의 오물 투척이 심했었다.

## | 5 | 도저히 이해되지 않는 경기장 난입

개인적으로 이런 분들은 어떤 분들일지 참 궁금하다. 평범한 분들은 아닐 것이다. 얼마 전 미국 메이저리그 필라델피아 홈구장에서 한 소년이 야구장에 들어와 경비원을 피해 요리조리 도망다니다가 경기원이 쏜 테이저 건Taser gun[48]을 맞고 그 자리에서 쓰러진 장면을 보았다. 미국에서는 경기장 난입이 너무 잦아서 강경하게 조치하지 않으면 안 된다는 입장을 취하고 있단다. 실제로 꽤 높은 벌금형과 1년 이상의 야구장 입장 금지의 조치를 받게 된다고 한다. 조금 심한 대처라는 생각도 들었지만 경기장 난입 자체는 잘못된 것이라는 생각은 바뀌지 않았다.

우리나라에서도 최근 이런 경기장 난입이 늘고 있는 것 같다. 내가 본 것만 해도 여러 번인데, 공교롭게도 외국인 관람객이 많다. 2008년 시즌에는 대전 구장에 한 외국 남성이 들어와 경호원 두 명이 잡으려고 안간힘을 쓰는데도 마운드며 홈이며 요리조리 피해 다니며 좋다고 웃어대는 장면을 보았다. 마치 한국 야구를 비웃는 것 같아서 매우 얄미워 보였다.

경기장 난입자는 경기의 흐름을 뚝 끊어놓은 죄와 응원의 분위기를 가라앉게 한 죄를 물어 이에 합당한 무거운 벌금과 출입 금지 조치도 취해야 할 것이다. 그런데 한 가지 궁금한 것은, 왜 여자는 경기장 난입을 하지 않는 걸까?

# 프로 야구 깊게 보기

양대 야구 해설가 중의 한 분께서는 선수에 대한 설명을 할 때 야구와 조금은 거리가 있는 가족, 친구, 취미, 식성 등의 주변 이야기를 꺼내시기도 한다. '왜 저런 이야기까지 조사하고 다니나' 하겠지만 그 선수에 대해 더 많이 알아야 더 깊고 정확하게 분석할 수 있기 때문이다. 한국 야구의 중심이라고 할 수 있는 프로 야구를 깊게 보기 위해서는 프로 야구의 전반적인 시스템과 그에 따른 선수들의 생활을 알아야 할 필요가 있다.

# | 1 | 입단에서 은퇴까지

## (1) 입단

요즘 자주 쓰이는 속어 중 하나로 '먹튀'라는 표현이 있다. '먹고 튄다'. 연봉만큼의 성적을 내지 못하고 사라지는 선수를 말하는데 정작 본인도 그러고 싶어서 그랬겠는가. 또 다른 측면에서는 계약 협상을 매우 잘했다는 이야기로도 해석할 수 있다. 그러나 먹튀가 있는 반면, 전혀 기대하지 못하던 연습생이 좋은 성적을 거둬 스타 플레이어로 자리잡는 경우도 있다. 쉽게 말해 5억 주고 산 상품이 5천만 원 주고 산 상품보다 못한 것이다.

신인 드래프트에서 1차 지명 선수보다 2차 지명 출신이 더 좋은 성적을 거두는 경우도 꽤 있다. 한화 이글스의 류현진 선수도 1차 지명이 아니었다. 류현진 선수는 당시 팔꿈치 수술을 했기 때문에 연고팀인 SK 와이번스가 1차 지명을 하지 않았고 2차 지명 1순위였던 롯데 자이언츠도 다른 선수를 선택했다. 결과적으로는 큰 실수를 한 것이다. 한 경기에서 17개의 삼진을 잡는 괴물 선수를 놓치다니…… 결국 2차 지명 2순위인 한화 이글스가 보물을 얻어간 것이다.

그러나 2009년부터 전면 드래프트제가 시행되어 현재는 지역 연고 팀의 1차 지명이 없어졌다. 대신 지난해 꼴찌 팀부터 1차 지명을 할 수 있고, 지그재그로 진행한다. 8위→7위→……→1위, 다시 1위→2위→……→8위…… 이런 순서로 말이다. 이런 전면 드래프트제는 예전 방식의 지역주의 문제를 극복하기 위한 것으로 나름의 성과도 분명 있지만 각 구단과 선수의 이해가 상충되는 점은 여전히 있는 듯 싶다.

팀이 선수를 데려가는 스카우트가 아니더라도 프로 야구팀에 들어갈 수 있는 방법이 있다. 일명 '신고 선수'라고 하는 데 예전에는 '연습 선수'라고 불렀다. 1986년 연봉 300만원에 빙그레 이글스에 입단한 장종훈 선수도 신고 선수였다. 그렇게 사 년을 연습생으로 지내다가 1990년부터 정식 선수로 입단해 그야말로 최고의 장타자로 변신했다. 연습생에서 홈런왕으로 자신의 등번호 35번을 영구 결번으로 남긴 연습생의 전설, 아니 요즘말로 '레전드'다.

신고 선수는 구단에서 모집 공고를 낸다. 보통 신인 드래프트가 끝나거나 시즌이 끝나는 시점에 필요로 한 포지션을 정해서 뽑는다. 장종훈 선수와 같은 대어를 낚을 수 있는 기회이기도 해 거의 모든 팀이 실시한다. 예전에 선발 현장에 가본 적이 있는데 투수의 경우 딱 두 타자를 상대한다. 그리고 스피드, 제구력, 변화구를 보고 수비 능력도 체크한다. 신고 선수라고 해서 만화에서처럼 깊은 산속 폭포 앞에서 타격 훈련을 했다든지 도사님에게 마구를 전수받는 무 경력의 선수는 아니다. 신인 드래프트에서 탈락된 선수들이다. 국가대표

장종훈.

급인 두산 베어스의 이종욱 선수와 김현수 선수도 신고 출신이며 LG 트윈스의 작은 이병규 선수, SK 와이번스의 조동화 선수, 삼성 라이온즈의 이우선 선수 등등의 정상급 선수들이 많다. 이들은 눈물겨운 무명의 시절을 오로지 꾸준한 연습과 강한 정신력으로 버티면서 최고의 자리에 오른 '먹튀'의 반대 경우들이다. 연예인들 중에도 힘든 무명 생활을 한 스타들이 많지만 이런 이야기를 들을 때마다 가슴이 뭉클해지고 주먹이 꽉 쥐어진다. "나도 열심히 살아야지."

## (2) 트레이드

언젠가 한 선수가 끝내기 역전 적시타를 치고 홈으로 들어왔다. 그러나 환호성을 지르고 방방 뜨기는 커녕 헬멧을 덕아웃에 벗어 던졌다. 동료 선수들도 분위기를 알고 그를 다독거리기만 했다. 이유는 트레이드였다. 그 선수는 바로 당일 트레이드 통보를 받았고 경기가 끝나자마자 짐을 싸서 트레이드된 팀으로 가야 하는 상황이었다. 프로 야구에서 트레이드는 본인의 의사와 관계없이 이뤄지기 때문에 2군 강등보다 기분이 나쁘다. 또한 하나의 상품으로 취급된다는 점에서 모멸감도 든다. 2루타 역전 적시타를 쳤건만 기쁘지 않은 이유가 이런 데 있다. 그 선수는 이후 친정팀과의 시합에서도 덕아웃에 인사하러 가지 않았다. 선수들은 보고 싶지만 보기 싫은 스태프가 있기에……

트레이드는 말 그대로 맞바꾸기이다. 그러나 여러 명을 트레이드할 때는 숫자가 조정된다. 선수의 몸값을 맞추기 위해서이다.

과거 김시진 선수와 최동원 선수의 거대 트레이드, 임창용 선수와 양준혁 선수의 트레이드에서도 그랬었다. 그리고 트레이드는 선수끼리만 하는 게 아니다. 현금과 맞바꾸는 일도 있다. 쌍방울 레이더스의 박경완 포수는 현금과 트레이드되었다. 재정이 좋지 않던 쌍방울 레이더스가 팀의 보물을 현대 유니콘스에 현금을 받고 트레이드한 것이다. 노골적으로 말하면 돈을 받고 판 것인데 '구단의 선수 장사'라는 비난이 여기에서 나온 것이다.

그러나 이렇게 화려한 트레이드가 아니라면 선수들은 기분이 상할 수밖에 없다. 팀이 자신을 '버렸다'고 여기기 때문이다. 그러나 자신이 버린 팀이 후회하도록 열심히 하면 더 큰 선수로 성장할 수 있는 기회가 된다. 실제 그런 선수들이 꽤 있다.

### (3) 2군 강등 / 1군 복귀

원정 경기를 마치고 돌아오는 피곤한 버스 안. 매니저가 한 선수에게 다가가 뭐라뭐라 심각한 말을 건네고 돌아간다. 이후 그 선수는 피곤해도 잠을 못 이루고 검기만 한 창밖만 쳐다본다. 2군 강등의 메시지를 받은 것이다. 최근 자신의 경기 내용을 통해 예감한 것도 있지만 막상 이야기를 들으면 그제서야 현실감이 든다. 당장 다음날 아침부터 일찍 일어나 출근해야 한다. 두산 베어스를 예로 들면 2군 구장은 경기도 이천이기 때문이다. 잠실 운동장에서 아침 9시에 출발하니까 직장인들의 출근 시간에 전철과 버스를 타고 잠실 운동장에 도착해야 한다. 그리고 이천에서 훈련이 끝나면 다시 잠실 운동장으로 돌아온다. 대략 잠실 경기가 끝날 시간쯤이라 사람들이 북적거린다. 그때 버스를 발견한 팬들이 "와 두산 베어스다!" 하고 몰려들었다가 "에이 쟤들은 2군이잖아" 하고 얼굴을 돌리면 버스에 타고 있는 선수들은 얼마나 힘이 빠질까……

2군 강등은 감독과 코치의 상의로 결정된다. 컨디션이 불안하고 감각이 떨어져서 팀 전력에 손실을 가져온다면 일단 2군으로 내려갈 명단에 넣어둔다. 그리고 2군에서 1군으로 올라올 선수가 있다면 바로 교체한다. 교체 내용은 구단 홈페이지에 게시한다.

개인적으로 2군 강등은 심리적인 훈련이라고 생각한다. 마음을 다시 가다듬고 집중할 수 있도록 시간을 주는 것이며, 강등을 당한 본인도 이보 전진을 위한 일보 후퇴라고 생각하면서 피나게 훈련하다보면 2군 코치가 감독에게 달라진 모습을 보고해 조만간 1군 복귀의 낭보를 들을 수 있게 된다. 그러나 감독과 코칭 스태프에게 반감만 갖고 연습을 게을리 한다면 1군 복귀는 먼 이야기가 되고 심지어 방출될 수도 있다.

### (4) FA

현행 프로 야구 FAFree Agent의 시점은 최소 9년이다. 뿐만 아니라 1군에서의 규정 타석, 이닝을 소화해내야 한다. 1차 FA 이후 팀을 정해서 입단 계약하면 FA는 4년 뒤에 다시 돌아온다. 총 13년이다. 너무 길다. 그러나 어떤 측면에서는 행복하게 생각해야 한다. 자유 계약이 되었지만 막상 오라는 팀이 없다면 9년 동안 묶여 있을 때가 그리운 법이다. 게다가 구단은 냉정하다. 영원히 한 팀의 선수로 뛰고자 다른 팀의 러브콜을 무시하고 남겠다고 하지만 이때는 구단이 터무니없는 계약금을 내세운다. "갈 데 있으면 가라. 우리는 이것밖에 못 주겠다"라는 것이다. 그래서 어쩔 수 없이 10년 넘게 입은 유니폼을 벗고 낯선 유니폼을 입을 때는 세상의 서늘함을 느낀다고 한다. 팬들도 이런 속사정을 이해해주었으면 좋겠다. 선수들이 단순히 돈만 바라고 움직인다고 생각하는데 꼭 그렇지만은 않다. 선수들은 웬만하면 친정팀에 남아 있고 싶어 하지만 구단이 이런 순수한 심리를 역이용한다는 것을 알아주기 바란다.

1999년 이전에는 FA 제도가 없었다. 그래서 당시 해외 진출은 모두 구단의 '임대' 형식이었다. 선동열, 이종범, 이상훈 선수는 자신의 연봉보다 2배 이상 많은 구단의 임대료 조건으로 일본에 갔었다. 이후 FA 제도가 생기면서 정민철, 정민태, 구대성, 이승엽, 이병규, 김태균, 이범호 선수가 임대가 아닌 정식 계약을 통해 일본 야구로 진출했다. 물론 FA라 하더라도 구단과 KBO 총재의 허락이 있어야 한다.


## (5) 방출

재계약을 하지 않고 그냥 자유 계약 선수로 내보낸다는 것인데, 회사에서 짤리는 거나 마찬가지다. 이때는 발 빠르게 다른 구단을 찾아봐야 한다. 그럼에도 불구하고 받아주는 팀이 없다면 그냥 '은퇴'가 되는 것이다. 또는 계약 기간 중이라도 꽤나 말썽을 피웠거나 구단과 마찰이 많았을 경우, 재활 불가능한 부상을 입은 경우는 '임의 탈퇴'<sup>49</sup>를 받게 된다. 특히 법적으로 문제가 있거나 KBO의 중징계가 있을 경우에는 잔여 연봉도 받지 못하고 쫓겨나게 된다. 2000년 선수협 파동으로 송진우 선수를 비롯한 주동자 6명이 방출 선고를 받기도 했다. 구단의 일방적인 방출로부터 선수들의 권익을 보호하기 위해 활동한 것인데, '방출 선언'으로 맞서는 구단의 조치도 참 아이러니하다.

사회인 야구에서도 종종 임의 탈퇴 신고가 있다. 잦은 훈련 불참이나 팀 내에 갈등을 조장하는 사람들을 홈페이지나 카페에 공개적으로 방출 조치를 게시하는 것이다. "박수칠 때 떠나라"라는 말도 있지만, 이는 고액 연봉의 소수 스타급 선수들에게나 해당되는 일이다. 야구가 생업인 선수들에게 명예만을 요구할 수 없다. 때로는 구단의 조치 앞에서 비굴해질 수밖에 없고 은퇴식이 아닌 소리 없는 '방출'로 선수의 인생을 마감하는 경우가 대부분이다.

## (6) 연봉 협상

사무실에 들어가면 담당 직원의 표정이 잔뜩 구겨져 있다. 머리도 헝클어지고 세수도 면도도 못한 듯하다. 재떨이에는 담뱃재가 수북하다. "나도 죽겠으니 쉽게 잘 좀 합시다."

그러나 이것도 협상의 기술의 일부인 것 같다. 게다가 이분들은 협상 전문가라서 그 말솜씨에 넘어가지 않을 수 없다. 결국 협상장을 나오는 선수들 중에 결과에 대해 만족하는 사람은 거의 없다. 미국처럼 매니지먼트사가 알아서 해결해주면 정말 좋으련만, 우리 야구 선수들처럼 초, 중, 고, 대학교 내내 야구만 해온 사람들이 어려운 용어를 들먹거리며 이렇다 저렇다 할 때는 뭐라고 쉽게 대꾸할 수도 없다. 그저 최종적인 숫자만 커지길 바랄 뿐이다.

연봉 협상은 계약 시에 계약 기간의 연봉을 미리 정하는 경우도 있지만, 1년마다 하는 경우가 더 많다. 대개 시즌이 끝나고 하게 되는데 잘한 건 빼고 못한 것만 부각시켜 최대한 연봉을 줄이려고 한다. 그나마 간이 작으면 방출되지 않으려고 줄어든 연봉에 사인을 할 수 밖에 없다. 협상장을 나올 때는 스스로 1년짜리 비정규직 노동자라는 느낌을 받는다. 게다가 정확히 말하면 연봉이 아니라 10달봉이다. 12월과 1월에는 돈이 안 나온다. 크리스마스다

그대 앞에만 서면 나는 왜 작아지는가……

설이다 해서 가장 돈이 많이 들어가는 때에 궁핍하게 살아야 한다. 추운 겨울의 칼바람이 몸소 느껴진다.

그러나 한국시리즈에서 우승을 하거나 준우승을 하면 우승 보상금으로 연봉이 나오지 않는 두 달 동안 그나마 따뜻하게 지낸다. 그래서 우승팀에 친구라도 있으면 찾아가서 밥 한 끼 사내라고 조르기도 한다.

### (7) 은퇴

앞서 방출에 대해 이야기도 했지만, '은퇴隱退'는 자신의 의사로 야구계를 떠나는 것이다. 반드시 스타급 선수들만 은퇴를 하는 것이 아님을 알아주면 좋겠다. 현역 시절의 화려한 성적과 그 명성에 맞게 은퇴식을 하는 선수도 있지만, 은퇴라는 말의 뜻대로 '조용하게 물러나는' 경우도 많다.

나 역시 은퇴를 했다. 은퇴하는 날 많은 장면이 떠올랐다. 초등학교 시절, 중학교, 고등학교, 대학교, 프로 입단, 그리고 부상…… 그 오랜 기간 동안 야구와 함께 했다는 사실을 다시금 확인하면서 그라운드를 떠났다. 십수 년을 살아왔던 곳을 떠난다는 것이 결코 슬프지 않을 수 없다. 그럼에도 불구하고 선수는 아니지만 다시 야구로 돌아와 연예인팀의 코치를 하고, 해설을 하고, 지금 이렇게 야구 책을 쓰고 있다는 것에 대해 만족한다. 은퇴가 없었으면 하지 못했을 일들이다. 어쨌든 소리 없이 은퇴하는 많은 야구 선수들에게도, 그들이 야구장에서 경기를 할 때 보냈던 환호의 정도는 아닐지라도 따뜻한 관심을 보내주긴 바랄 뿐이다.

## | 2 | 선수협회

　선수협회는 구단으로부터 선수들의 권익을 보호하기 위해서
만든 단체이다. 그 역사는 의외로 역사가 깊다. 1983년부터 소규
모로 추진하다가 1988년에 본격적으로 추진되기 시작했다. 최동
원 선수를 주축으로 142명의 선수가 협회 설립을 위해 활동했으
나 구단측에서는 선수협에 가입하는 모든 선수를 제명하겠다고
강경 대응했다.

　1996년에도 다시금 이상훈 선수를 중심으로 재추진됐지만 이
상훈 선수의 일본 진출로 흐지부지 되었다가 2000년 다시 선수협
결성의 운동이 시작되었고 많은 진통 끝에 지금의 프로 야구 선수
협회가 만들어졌다. 초대 회장은 송진우 선수, 2010년 현재 12기
에는 손민한 선수가 회장직을 맡고 있다.

　외국의 경우 프로 야구 선수도 노동자로 간주해 노조 결성을
인정하고 있다. 미국의 경우를 보면 거의 100년 이상의 역사를 가
지고 있으며, 1994년에는 연봉상한제를 반대하여 사상 초유의 파
업까지 단행했다. 당시 대통령인 클린턴이 중재에 나섰지만 그해
월드시리즈까지 무산시키고 말았을 정도로 강력한 힘을 발휘하고
있다. 현재 우리나라 선수협회도 노동조합으로의 전환을 시도하
고 있다.

## | 3 | 홈 경기와 원정 경기의 하루 일과

프로 야구 선수들의 일과는 홈 경기와 원정 경기가 많이 다르다. 특히 원정 경기가 잇달아 있을 땐 더욱 그러하다. 내가 있었던 두산 베어스를 예로 들겠다.

### (1) 홈 경기

잠실 운동장에 오후 1시까지 출근이다. 그러나 대부분의 선수들은 그 전에 와서 웨이트 트레이닝과 원하는 개인 운동을 한다. 코치들이 지정하는 경우 특타, 특수, 특번으로 칭하는 특별 타격, 특별 수비, 특별 번트 훈련 등을 수행한다. 1.5군들은 이보다 더 먼저 와서 개인 연습을 한다.

3시부터는 정식 훈련이다. 훈련이지만 가끔 짧은 수면 시간을 갖는 경우도 있다. 날씨가 너무 더울 때, 전날의 긴 연장 승부로 피로가 많이 쌓여 있을 때의 경우다. 그러나 대개는 그날의 경기를 대비해 연습을 하는 시간이다. 모든 선수들이 참여하는만큼 실전을 앞둔 긴장감을 높이면서 진행한다.

4시 반 정도 되면 원정 팀에게 운동장을 비워준다. 원정 팀에 아는 선수가 있으면 인사도 하고 안부도 주고받는다. 홈팀은 이 시간에 식사를 한다. 메뉴는 정해진 것이 없다. 그날 땡기는 대로 선택하되 가급적 간편한 음식을 먹는다. 한국 음식에 적응이 덜 된 용병들은 피자, 햄버거, 치킨 등을 먹는다. 식사 후에는 샤워하고 깨끗한 유니폼으로 꽃단장을 한다. 애인이 야구장에 오거나 기자 인터뷰가 있는 날은 더더욱 그렇다.

경기 시작 30분 전, 덕아웃에 개인 장비를 넣고 그라운드에서 가벼운 캐치볼로 몸을 푼다. 그날 상대할 선수들에 대한 자료도 보고 코치의 지시도 듣는다. 관중이 얼마나 왔나 관중석을 한번 살펴보기도 한다.

오후 6시 30분 경기 시작. 종료하는 시간은 물론 미리 정해지지 않는다. 일찍 끝나면 10시 정도이다. 이래저래 샤워하고 정리하면 11시가 된다. 대부분은 집으로 가지만 젊은 선수들은 늦은 저녁을 사먹는다. 연일 경기가 있기 때문에 회식은 잦지 않다. 다음날 원정 경기라면 곧바로 출발한다.

주말은 5시 게임이라 1~2시간 정도 빨리 출근한다.


## (2) 원정 경기

프로 야구는 월요일이 휴일이다. 그래서 만약 화요일부터 부산에서 경기가 벌어지면 월요일 1시에 잠실 운동장에서 만나 부산으로 떠난다. 4시간 정도 걸리는 버스 여정이다. 버스 안에서는 주로 잔다. 우등 버스라서 꽤 쾌적하다. 두 대의 버스로 가는데 1호차에는 투수 외의 선수가, 2호차에는 투수들이 탄다.

부산에 도착하면 저녁 6시 정도가 된다. 식사를 하고 호텔로 가거나 호텔에 들어가 여장을 푼 뒤 식사를 한다. 호텔에 돌아와서는 TV를 보거나 동료들과 이야기를 하면서 시간을 보낸 뒤 다음날 경기를 위해 일찍 잠에 든다. 밤거리를 헤맨다든지 방방이 모여 술을 먹는 일은 없다.

그런데 만약 원정을 월요일이 아니라 3연전이 끝나는 목요일에 떠난다면 경기가 끝나자마자 간단히 식사하고 버스 타고 떠나야 한다. 이때는 거의 곯아떨어진다. 사실 버스에서 잘 자야 그 다음날의 원정 경기에서 좋은 성적이 나온다는 것은 너무도 당연한 진리다. 호텔에 도착하자마자 땀에 젖은 유니폼을 방 앞에 내놓으면 신참 선수들이 매직펜으로 구분한 다음에 세탁 서비스를 맡긴다.

원정 경기 3연전 이후에 다시 원정을 떠나기도 한다. 그래서 1주일 이상 집에 못 들어가는 경우도 있다. 총각 선수들이야 괜찮겠지만 유부남들은 기다리는 가족이 그리워 늦은 시간까지 전화를 해댄다. 하지만 간혹 원정 경기를 좋아하는 유부남들도 있긴 하다.

원정 경기의 가장 큰 괴로움은 뭐니뭐니 해도 이동이다. 미국의 경우 전용기를 쓴다고 하는데, 우리나라는 땅덩어리가 좁은 만큼 거의 버스로 한다. 그런데 추석 때처럼 차량이 많을 때면 길에서 15시간 이상을 허비해야 한다. 언젠가는 배가 고파서 물만 마시다가 도로가에서 소변을 눈 적도 있었다.

끔찍한 사고도 있었다. 1998년의 포스트시즌으로 부산에서 광주로 원정을 가는데 내가 타고 있던 2호차 버스가 전복된 것이다. 눈을 떴을 때 바로 옆에 가드레일이 보였다. 선배인 유택현 선수는 아예 차 밖으로 날아갔다. 더 끔찍한 것은 바로 차가 낭떠러지에 살짝 걸쳐 있었다는 점이다. 물론 유택현 선배는 옆에 있던 나무를 잡아서 큰 사고는 면했다. 나는 그때 무릎을 심하게 다쳐서 물이 차올랐다. 간신히 걸어 나와 지나가는 차를 잡아타고 앞에 가던 1호차를 탔다. 광주에 도착해 응급차를 타고 병원까지 가서 치료를 받았다.

다음날 부상투성이인 투수들이 마운드에 올라야 했다. 먼저 강병규 선배가 출전해서 승을 거뒀고 다음날은 내가 나가서 승을 따냈다. 무릎에 물이 찬 상태라서 붕대를 감고 나갔는데, 이를 알았는지 상대 타자들은 유독 번트를 많이 댔다. 타자들이 초반에 점수를 많이 내줘서 다행이었다.

부상 중인 선수를 상대로 패배했던 선수들에게 홈 팬들이 야유를 퍼부었다. 물론 얄밉게 보였던 우리 팀에게도 마찬가지였다. 라커룸에서 거의 한 시간 이상을 나가지도 못 하고 기다렸던 기억이 난다.

어쨌든 원정 경기는 홈 경기에 비해 여러모로 어렵다. 그런 의미에서 해외 경기에서도 좋은 성적을 거둔 우리 야구 선수들이야말로 대단한 정신력의 소유자들인 셈이다. 더불어 2010년 남아공 월드컵에서 원정 첫 16강 진출을 이뤄낸 우리 축구 대표 선수들에게도 박수를 보내고 싶다.

## | 4 | 용병

1998년 처음 시행할 때만 해도 많은 우려의 말들이 많았다. "외화 낭비다" "국내선수 일자리 뺏기다". 그러나 타이론 우즈가 괴물 같은 성적을 내면서 오히려 그를 보러 야구장을 찾는 사람들이 생길 정도가 되었다. 사실 축구든 농구든 외국인이 함께 뛰면 관심은 더 커지지 줄어들지는 않는다. 게다가 실력 있는 선수가 입단하면 그에게서 배우는 것도 많다.

우리나라 용병들 중에 성공한 선수들은 투수보다는 타자들이다. 타이론 우즈가 그랬고 펠릭스 호세, 스코트 쿨바, 클리프 브룸바, 탐 퀸란, 로베르토 페타지니, 카림 가르시아 등등…… 그럼에도 불구하고 다니엘 리오스와 같은 선수는 투수로서도 성공한 케이스였다.

용병의 성공 요인은 뭐니뭐니 해도 한국 문화와 한국 야구에

사랑받는 용병의 비밀은 야구 실력이 아니라고?

얼마나 잘 적응하느냐이다. 가까이에서 지켜본 우즈는 한국을 정말 좋아했었다. 음식은 물론이고 친절하고 온순한 우리나라 사람들을 좋아했었다. 식당에 가면 "김치주세요"를 자연스럽게 내뱉곤 했었는데, 덩치 큰 불곰 같은 흑인이 그런 말을 하면 식당 아줌마가 깜짝 놀라 뒤로 물러나기도 했다.

동료들과도 사이가 좋았는데, 경기 중 상대 선수가 공격하면 곧바로 뛰어가 제지하고 보호하는 선수로 유명했다. 사실 미국식 벤치 클리어링을 처음으로 선보인 장본인이기도 하다. 어설프게 한국말을 배워서 더듬더듬 대화도 했었고 샤워실에서는 동료 선수의 장딴지에 오줌을 싸는 요상한 장난을 치기도 했었다.

팬들을 위한 화끈한 서비스도 잊지 않았었는데, 삼진을 먹으면 허벅지로 배트를 쪼갰다. 그러나 허

타이론 우즈.

벅지 부상 이후 중단하고 대신 자기 자신에게 'f'로 시작하는 욕을 하곤 했는데, 심판이 자신에게 하는 것인 줄 알고 주의를 주기도 했었다.

메이저리그에서 뛰고 있는 A급 선수가 용병으로 온 적도 있었다. 삼성 라이온즈에서 뛰었던 훌리오 프랑코는 메이저리그에서 올스타전 MVP까지 뽑혔던 거물이었다. 물론 한국에 왔을 때 이미 44세였다. 58년 개띠로 마이클 잭슨, 마돈나, 조형기, 설운도와 동갑이었다.

그럼에도 불구하고 최고의 타격감을 보였다. 3할 대 타율에 22홈런 110타점에다가 도루도 12개까지 기록했다. 미국으로 돌아가서 다시 곧바로 메이저리그로 복귀했고 더 놀라운 사실은 49세였던 2007년까지 현역으로 뛰었단다.

그러나 대다수의 용병은 자신의 역량을 발휘하지 못하고 퇴출당했다. 용병에 대한 연봉 상한 제도 때문에 '잘 나가는' 선수를 데려오기 어렵다는 것도 문제이지만, '잘 나가는' 선수를 뽑았다 하더라도 그들의 실력을 검증하기 쉽지 않다는 것이다. 사실 우리나라 선수들도 한국에서는 잘하다가 외국에 나가서는 슬럼프에 빠지는 일이 있지 않은가. 그리고 한국 생활에 잘 적응하지 못하면 좋은 컨디션을 유지하기도 어려워진다. 그러다보면 스테로이드 같은 약물에 손을 대기도 한다.

# '머리 염색한 한국 사람'
# 카 림  가 르 시 아

🟠 우리나라 야구를 어떻게 생각하는지?

카림 가르시아 선수.

알다시피 최고 수준의 야구다. 그러나 무엇보다도 한국 야구의 팀 문화가 좋다. 미국, 일본에서도 야구를 했지만 한국 야구 선수들처럼 잘 대해주지 않았다. 마치 가족 같고 내가 외국인이라는 사실조차 잊어버릴 정도로 편하게 대해준다.

🟠 한국 문화에 어느 정도 적응하고 있다고 생각하는가?

솔직히 나는 반은 한국인이라 생각한다. 그만큼 한국이 마음에 든다. 특히 음식은 멕시코랑 비슷하게 매운 맛이 많아서 어떤 음식이든 못 먹는 게 없다. 소주도 좋아한다. 물론 안 먹어본 것도 있겠지만…… 지금은 솔직히 내가 집을 떠나 멀리 있다는 느낌이 들지 않는다.

🟠 가장 친한 팀 동료는?

바로 여기(바로 옆에 있었음), 이 사람 홍성흔이다. 나이도 비슷하고 성격도 잘 통한다. 영어를 잘하지 못해도 바디 랭귀지와 간단한 영어로 웬만한 대화는 다 한다.

🥎 좋은 성적을 내는 자기만의 비결이 있다고 하던데?

돌아가신 아버지의 사진이다. 아버지는 내 인생에 가장 훌륭한 멘토였고 가장 사랑하는 사람이었다. 이 사진은 작년 부산에 오셔서 내 모자를 쓰고 찍은 사진이다. 출전하기 전에 꼭 이 사진을 보면서 마음속으로 빈다. 오늘도 우리 팀에게 승리를 가져달라고……

🥎 사회인 야구에 대해서 아는가?

물론 안다. 친구들로부터 듣기도 했고, 얼마 전 TV에서 연예인들이 야구 경기하는 것도 봤다. (홍성흔 : 이 사람이 바로 그 야구단 코치야) 어쩐지 눈에 익은 것 같다. 정말 재밌게 보고 있다. 잘해서 재밌다기보다는 실수하는 게 웃겼다. 특별히 조언해줄 것이 있다면 타자들의 경우 힘껏 풀스윙을 하라는 것. 그리고 투수는 스트라이크를 많이 던지라는 것. 단순한 것 같지만 어렵고 중요하다는 것을 명심하길 바란다.

## | 5 | 벤치의 숨은 일꾼들

① 매니저 : 수비의 엄마가 포수라면 선수단의 엄마는 매니저다. 이 분들은 선수들을 위한 거의 모든 일을 한다. 원정 때는 호텔, 식당, 세탁, 버스, 간식 등등 의식주를 모두 책임지신다. 한 가지 특이한 업무는 선수들에게 1, 2군 강등, 복귀 통보도 해주신다. 힘들고 곤란한 일은 다하시는 분이다.

② 기록원 : 두 분이 계신다. 한 분은 포수 뒤의 본부석에서 상대 팀의 공을 분석하고 다른 한 명은 감독님 옆에서 데이터를 뽑고 분석한다. 타자들의 방망이가 부러진 것도 체크하고 선수들의 고가 점수도 매긴다. 주로 구단의 전략분석팀 직원이 이 일을 맡는다.

③ 통역 : 보통 한 분으로 용병들과의 의사 소통을 책임진다. SK 와이번스처럼 일본 선수와 미국 선수가 같이 있을 경우 2개 국어가 능한 사람이 통역을 맡는다. 코치나 감독이 외국인이면 이분들의 일거리가 아주아주 많아진다.

④ 트레이너 : 두 분 정도 계신다. 게임 전에 테이핑을 해주시고, 게임 후에는 간단한 물리 치료를 해주신다. 특히 마운드에서 내려온 투수에게 얼음주머니를 대주기도 한다. 간단한 부상은 직접 치료해주신다.

⑤ 버스 기사 아저씨 : 선수단이 차를 두 대로 나눠 타기 때문에 두 분이 계신다. 원정 경기가 있을 때 고생을 많이 하시고 팬들에게도 직접적으로 시달리는 분들이시다.

# 또 다른
# 한국 야구

'또 다른'이라는 표현이 무색할 만큼
프로 야구 이전에는 고교 야구가 한국 야구의
'중심'이었다. 물론 지금은 '주변'이라는 것은
아니다. 프로 야구의 주춧돌이 고교 야구이고
대학 야구이다. 점점 더 고교 야구와
대학 야구에게 소홀해지는 우리 야구 현실이
아쉽다. 자라나는 새싹에게 더 많은 물과
자양분을 줘야하는데 말이다.

## | 1 | 고교 야구

　프로 야구가 없었던 1970년대에는 고교 야구가 최고의 인기를 누렸다고 한다. 그 당시 각 지역의 명문 팀들은 지금의 프로팀과 같은 인기를 누렸고, 에이스 투수나 4번 타자는 여고생들이 보는 잡지에 단골로 나오는 청춘 스타였다고 하는데 나도 시대를 잘못 타고난 것이 살짝 후회스럽다. 좀 일찍 태어날 걸…… 최동원 선수는 강속구 투수에다 그 당시 귀했던 금테 안경까지 써서 만화 주인공 마동탁 이미지를 연출했었다고 한다. 라이벌 선동열 선수를 비롯해 양상문, 김시진, 윤여국, 김정수 선수 등 대개는 투수들이 인기가 많았으나, 이만수, 조범현, 김경문 선수처럼 포수들도 인기가 많았다고 한다. 그러나 누구보다도 인기가 많았던 고교 스타는 단연 선린상고 트리오인 박노준, 김건우, 이경재 선수였다. 그중에서도 박노준 현 해설 위원은 오빠부대의 기원을 만들었다고 할 정도로 여고생들로부터 엄청난 인기를 누렸다고 한다. 에이스 투수에 4번 타자, 거기다가 얼짱. 인터뷰에서도 달변이었다고 하는데, 그래서 해설을 잘하시는 건지 모르겠다. 어쨌든 70년대의 고교 야구는 스타 플레이어는 물론이고 그 인기까지 고스란히 프로 야구로 옮겨가게 된다.

　고교 야구의 재미는 풋풋함이다. 성인 야구에서 볼 수 없는 순수한 야구를 볼 수 있고 그들을 응원하는 학생들의 단체 응원도 정겹다. 아직도 '아리랑 목동'과 '1번 타자 안타치고, 2번 번트대고……'의 가사로 시작되는 노래를 부르는 것을 듣고 아련한 추억에 잠기기도 했다. 선배들도 꽤 경기장을 찾는다. 대학생, 휴가 중인 군인, 심지어 희끗희끗한 노신사까지 모교를 응원하는 모습을 볼 때 '야구란 이런 것이구나'라는 깨달음을 얻기도 한다.

고교 야구의 또 다른 관전 포인트는 앞으로 한국 야구를 쥐고 흔들 괴물을 미리 만나볼 수 있다는 것이다. 그래서 국내외 스카우터들도 고교 야구 대회장을 꽤 찾는 걸로 알고 있다.

그럼 이제 전통과 권위를 자랑하는 고교 야구 전국대회를 알아보자.

① 황금사자기

깃발에 누런 사자가 그려져 있다. 고교 선수 시절에는 이 깃발이 꿈속에서도 보일 정도였다. "꼭 가지고 말거야……"

동아일보사에서 개최한다. 1947년에 시작되었다고 하니까 꽤 역사 깊은 리그다. 지역 예선을 거친 팀들이 동대문 운동장에 올라와 결전을 치렀다. 현재는 목동 야구장이나 잠실 구장이 비어 있을 때 경기를 치르는 형편이다. 빨리 고척 돔구장이 완공됐으면 좋겠다.

이 대회에서 가장 많이 우승한 학교는 신일고로 9회이다. 경남고, 선린상고, 경북고 등이 그 뒤를 잇는다. 내 고교 선수 시절, 모교도 황금사자기를 흔들었었다. 아쉽게도 이때 우승이 처음이자 마지막이었다. "후배들아, 니들 뭐하니?"

② 대통령배

깃발에 대통령이 그려져 있지는 않다. 깃발이 아니라 커다란

컵이다. 1960년대 말에 만들어진 대회로 주최사는 중앙일보사다. 동대문 구장에서 첫 경기를 했을 때 2만 명이 관람할 정도로 인기가 많았다고 한다. 하루에 총 4경기를 했으니까 8만 명으로 계산이 되나? 어쨌든 야구의 인기가 끓어오르고 있을 때였다.

어떤 대회나 마찬가지겠지만, 이 대회를 통해서도 걸출한 선수들이 많이 발굴되었다. 박노준, 김용남, 김시진, 이만수, 김경문, 김동수, 임선동, 조성민, 차명주, 염종석, 박용택, 김병현, 추신수…… 입이 아플 정도로 많다. 최다 우승팀은 부산고와 경북고이고 광주일고, 군산상고 등이 그 뒤를 잇는다.

③ 청룡기

깃발에 청룡이 그려져 있다. 꽤 유명한 화가[50]가 그렸다고 알려져 있는데 3연패를 하면 영구 소장할 수 있는 이 깃발을 소유한 학교가 딱 한 군데 있다. 1955년부터 1957년까지 연속 우승한 인천 동산고이다. 그림 값만 해도 꽤 될텐데……

청룡기는 1946년 첫 대회가 열렸으니 가장 오래된 대회라고 할 수 있다. 주최사는 조선일보사다. 경북고가 7회로 최다 우승을 했다. 역시 5월에 시작되며 전년도 우승팀을 포함한 예선 통과 팀들 간의 토너먼트 방식으로 진행된다. 목동 구장에서 개최된다.

④ 봉황대기

한국일보사가 주최하며 수원에서 개최된다. 위의 세 대회에 비해 역사가 짧은 편이다. 1971년에 1회 대회가 개최되었다. 위의 대회와 달리 더운 8월에 시작한다. 1회전, 2회전, 16강, 8강, 4강, 결승의 순서로 진행되는 것이 월드컵 축구와 비슷하다.

앞서 말한 바 있는데 1992년 이 봉황대기 준결승전에서 내가 끝내기 홈런을 쳤다는 사실을 꼭 기억해주기 바란다. 물론 모교는 그해 우승도 차지했다. 그때 MVP로 선정된 것이 당시 유격수였던 후배 김동주 선수다.

역대 최다 우승팀은 천안북일고와 충암고로 4회 우승이고 경북고와 부산고가 3회로 뒤를 잇는다.

이 외에도 대구의 대붕기, 부산의 화랑기, 광주의 무등기 그리고 비교적 최근에 생긴 미추홀기가 있다. 경기 일정은 홈페이지에 잘 소개되어 있으니 관심 가는 경기를 골라 관람하시길……

## | 2 | 대학 야구

대학 야구는 프로 야구와 고교 야구에 끼어서 큰 인기를 누리지 못했다. 특히 요새는 대학에 진학하지 않고 곧바로 프로 무대로 옮겨가는 경우가 많아서 더 그렇다.

대학 야구 대회는 크게 3개 정도를 꼽는다.

### ① KBA(대한야구협회) 회장기

보통 줄여서 '회장기'라고 한다. 춘계와 하계로 나뉘어 춘계는 4월에 열리고 하계는 6월부터 7월까지 빡빡한 일정으로 진행된다. 최근에는 목동 구장, 신월 구장, 그리고 군산 월명 구장에서 경기가 열린다. 예선은 리그전, 본선은 토너먼트 식이다.

② 대통령기

2010년 올해로 44회를 맞는 역사와 권위를 자랑하는 대회다. 가끔 TV에서도 중계를 해줄 정도이다. 7월 중순부터 7월 말까지 열린다. 대통령기이지만 역시 깃발에 대통령이 그려져 있지는 않다. 주관은 대통령이 아니라 대한야구협회KBA가 맡고 있다.

③ KBO 총재기

2008년에 생긴 대회이다. 주관은 대한야구위원회KBO이다. 프로 야구만을 대상으로 하고 있지만, 야구 활성화와 인재 양성이라는 취지로 신설한 대회이다. 5월에 열린다.

## |3| 퓨처스 리그

퓨처스 리그는 알다시피 프로 야구 2군 리그이다. 경기 일정은 KBO 홈페이지나 각 구단에서도 확인 가능하다. 앞서 2군 강등에 대해 말했지만, 잠시 뒤쳐진 실력이나 떨어진 감각을 되찾을 수 있는 과정이라고 생각한다면 2군 리그도 역시 만만하지 않다. 1군과 맞먹는 경기 내용을 보여준다. 게다가 올스타전이 호반의 도시 춘천에서 열리는데 꽤 많은 관중들이 찾아온다.

실제로 미국이나 일본과 같은 야구 선진국에서는 2군 경기도 만석이 되는 경우가 많다고 한다. 한 선수가 조금씩 성장해가는 모습과 슬럼프를 벗어나는 과정을 지켜보고 응원하면서 진정한 야구의 즐거움을 느낄 수 있다고 하는데 우리나라도 빨리 이런 야구 문화가 자리잡았으면 한다.

# 국제 대회

4년마다 우리나라 사람들이 올림픽과
월드컵 축구에 빠져들 듯이 이제 국제 야구
대회에도 전 국민적인 관심이 집중되고 있다.
붉은 악마의 '대~한민국'에 맞춘 응원 박수가
나오고 '꿈은 이루어진다'는 구호는 새로운
느낌으로 보는 이를 감동케 했었다. 어쩌면
2013년 3회 월드 베이스볼 클래식 때는
시청 앞 광장과 광화문 광장에서 스크린 응
원을 하는 낯선 장면을 볼 수도 있지 않을까.
아니, 확실히 볼 수 있을 것 같다.

# | 1 | 올림픽

2008년 베이징 올림픽 금메달 획득. 정말 감동적인 경기들이 었다. 9전 9승. 정말 대단한 기록이 아닐 수 없다. 특히 올림픽 3회 우승 경력의 최강 쿠바를 맞은 결승전에서 그야말로 드라마 같은 경기를 펼쳤었다. 국제 대회 우승이라는 대단한 위업을 달성했지 만 2연패 3연패는 이룰 수 없게 되었다. 이유는 야구가 올림픽 종 목에서 사라진 것. 2012년 런던 올림픽에서는 야구를 볼 수 없다.

사실 야구를 하는 나라는 손으로 꼽힌다. 한국, 미국, 일본, 캐 나다, 중국, 대만, 쿠바, 멕시코, 베네수엘라 정도가 다이다. 전 세 계인의 화합을 취지로 하는 올림픽에서 소수의 일부 나라만 참가 하는 경기를 계속 운영한다는 것 자체가 문제였다. 아쉽지만 어쩔 수 없다. 마지막 금메달을 거머쥔 것으로나마 위안을 삼을 수밖에.

베이징 올림픽에서 우승하고 태극기를 휘날리는 야구 대표 선수들.

## | 2 | 아시안 게임

아시안 게임도 일부 국가만이 야구 경기에 참가한다는 것은 마찬가지이다. 한국, 일본, 중국, 대만. 이렇게 4개국이다. 여기서 금, 은, 동이 나온다. 한 나라만 빼면 모두 메달권이다. 어쨌든 이번 2010년 광저우 아시안 게임에서 우리나라는 다시 한 번 드림팀을 만들 계획이라고 한다. 1998년 방콕 대회와 2002년 부산 대회의 우승을 재현하고 더불어 참가한 선수들이 병역 면제를 받는 데도 도움이 되었으면 한다.

## | 3 | 월드 베이스볼 클래식World Baseball Classic, WBC

1회 대회는 2006년 미국에서 개최되었다. 총 16개국이 참가하여 대륙별 4개국 4조로 나뉘어 예선을 치러서 선발된 각 2팀이 본선에 올라 8강전을 시작으로 우승을 다퉜다. 우승국은 일본이었다. 당시 한국은 7전 6승 1패의 만족할 만한 성적을 거두었다. 무엇보다도 숙적 일본을 꺾었다는 것이 가장 기억에 남는다.

2회 대회는 원래 4년마다 개최한다는 원칙 아래 2010년에 열려야 하지만, 축구 월드컵을 피해 2009년에 열렸다. 아시다시피 이 대회에서 우리나라는 모든 팀을 이기고도 이상한 대진 방식 때문에 2위에 그치고 말았다. 명장 김인식 감독님의 2회 연속 쾌거였다. 세계가 놀랄 만큼 성장한 한국 야구의 위력을 보여주었던 대회이기도 하다.

2009년 월드 베이스볼 클래식 준우승을 거둔 선수들.

　3회 대회인 2013년부터는 24개국이 참가할 예정인데 어디서 개최될 지는 아직 정해지지 않았다. 우리나라에서 개최될 가능성도 있다고 하는데, 그 전에 좋은 시설의 구장이 갖춰졌으면 하는 바람이다.

　주최국 심판들의 오심과 이해하기 힘든 대진표가 야구팬에게 좋은 인상을 주진 못했지만, 2009년의 대회의 열기가 침체된 프로 야구로 그대로 이어지며 활기를 불어넣어준 것은 사실이다. 이후 프로 야구 관객이 크게 늘었고 결국 관객 수 1억 명을 돌파하기도 했다. 또한 사회인 야구 붐을 일어나면서 2009년 이후 수많은 팀이 창단되었으며 리그도 많이 만들어졌다. 내가 지금 이 책을 쓰고 있는 것도 그 영향의 결과라고 생각한다. 2013년 대회에서 꼭 우승해서 우리나라 야구가 한 걸음 더 앞으로 나아가는데 큰 도움이 되기를 간절히 바란다.

## | 4 | 그 밖의 국제 대회

그 외의 국제 대회로는 BWC야구 월드컵, 아시아 선수권 대회, 아시아 청소년 대회, 그리고 세계 청소년 대회가 있다. 이 대회들은 국가 대표급이 나가지 않고 주로 대학 야구 선수들이나 고등학교 선수들이 출전해 크게 주목받지 못하고 있는 것이 사실이다. 그러나 월드 베이스볼 클래식과 같은 큰 대회에서 활약할 선수들이 밟아야 하는 예비 코스와 같은 경기라고 할 수 있다. 나 역시 1994년 아시아 선수권 대회에 출전한 바가 있으며 추신수, 최희섭, 이대호 선수는 2000년 세계 청소년 선수권 대회에서 우승을 이끈 주역들이기도 하다.

**다음 중 투수의 자책점으로 기록되지 않는 경우는?**

① 고의 사구로 인한 실점

② 견제구를 잘못 던져 2루로 나간 주자가 홈으로 들어온 경우

③ 안타와 볼넷으로 노 아웃 만루 상황. 병살타로 더블아웃시켰으나 3
   루 주자는 홈인한 경우

④ 안타로 출루한 1루 주자가 패스트볼로 2루에 진루한 후 다음 타자
   의 단타로 득점하였을 경우

⑤ 원 아웃 1-3루 상황에서 투수 앞 땅볼을 잡아 1루로 송구하고 3루
   주자는 홈으로 들어와 점수가 난 경우

 정답은 352쪽에서 확인!

# 미주

1_ YMCA 야구단은 기독교 청년회(현 YMCA)의 창립 공로자 중 한 사람인 미국인 선교사 질레트P. S. Gillet가 청년 회원들에게 야구를 가르치기 위해 1904년에 결성한 최초의 야구팀이다(참조 : 대한야구협회 자료실).

2_ 이선희 선수는 삼성 라이온즈의 간판 좌완 투수였다. 1982년 프로 원년 개막전에 당시 MBC 청룡의 이종도 선수에게 만루 홈런을 맞았고, 한국시리즈에서도 OB 베어스의 김유동 선수에게 9회말 만루 홈런을 맞았다. 처음과 끝이 같았던 비운의 투수였지만, 그해 22경기 선발에 15승 7패라는 좋은 성적을 거두었다. 말 그대로 거두절미만 한다면 삼성의 특급 에이스였다. 지금은 스카우터로 활약하고 있다.

3_ 그렉 매덕스Gregory Alan Maddux는 1986년부터 2008년 은퇴까지 총 23시즌을 메이저리그 최고의 투수로 지냈다. 통산 744경기 등판에 355승 227패, 특히 17년 연속 15승과 17번의 골든글러브, 거기다가 4번의 사이영상을 수상했다는 놀라운 기록을 가지고 있다. 평균 구속은 130km/h 후반. 제구력의 마술사라는 별명도 부족해 제구력의 신이라는 별칭을 붙여주고 싶은 완벽한 투수이다.

4_ 장호연은 1983년 OB 베어스에 입단해서 1995년까지 13시즌 동안 활동했다. 별명은 '짱꼴라'. 아마도 '아리랑 볼' 때문에 붙은 듯. 현재 두산 감독인 김경문 포수와 배터리를 이뤄 1988년 개막전에 롯데 선수들을 꽁꽁 묶은, 초유의 '개막전 노히트 노런' 승리를 이끌어냈다. 13시즌 동안 총 109승, 성적이 좋았던 1986과 1987년 시즌에는 각각 13승과 15승을 거뒀다(기록 참고: www.statiz.co.kr).

5_ 조계현은 1989년 해태 타이거즈에 입단 2001년 두산 베어스에서 은퇴했다. 13년간 126승을 올렸으며, 1994년 시즌에는 18승으로 다승왕을 차지했고, 1995년 시즌에는 경이적인 방어율 1.714를 기록하기도 했다(기록 참고 : www.statiz.co.kr).

6_ 마이크 피아자<sub>Mark Piazza</sub>는 박찬호가 메이저리그 루키로 첫 선발 무대를 밟을 때 노장 포수였다. 1997년 당시 9살의 나이 차이였지만 연봉은 무려 10배나 높았다. 박찬호가 70만 달러, 피아자는 최고 수준인 700만 달러였다. 다음해 피아자는 플로리다 말린스로 떠났지만, 박찬호의 5시즌 연속 10승의 첫 발판을 열어준 포수로 평가받고 있다.

7_ 펑고<sub>Fungo</sub> : 수비 연습을 위한 가벼운 재질의 배트 또는 배팅을 하는 사람을 말한다.

8_ 본헤드 플레이<sub>bone head play</sub> : 직역하면 '뼈 머리' 플레이다. 머리에 뇌가 없고 뼈만 있다는 것이니까 한마디로 생각 없는 플레이라는 것이다. 3루타를 치고 1루에 그냥 있다든지, 주자가 선행 주자를 지나쳐서 달린다던지 한마디로 어이없는 경기를 펼칠 때 쓰는 말이다.

9_ 잠실 구장(중앙 125m, 좌/우 각각 100m)의 인필드만 계산한 경우.

10_ 크로치<sub>crotch</sub>는 '가랑이'라는 뜻이다. 글러브에서는 엄지와 검지 사이의 V자형 부분을 말한다.

11_ 크로치 부분을 채우는 가죽 망<sub>網</sub>을 말한다. '망'이라고 부르는 경우도 있는데, 이 책에서는 '웹'으로 통일하겠다.

12_ 대한야구협회 야구규칙 1.15.

13_ 김원형 선수(당시 쌍방울 레이더스 소속)는 1999년 7월 한화 장종훈 선수의 타구에 안면을 맞아 코뼈와 광대뼈가 골절되었으며 실명의 위기까지 갔었다. 당시 장종훈 선수는 1루에 가다 말고 투수에게 다가가 부상을 살폈다. 김원형 선수는 이전 시즌에서는 12승으로 활약했던 간판 투수였지만 이날의 부상으로 시즌 2승에 그치고 말았다.

14_ 단, 아마추어는 국산 배트만 사용 가능하다.

15_ 신조 츠요시<sub>新庄剛志</sub> : 1972년생. 한신 타이거즈에 입단해서 10년 동안 활동하다가 메이저리그로 가 뉴욕 메츠와 샌프란시스코 자이언츠에서 활동했으나 부진했다. 마이너리그에서 전전하다 일본 니혼햄으로 돌아와 2006년 은퇴했다. 평균타율 .254로 높은 편은 아니지만, 쇼맨십과 기발한 퍼포먼

스로 인기가 높았다. 지금은 방송인으로 활동하고 있다.

16_ 노마 가르시아파라Anthony Nomar Garciaparra : 보스턴 레드삭스의 간판 유격수로 메이저리그 3대 유격수로 꼽힌다. 타격 전에 배팅 장갑을 여러 번 만지는 습관으로 유명하다.

17_ KBO가 발간한 『야구장 백서』 참고.

18_ 도쿄 돔구장(요미우리 자이언츠), 후쿠오카 돔구장(소프트뱅크 호크스), 나고야 돔구장(주니치 드래곤즈), 오사카 돔구장(오릭스 버펄로스), 세이부 돔구장(세이부 라이온스), 삿포로 돔구장(니혼햄 파이터스)이 있다.

19_ Strike의 과거분사는 Struck이다. 그래서 마지막 K를 삼진아웃으로 표기하는 것이며, 스윙 삼진을 말한다. 이와 달리 좌우로 거꾸로 한 ꓘ는 판정 삼진, 즉 투 스트라이크 이후 스트라이크 판정에 의한 루킹looking 삼진을 의미한다. 아래 위를 거꾸로 한 ꓘ는 낫 아웃을 의미한다.

20_ 파울 팁Foul Tip : 배트에 맞았으나 살짝 맞아 투구처럼 포수의 글러브에 들어가는 경우를 말한다. 이때는 심판이 파울 팁이라고 선언을 해야 한다. 참고로 파울 팁은 타구가 아니므로 주자는 도루할 수 있다.

21_ 추신수는 1회 1사 3루에서 1루를 밟지 않고 2루까지 뛰는 바람에 아웃당해 안타 하나를 날리는 해프닝을 연출하기도 했었다. 1회말 첫 타석에서 우중간으로 2루타성 타구를 날려 3루 주자 그레디 사이즈모어를 홈으로 불러들였다. 그러나 화이트삭스의 투수 제이크 피비가 야수로부터 공을 송구받아 1루수에게 견제하듯 공을 던진 뒤 심판에게 어필했고, 심판은 추신수가 1루를 밟지 않고 2루로 뛰었다고 판단해 '루의 공과' 규정을 근거로 아웃을 선언했다. 그러나 원 아웃 상황이고 인플레이 상황이라 타점과 득점은 인정되고 안타는 무효처리됐다. 따라서 추신수는 안타 하나만 날린 셈이다. 기록표에는 우중간 땅볼로 표시된다. 만일 투아웃 상황이었다면 안타는 물론이고 타점과 득점도 인정되지 않는다. '루의 공과' 규정은 상대팀이 심판에게 어필을 했을 때에만 성립되는 '어필 플레이'에 해당된다. 화이트삭스가 어필하지 않았다면 추신수가 1루를 밟지 않았더라도 그의 타구는 2루타로 기록된다(2010. 4.

17. 스포츠서울. 윤승옥 기자).

22_ 태그업Tag up은 플라이 볼일 때 주자가 자신이 원래 있던 베이스로 돌아와 다시 밟고 진루하는 플레이를 말한다. 이중 1루나 2루의 주자가 태그업 플레이를 했을 때는 희생 플라이로 기록되지 않는다.

23_ 물론 장채근 선수는 1루로 진루를 한 뒤에 돌아와 승리의 기쁨을 누렸다. 만약에 1루로 안 갔으면, 진루 포기로 보고 아웃이라고 선언되는 점을 꼭 기억하기 바란다.

24_ 한국야구위원회KBO가 경기를 빠르게 진행하기 위해 2010년 시즌부터 새롭게 적용하는 규칙이다.

25_ 구장의 룰 : 구장의 상황에 따라 아주 제한적으로 다르게 적용시키는 룰로, 미국에서는 그라운드 룰, 일본에서는 로컬 룰로 칭한다. 주로 홈런 타구가 적용된다. 매년 조금 바뀌며, 우리나라도 고척 돔구장이 생기면 이 룰이 적용될 것이라 한다.

26_ 2009년 3월 19일 열린 월드 베이스볼 클래식 2라운드 한일전. 누리꾼들은 봉중근 선수가 견제 동작으로 이치로를 두 번 절나게 했다 하여 '이치로의 굴욕'이라 표현하고 봉중근 선수를 안중근 의사와 이름이 같다 해서 '봉중근 의사'로 부르기도 했다.

27_ 2009년 한국시리즈 5차전. 기아의 이종범 선수가 친 유격수 앞 땅볼이 병살로 이어질 상황에서 1루에 있던 김상현 선수가 2루로 슬라이딩할 때 오른쪽 다리를 주욱 뻗는 바람에 SK의 나주환 선수가 넘어지면서 악송구가 나와 1루에서 이종범 선수가 세이프되었다. 김성근 감독이 수비 방해를 어필했으나 심판은 정상적인 슬라이딩으로 판정했다.

28_ 2009년 월드 베이스볼 클래식 2라운드에서 일본의 조지마 겐지 선수가 판정 불만에 대한 표시로 타석에 배트를 놓고 들어갔다. 주심은 가져가라고 경고했으나 이를 무시해서 퇴장 명령을 받았다.

29_ 1999년 5월 21일 대전 구장. 한화의 구대성 선수가 9회초 풀카운트에서 약간 낮은 직구를 던졌으나 볼로 판정받았다. 구대성 선수는 글러브를

바닥에 던졌고 주심은 즉각 퇴장 명령을 내렸다. 게다가 한화의 이희수 감독은 주심의 뺨을 때려 퇴장에다 12경기 출장 정지까지 당했다. 그러나 아이러니하게도 그해 한화는 창단 후 처음으로 한국시리즈에서 우승했다.

30_ 투수가 고의적으로 타자의 헬멧을 맞추거나 그 위치로 공을 던질 경우 퇴장이다.

31_ 고무줄을 앞으로 쏘기 위해 뒤로 잡아당기는 원리라고 생각하면 된다. 배트를 빠르고 세게 휘두르기 위해 몸을 뒤로 빼는 동작을 말한다.

32_ 팔로우 스윙Follow swing : 맞는 순간부터 이어지는 스윙 동작으로서 공이 멀리 나갈 수 있도록 밀어주는 역할을 한다.

33_ 벤치 클리어링Bench Clearing : 집단 싸움을 비유한 말이다. 양 팀 선수간의 싸움이 번지면 덕아웃의 모든 선수들이 경기장으로 몰려나가 덕아웃의 벤치가 텅 비기 때문에 붙여진 이름이다.

34_ 두산 베어스 중견수. 2006년 시즌 도루 51개로 1위를 기록했으며 같은 시즌 SPD(도루+도루 시도+득점+3루타+병살 등의 기록을 혼합한 주루 지수로 10점 만점)가 9.1인 한국 프로 야구에서는 최고의 주루 플레이어다(자료참고 : www.statiz.co.kr).

35_ 마이클 조던Michael Jordan : 1993년 농구 코트에서 은퇴하고 어릴 때부터의 꿈이었던 시카고 화이트삭스의 트리플 A팀에서 활동하다 성적 부진으로 더블 A로 강등, 결국 농구 코트로 복귀했다.

36_ 이탈리아 감독 마테오 가로네의 2008년작. 장르는 범죄.

37_ 오버에 속하지만 3/4정도의 각도, 즉 10시 방향 정도를 말한다. 나도 현역 시절 이 쓰리쿼터였다.

38_ 마리아노 리베라Marinao Rivera : 파나마 출신. 1990년 뉴욕 양키스에 입단하여 150Km/h이상을 던지는 최고의 마무리 투수로 군림했다.

39_ 레너드 코페트Leonard Koppett : 1925~2003. 미국의 너무도 유명한 야구 전문 기자. 60년간 야구 기자로 활동하면서 수많은 야구 서적을 집필하고 대학 강단에 서기까지 했었다.

40_ 레너드 코페트, 이종남 역, 『야구란 무엇인가』, 황금가지. 1999. 164
쪽.

41_ 김바위 선수. 본명은 김용운으로 자랑스런 배명고 출신이며 MBC 청
룡—삼미—청보—태평양을 거쳤다. 포지션은 1루수였다.

42_ 큰 이병규 선수는 주니치 드래곤즈에서 활약하다 LG 트윈스로 돌아
온 원조 이병규로 포지션은 우익수이다. 이에 비해 작은 이병규 선수는 좌익
수이고 큰 이병규의 띠동갑 동생이다.

43_ 이재주 : 1992년 고졸 선수로 태평양 돌핀스 입단. 현대 유니콘스,
기아 타이거즈에서 활동했으나 2009년 방출됐다. 원래 포지션은 포수였으나
주로 대타로 활약했다. 대타 홈런 20개로 이 부분에서 기록을 갖고 있다.

44_ 용병이었던 스코트 쿨바의 동생인 마이크 쿨바가 2003년 마이너리
그 더블A 경기 중 타격 코치로 파울 지역에 있다가 파울 타구를 맞고 숨진 사
건이 있었다.

45_ LG 트윈스의 안재만 선수가 자신의 타구에 발목을 맞았다. 골절상
을 입어 6개월 이상을 쉬었다.

46_ 임수혁(1969. 6. 17~2010. 2. 7) : 서울고—고려대—롯데 자이언츠. 포
지션은 포수. 쓰러지기 1년 전인 1999년 롯데 자이언츠가 한국시리즈에 오르
는데 일등 공신으로 활약했다.

47_ 본서에서 인용한 것은 Client 버전 1.0이다. 제작 회사는 아이엔 텍
㈜. 제작 년도는 2001년. 버전 업은 확인하지 못했다.

48_ 테이저 건은 6~7미터 앞의 목표물에 전기침을 쏘아 일시적인 충격
을 주는 총이다. 주로 시위 진압용에 사용된다고 한다.

49_ 임의 탈퇴는 구단의 입장에서 탈퇴를 결정한다는 뜻이다. 조건부 은
퇴인 셈이다.

50_ 운보 김기창 화백의 작품.

# : 필 코치의 스퀴즈 퀴즈 정답과 해설

**스퀴즈 퀴즈 1 :** 답은 ⑤ 번. 야구 규칙 2.32에 나와 있다.

"야수에게 닿지 않은 타구가 투수판에 맞아 리바운드 하여 포수의 머리를 넘든지, 본루, 1루 사이 또는 본루, 3루 사이의 파울 지역으로 나가 멈춘 때는 파울 볼이다."

뭐 ②의 경우는 예전에 마르코도 경험한 적이 있었는데 파울인 줄 알고 서 있다가 아웃당했다. ③은 2루타이다. 그런데 바닥에 튄 것이 아니라 좌우측 담장 모서리, 그러니까 파울과 페어의 경계선 펜스 위를 맞고 파울 쪽으로 넘어가면 홈런이다. 이런 일이 별로 없을 것 같지만, 프로 야구에서 조동찬 선수가 바로 요기를 맞춰서 3점 홈런을 얻기도 했었다. ①은 당근 홈런이다.

**스퀴즈 퀴즈 2 :** 정답은 ③ 번.

이렇게 잡기도 힘들겠지만, 만약에 잡는다면 비신사적인 행동이다. 야수가 고의적으로 글러브를 던져 타구를 막는다면 타자는 3루까지 갈 수 있고 볼 인플레이니까 홈까지 들어와도 된다. 물론 위험을 무릅쓰고 말이다.

①의 경우 심판은 아프겠지만, 플레이는 계속 된다. 선수가 맞는다면 달라지겠지만.

②는 굉장히 위험한 상황이다. 타자는 절대 배트를 아무데나 두

면 안 된다. 아웃이고 아니고를 떠나서 선수가 다칠 수 있으니까. ④는 운이 정말 좋은 경우라 하겠다.

아래 내용을 참고할 것!

## 야구 규칙 6.05 타자의 아웃 :

'정규의 포구'라 함은 아직 땅에 닿지 않은 공이 포수의 미트 속에 들어가 있는 것을 뜻한다. 공이 포수의 옷 또는 용구에 끼인 것은 정규의 포구가 아니다. 또 심판원에 맞고 튀어나온 공을 포수가 잡았을 때도 같다. 파울 팁이 최초의 손 또는 미트에 닿은 뒤 신체 또는 용구에 맞아 튕겨 나온 것을 포수가 땅에 닿기 전에 포구하였을 경우는 스트라이크이다. 제3 스트라이크에 해당될 때는 타자는 아웃이다. 또 파울 팁된 공이 처음에 포수의 손 또는 미트에 맞았다면 포수가 신체 또는 용구에 손 또는 미트에 덮어씌우듯이 포구하는 것도 허용된다.

## 스퀴즈 퀴즈 3 : 정답은 ④ 번.

대타는 초보자에겐 정말 머리 아픈 규칙이다. 어쨌든 정답은 ④ 번. 가령 동호가 대타로 나와 2루수가 되었다고 치자. 근데 감독님이 투수가 없다고 투수를 시켰다. 그러면 2루수 자리에는 다른 선수가 들어오게된다. 지명 타자는 살아 있으니까 투수가 타격을 할 필요는 없다. 만약에 지명 타자의 대타로 나왔다가 투수가 된다면 지명 타자제는 사라지지만 투수의 타석은 계속 보장된다.

①은 마지막일 수도 있겠지만 연장전으로 넘어갈 수도 있으니 다음 타석에 나올 수도 있다고 봐야한다. ②, ③, ⑤의 경우에는 다음 타석에서도 타격이 가능하다.

### 🏐 스퀴즈 퀴즈 4 : 정답은 ④.

평범한 플라이 볼을 놓치는 것은 실책이다. 이때 공과 더 가까웠던 수비수의 실책으로 기록된다.

이 문제는 야구 기록에 관한 것으로 공식 기록원이 야수의 실책을 판단하는 기준이다. ②는 타이밍 상 더블아웃을 시키기 어려운 경우로 보는 것이다. ①은 타구 자체가 안타성이라는 판단이다. ⑤의 경우에는 타구를 잡은 것만으로도 야수의 의무를 다했다고 보는 것이다. 꼭 아웃을 못 시키더라도 이 정도만 하면 관중석에서는 박수가 나오겠죠.

### 🏐 스퀴즈 퀴즈 5 : 정답은 ④.

좀 애매하기는 하지만 여기에서는 패스트 볼이 득점의 발판이었다고 보는 것이다. 즉 포수의 실책으로 판정하는 것이다. 나머지 경우는 모두 투수의 잘못이라는 것을 쉽게 알 수 있겠죠? 아래는 ④의 내용에 관련된 규칙이다. 참고하세요.

실책, 패스트볼, 수비 측의 방해 또는 주루 방해로 진루한 주자가 득점한 경우, 이와 같은 미스 플레이가 없었다면 득점할 수 없었을 것이라고 기록원이 판단하였을 때는 자책점으로 기록하지 않는다.

[주1] 주자가 득점하였을 경우 자책점으로 하느냐 않느냐의 결정에 있어 미스 플레이의 도움이 없었다면 진루도 득점도 할 수 없었다고 기록원이 판단한 경우에만 본 항을 적용하고 기타의 경우 즉 현실적으로 플레이의 도움을 얻어 2루, 3루에 진루하였으나, 만약 그 미스 플레이의 도움이 없었더라도 그 이닝이 끝난 뒤 자책점이 되는 요소로 인하여 당연히 진루하여 득점하였다고 기록원이 판단하였을 때는 자책점으로 한다.

(예1) 안타로 출루한 1루 주자 A가 패스트볼로 2루에 진루한 후 B의 단타로 득점하였을 경우 자책점으로 하지 않는다(단타가 아닌 3루타 이상의 장타로 득점하였을 경우 또는 단타로 득점하였더라도 그후 2루타 이상의 장타가 있었을 경우 자책점이 된다).

# 설문 : 한국 야구, 이 사람(경기)이 최고다

사회인 야구 선수들과 야구를 좋아하시는 트위터 유저를 대상으로 한국 야구 최고의 인물과 경기에 대한 설문 조사를 했다. 다음은 한국 야구의 각 부분에서 최고의 인물을 꼽아달라는 질문에 대한 결과이다.

### 1. 최고의 감독

김응룡(114명), 김성근(13명), 김인식(11명), 김영덕(1명)

### 2. 최고의 투수

선동열(92명), 최동원(24명), 박찬호(11명), 박철순(5명), 류현진(2명), 조계현(1명), 김시진(1명), 장명부(1명), 박동희(1명)

### 3. 최고의 포수

박경완(45명), 김동수(39명), 이만수(31명), 조인성(1명), 장채근(1명), 임수혁(1명)

### 4. 최고의 유격수

이종범(84명), 박진만(24명), 김재박(13명), 류중일(10명), 오대석(1명), 김민재(1명), 박기혁(1명)

### 5. 최고의 타자

이승엽(62명), 양준혁(27명), 장종훈(12명), 심정수(8명), 장효조(5명),

김봉연(2명), 추신수(2명), 김태균(2명), 백인천(1명)


## 6. 최고의 빠른 발

이종범(60명), 이대형(37명), 전준호(31명), 김일권(7명), 김주찬(1명),
이종욱(1명), 정수근(1명), 김재상(1명)


## 7. 최고의 용병

타이론 우즈(96명), 카림 가르시아(11명), 다니엘 리오스(8명), 펠릭스
호세(8명), 케인 데이비스(3명), 로베르토 페타지니(1명), 탐 퀸란(1명),
호세 리마(1명)


## 8. 최고의 명승부

1993년 삼성-해태의 한국시리즈 3차전 15회 무승부(43명)

2002년 삼성-LG의 한국시리즈 6차전(39명)

1984년 롯데-삼성의 한국시리즈 7차전(19명)

2009년 기아-SK의 한국시리즈 7차전(10명)

2008년 베이징 올림픽 결승전(5명)

1982년 세계선수권 대회 한-일 전(3명)

1987년 5월 16일 롯데-해태의 최동원-선동열 맞대결. 15회 무승부
(3명)

1982년 OB-삼성 한국시리즈 6차전(3명)

2001년 5월 6일 두산-LG 15회 무승부(1명)

## 9. 최고의 해설 위원

허구연(67명), 하일성(58명), 이효봉(7명), 김소식(2명), 이순철(1명), 김동엽(1명)

설문 결과를 보면 대부분 성적이 높은 선수들이 최고의 자리에 올랐다. 감독, 투수, 유격수 모두에서 해태 타이거즈에 소속된 감독과 선수가 압도적으로 1위에 오른 점이 눈여겨볼 만하다. 80~90년대 최고의 팀이었다는 점이 많이 작용한 것 같다. 특히 이종범 선수는 유격수와 빠른 발두 분야를 석권했다.

투수는 다양했다. 우리의 기억 속에 자리잡고 있던 영웅들이 쏟아져 나온 것 같다. 1위인 선동열 선수도 그렇지만, 최동원, 박철순, 조계현, 김시진, 장명부, 박동희…… 꼭 성적뿐만 아니라 선수의 외모, 투구 폼, 스피드 등도 최고의 투수를 가리는 데 많이 작용한 듯하다.

포수는 박빙이었다. 박경완 선수가 1위를 차지했지만, 은퇴한 김동수 선수와 이만수 선수의 강렬한 추억도 만만치 않았다. 그리고 안타깝게 타계한 영원한 포수 임수혁 선수도 누군가에게 최고의 포수였다.

최고의 타자는 라이언 킹 이승엽이 차지했지만, 과거의 거포들도 오랜만에 이름을 드러냈다. 4할 대를 친 백인천 선수는 감독 겸 선수였는데, 최고의 감독에서는 이름을 드러내지 못하고 최고의 타자로 더 기억되고 있다.

최고의 빠른 발은 이종범 선수가 차지했지만, 2위 이대형 선수의 인기도 대단하다. 최근의 성적도 우수하지만 준수한 용모와 착한 몸매 덕분에 여성 트위터 유저들의 표를 많이 얻었다.

최고의 용병은 역시 타이론 우즈가 압도적인 표를 받았다. 성적도 좋았고 한국 생활에 적응도 잘했다. 그 뒤를 쫓고 있는 카림 가르시아가 아직은 많이 부족하지만 10년 뒤 다시 설문을 하게 된다면 이번 결과를 뒤집을 수도 있지 않을까?

최고의 경기는 사실 다양했지만, 대부분 한국시리즈의 마지막 경기가 많았다. 1993년 삼성과 해태의 15회 무승부 경기가 1위를 차지했는데, 15회 무승부 경기 2개를 더 꼽았다. 타격전 못지않게 긴 투수전도 좋은 경기의 요건인 것 같다. 베이징올림픽 쿠바전과 1982년 세계선수권대회 한일전과 같은 국제 경기도 애국심이 강한 우리나라 사람들에게는 최고의 경기가 아닐 수 없다.

마지막으로 해설 위원. 아마도 많은 분들이 허구연-하일성 두 거목의 대결을 예상했으리라. 방송사의 대결 같아 보이기도 한데 결과는 허구연 해설 위원의 승. 주목할 것은 이 두 거목의 뒤를 이을 해설가에 대한 부분인데, 이효봉 해설 위원이 적은 표지만 3위를 기록했다.

한국 야구와 사회인 야구에 대한 여러 설문에 대한 답을 주신 다음 트위터 유저분들께 다시 한 번 감사드린다.

thesea47, superalaJISUN, SeungeonKim, maistab77, whysmile3520, raidyth, nyejungz, kyunism76, kateyhkwon, rsj2005, varietysoul, kdj1577, hyejung2, bomb8426, Gpkhip, liant9878, jjinhw, Wookhur, Kenny_ji, coj337, wowhoony, rollercoaster83, lkcrazy95, comedypd, dksdb1, JLinvestment, ckphoenix21, whdnwls, sh9870, bboynuke, cere0925, KBombi, TeddyHwang25, mjini79, boombzio, byongdo, dreamsbox, ykchoi7, bauer91128, jerome_lee09, yungyunge, liant9878, 10000go, evepsh2, Okzesty, syeho_kim, 2dongsoo, DeeKeiy, kjh0617, BKeky, admanchoic, alsnZ, Key_of_Corea, zungminii, limssong84, Akisun1379, kyunjin_lee, kempforever, senaroo40, Gom2land, ej111026, 613779, sangFam, joymuzik, sexyjis, airdent, patima, pascal097, JeonSeHong, aikoaiko83, DDawgyu, robot32Yun, styler74, fsor, scpark, kplaya1, intoxicated7804, nadateara, umut0309, dongho74sm 760925, artdirectorpark, lacostesuk, sunlite0815, skpark81, Qtwitt, jongwoo74, hansukjoon, HONGKKANG_42, mr chosan, kimnarang, Hoyonpapa, dDKong1, shylove77, coolsurf91, blaze, babyaO, haebaragie, soksok2, ktk0808, MinCB, orthodoxi_kim, enaspark, thewindy2001, thkim3000, jeione0726, heeeun88, geniecec, whdnwls, spoollim, odaesoo, unitwitty, sdj18, mamabutter, belovedofU, honggreEMARTHR, naragoo, jhkim0922, koreastarzi, dongguri94, hihi_daniel, onzzon, imphil44, moonss93, carsellerman, doridoritang, herooic80, magu007, hokonyoo, hyegee0409, marriedlife, brebista0316, akatoki, austinko, s_b_song, deye, franky143, wearywings, zvezda114. (이상 139명)

필 코치의 필 꽂히는
# 야구 코칭
ⓒ 이경필 2010

**1판 1쇄 발행**　　2010년　9월 13일
**1판 3쇄 발행**　　2010년 12월　1일

**지은이** 이경필
**펴낸이** 강병선
**기　획** 강명효　**편집** 강명효 임혜지　**디자인** 이현정 엄혜리
**마케팅** 방미현 우영희 정유선 나해진　**온라인 마케팅** 이상혁 한민아 정진아
**제　작** 안정숙 서동관 정구현 김애진　**제작처** 한영문화사

**펴낸곳** (주)문학동네
**출판등록** 1993년 10월 22일 제406-2003-000045호
**임프린트** 아우름

**주　소** 413-756 경기도 파주시 교하읍 문발리 파주출판도시 513-8
**전자우편** editor@munhak.com
**대표전화** 031)955-8888　**팩스** 031)955-8855
**전화문의** 031)955-2680(편집) 031)955-8889(마케팅)
**문학동네카페** http://cafe.naver.com/mhdn

**ISBN** 978-89-546-1274-6 13690

www.munhak.com